深圳市在线教学优秀奖成果
高等职业教育汽车类专业创新教材

# 汽车构造与原理

## （彩色版）

主　编　谢伟钢　范盈圻
副主编　谷　尧　刘海艳

机械工业出版社

为了让汽车相关专业的学生能更好理解汽车的结构并掌握其工作原理，本书以高清的图片结合通俗的语言描述，尽量让复杂的知识形象地呈现出来。本书系统地介绍了汽车整车、发动机、底盘的结构和原理相关知识，主要内容包括：汽车概述、发动机曲柄连杆机构、配气机构、点火系统、润滑系统、冷却系统和供给系统、底盘传动系统、行驶系统、转向系统、制动系统等的构造与原理。

本书可作为职业院校、技工学校、技师学院等汽车相关专业"汽车构造与原理"或"汽车构造"的教材，也可供汽车行业相关从业人员学习，或是作为培训教材。

## 图书在版编目（CIP）数据

汽车构造与原理：彩色版 / 谢伟钢，范盈圻主编．
— 北京：机械工业出版社，2021.6（2025.7重印）
高等职业教育汽车类专业创新教材
ISBN 978-7-111-67889-2

Ⅰ. ①汽⋯ Ⅱ. ①谢⋯ ②范⋯ Ⅲ. ①汽车 – 构造– 高等职业教育 – 教材 Ⅳ. ① U463

中国版本图书馆CIP数据核字（2021）第057970号

机械工业出版社（北京市百万庄大街22号　邮政编码100037）
策划编辑：齐福江　　责任编辑：齐福江　刘　煊
责任校对：张　征　　封面设计：张　静
责任印制：单爱军
北京盛通数码印刷有限公司印刷

2025年7月第1版第9次印刷
184mm × 260mm・13.5印张・308千字
标准书号：ISBN 978-7-111-67889-2
定价：59.00元

电话服务　　　　　　　　网络服务
客服电话：010-88361066　机 工 官 网：www.cmpbook.com
　　　　　010-88379833　机 工 官 博：weibo.com/cmp1952
　　　　　010-68326294　金 书 网：www.golden-book.com
封底无防伪标均为盗版　　机工教育服务网：www.cmpedu.com

# Preface 前 言

教育部出台了《全国大中小学教材建设规划（2019—2022年）》，首次把各级各类教材纳入统一规划，首次颁布了国家层面的教材管理办法，加强各级各类教材编审用评等各环节管理，切实保障教材质量，切实发挥教材育人功能。党的二十大也提出办好人民满意的教育，加强教材建设和管理，这是切实加强党对教育工作全面领导的集中体现，是办好教育的根本保证，这也意味着职业院校的教材管理工作更加系统化、科学化、精细化，为推进建设中国特色、世界一流的教育提供了坚强保障。

汽车构造与原理是汽车相关专业的一门重要课程，该课程主要介绍汽车的概述、发动机的结构和原理、底盘的结构和原理。本书从实际出发，删减了旧的汽车构造与原理教材中已经落后的知识，增加了目前应用广泛的电控系统知识。本书保留了汽车构造和原理知识本身的系统性，便于为后续课程的学习打下坚实的基础。书中采用了大量的高清彩图来解析汽车的构造和原理，避免了老式线条图看不懂、看不清的情况。本书编写时采用规范易懂的语言，力求能让读者轻松学习，并容易掌握汽车的构造和原理。

本书由谢伟钢、范盈圻任主编，谷尧、刘海艳任副主编，赵洪臣、李海华参编。编写此书时参考了大量的网站、书籍和期刊等资料，在此对广大同仁致以敬意。由于找不到有些图片作者的联系方式，欢迎原图作者联系编者以便支付报酬。

主编联系 QQ983466263，教学交流 QQ 群号 1041553246。

编 者

# Contents
# 目 录

前 言

## 第一章 汽车概述 / 001

### 第一节 汽车的参数和编号 / 001
一、汽车的主要参数 / 001
二、汽车的编号 / 004
三、车辆识别代码的含义 / 006

### 第二节 汽车的类型 / 007
一、乘用车的类型 / 007
二、轿车的类型 / 010
三、商用车的类型 / 012

### 第三节 汽车的组成和驱动方式 / 014
一、汽车的组成 / 014
二、汽车的驱动方式 / 016
三、汽车行驶受力分析 / 018

## 第二章 发动机的工作原理和总体构造 / 020

### 第一节 发动机的类型 / 020
一、发动机的作用 / 020
二、发动机的类型 / 021

### 第二节 发动机工作的基本原理 / 024
一、发动机的基本术语 / 024
二、发动机的工作原理 / 025
三、柴油发动机的特点 / 027
四、发动机的组成 / 028

## 第三章 曲柄连杆机构的结构和原理 / 029

### 第一节 机体组的结构和原理 / 029
一、气门室盖 / 029
二、气缸盖 / 030
三、气缸体 / 031
四、油底壳 / 032

### 第二节 活塞连杆组的结构和原理 / 033
一、活塞 / 033
二、活塞环 / 034
三、活塞销 / 034
四、连杆 / 034

### 第三节 曲轴飞轮组的结构与检修 / 035
一、曲轴 / 036
二、曲轴轴承 / 037
三、扭转减振器 / 038
四、飞轮 / 038

## 第四章 配气机构的结构和原理 / 039

### 第一节 气门传动组的结构和原理 / 039
一、配气机构的类型 / 040
二、凸轮轴 / 041
三、液压挺柱 / 041
四、正时带和带轮 / 043

### 第二节 气门组的结构与检修 / 044
一、气门 / 044
二、气门座圈 / 045
三、气门导管 / 045
四、气门弹簧 / 046

### 第三节 配气相位和可变气门正时系统 / 046
一、配气相位 / 046
二、可变气门正时系统的优点 / 047
三、可变气门正时系统的工作原理 / 048

## 第五章 供给系统的结构和原理 / 052

### 第一节 空气供给系统的结构和原理 / 052
一、空气滤芯 / 052
二、进气管 / 053
三、节气门体 / 054
四、废气涡轮增压器 / 055
五、排气管 / 056
六、三元催化转化器 / 058

### 第二节 燃油供给系统的结构和原理 / 058
一、电动燃油泵 / 059
二、燃油滤清器 / 059
三、燃油压力调节器 / 060
四、喷油器 / 061

### 第三节 电控系统的结构和原理 / 062
一、电控系统工作原理 / 062
二、电控单元的供电电路 / 064
三、传感器的工作原理 / 065
四、执行器的工作原理 / 073

### 第四节 缸内喷射电控系统的工作原理 / 077
一、缸内喷射电控发动机燃油供给系统的工作原理 / 077
二、缸内喷射系统的燃油压力传感器 / 079
三、宽频氧传感器 / 080
四、缸内喷射系统的喷油器 / 081
五、缸内喷射系统的燃油压力调节器 / 082
六、电动燃油泵 / 084
七、进气歧管翻板电动机 / 085
八、柴油发动机的缸内直喷系统 / 086

## 第六章 点火系统的结构和原理 / 087

### 第一节 点火系统的作用和原理 / 087
一、点火系统的作用 / 087
二、传统点火系统的工作原理 / 087
三、微机控制点火系统的工作原理 / 088
四、对点火系统工作的要求 / 089

### 第二节 点火系统的结构与组成 / 089
一、火花塞 / 089
二、点火线圈 / 090
三、曲轴位置传感器 / 093
四、爆燃传感器 / 094

## 第七章 润滑系统的结构和原理 / 096

### 第一节 润滑系统的作用和原理 / 096
一、润滑系统的作用 / 096
二、发动机的润滑方式 / 097
三、发动机的润滑油路 / 097
四、发动机润滑油 / 098

### 第二节 润滑系统的结构与组成 / 100
一、机油泵 / 100
二、限压阀 / 102
三、机油滤清器 / 103
四、油底壳 / 103
五、曲轴箱通风装置 / 104

## 第八章 冷却系统的结构和原理 / 106

### 第一节 冷却系统的作用和原理 / 106
一、冷却系统的作用 / 106
二、冷却液的循环路线 / 107
三、冷却液的作用 / 108

### 第二节 冷却系统的结构与组成 / 108
一、冷却液泵 / 109
二、散热器 / 109
三、散热器开关 / 110
四、散热风扇 / 111
五、节温器 / 111
六、膨胀水箱 / 112

## 第九章 底盘传动系统的结构和原理 / 113

### 第一节 离合器的结构和原理 / 113
一、离合器的作用 / 113

二、离合器的工作原理 / 114

三、离合器的结构 / 115

四、离合器的操纵机构 / 119

## 第二节 变速器和分动器的结构和原理 / 122

一、变速器的作用 / 122

二、手动变速器 / 123

三、自动变速器 / 127

四、电控液力自动变速器（AT）的工作原理 / 132

五、分动器的工作原理 / 140

## 第三节 万向传动装置的结构和原理 / 143

一、万向传动装置的作用 / 143

二、万向节 / 143

三、传动轴 / 146

## 第四节 驱动桥的结构和原理 / 147

一、驱动桥的作用 / 147

二、减速器 / 148

三、差速器 / 150

# 第十章 底盘行驶系统的结构和原理 / 153

## 第一节 车架和车桥 / 153

一、行驶系统的组成 / 153

二、车架的作用 / 153

三、车桥 / 156

四、车轮定位 / 160

## 第二节 车轮和轮胎 / 162

一、车轮 / 162

二、轮胎 / 163

三、轮胎的选择和使用 / 164

## 第三节 悬架 / 167

一、悬架的作用及类型 / 167

二、麦弗逊式悬架 / 170

三、悬架的组成 / 170

四、主动悬架 / 174

# 第十一章 底盘转向系统的结构和原理 / 178

## 第一节 普通转向系统的结构和原理 / 178

一、转向操纵机构 / 178

二、转向器 / 181

三、转向传动机构 / 182

## 第二节 液压助力转向系统的结构和原理 / 185

一、液压助力转向系统的组成 / 185

二、转向助力泵 / 186

三、动力转向器和储液罐 / 187

## 第三节 电动助力转向系统的结构和原理 / 189

一、电动助力转向系统的优点 / 189

二、电动助力转向系统的结构和原理 / 190

# 第十二章 底盘制动系统的结构和原理 / 191

## 第一节 车轮制动器 / 191

一、制动系统的作用 / 191

二、制动器 / 192

三、汽车驻车制动系统 / 196

## 第二节 制动传动系统 / 198

一、气压式制动传动装置 / 198

二、液压制动传动装置布置形式 / 199

三、制动主缸 / 200

四、制动轮缸 / 202

五、真空助力器 / 203

## 第三节 制动防抱死系统（ABS） / 205

一、制动防抱死系统的功用 / 205

二、制动防抱死系统的组成 / 206

三、制动防抱死系统的工作过程 / 207

# 参考文献 / 210

# 第一章 汽车概述

## 第一节　汽车的参数和编号

### 一　汽车的主要参数

汽车是由动力驱动，具有四个或四个以上车轮的非轨道承载车辆。汽车主要用于载运人员和货物，牵引载运人员或货物的车辆及其他特殊场合。两轮摩托车、装甲车及坦克等均不属于汽车，而拖拉机及电瓶车等均属于汽车。

人们在选购车辆时，通常会查看及对比车辆的参数，通过查看参数来判断车辆是否适合自己的要求。汽车的主要参数包括结构参数和性能参数。

#### 1. 汽车长宽高和轴距

所谓的"长宽高"就是一部汽车的外形尺寸，通常使用的单位是毫米（mm）。如图1-1所示，车长是汽车长度方向两个极端点间的距离，通常指前保险杠最凸出的位置到车后保险杠最凸出的位置之间的距离。

车宽是在后视镜折叠后，汽车宽度方向两个极端点间的距离。车高是车身顶部最高的位置，但不包括车顶天线的高度。汽车的轴距是汽车前轴中心到后轴中心的距离，正常情况下，它也等于从前轮中心点到后轮中心点之间的距离。一般而言，轴距越长，乘员舱长度越大，乘员乘坐的座位空间也越宽敞。

图1-1　汽车长宽高

#### 2. 汽车轮距和最小离地间距

如图1-2所示，轮距是左、右车轮中心间的距离，它又可以分为前轮距和后轮距，较宽的轮距有更好的横向稳定性与较佳的操纵性能。车轮着地位置越宽大的车型，其行驶的稳定度越好，因此越野车的轮距都比一般轿车车型的要大。

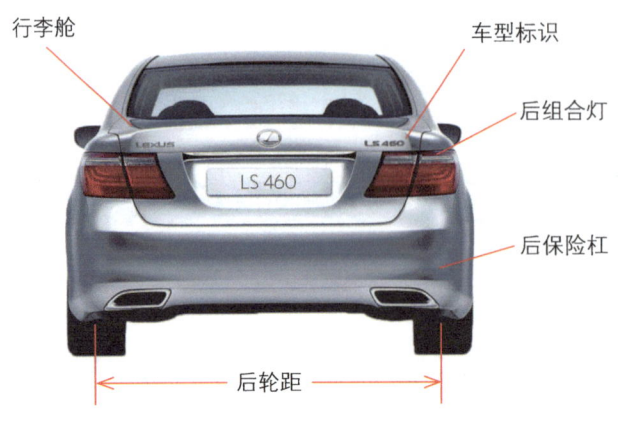

图 1-2 汽车后轮距

汽车的最小离地间距，就是在水平面上汽车底盘的最低点与地面的间距。不同车型其离地间距也是不同的，离地间距越大，车辆的通过性就越好，所以通常越野车的离地间隙要比轿车要大。

### 3. 汽车空气阻力

汽车空气阻力指汽车直线行驶时受到的空气作用力在行驶方向上的分力。空气阻力是汽车行驶时所遇到的最大也是最重要的外力。空气阻力系数又称风阻系数，造型流线形较好的汽车风阻系数较小，减小空气阻力（图 1-3）不仅能节约燃油，在发动机功率相同的条件下，还能达到更高的车速。

图 1-3 汽车风阻

### 4. 最小转弯半径

最小转弯半径是指当转向盘转到极限位置时，汽车以最低稳定车速转向行驶时，外侧转向轮的中心在支承平面上滚过的轨迹圆半径。它在很大程度上表征了汽车能够通过狭窄弯曲地带或绕过不可越过的障碍物的能力。转弯半径越小，汽车转弯性能越灵活。

### 5. 最大允许总质量

空车质量指的是汽车按出厂技术条件装备完整（如备胎、工具等安装齐备），各种油水添满后的质量，通常单位为千克（kg）。最大允许总质量指的是汽车在正常条件下准备行驶时，包括的载人（包括驾驶员）、载物时的允许的总质量，通常单位为千克（kg）。最大允许总质量减去空车质量则是车辆的最大承载质量，即该车辆最大能够承载多少质量，如图1-4所示。

图1-4 最大允许总质量

### 6. 接近角、离去角及纵向通过角

接近角是指汽车满载静止时，汽车前端突出点向前轮所引切线与地面的夹角，如图1-5所示。接近角越大，越不易发生因车辆前端触及地面而不能通过的情况。

图1-5 接近角和离去角及纵向通过角

离去角是指汽车满载静止时，自车身后端突出点向后车轮引切线与路面之间的夹角。离去角越大，越不易发生因车辆尾部触及地面而不能通过的情况。

纵向通过角是指汽车满载静止时，分别通过前、后车轮外缘做切线交于车体下部较低部位所形成的最小锐角。纵向通过角越大，汽车被地面凸起物托住的可能性越小，汽车的纵向通过性能就越好。

### 7. 最大功率和最大转矩

常用发动机最大功率来描述汽车的动力性能，发动机最大功率越大、最高转速越高，汽车的最高速度也越高。发动机的输出功率同转速关系很大，随着转速的增加，发动机的功率也相应提高,但是到了一定的转速以后,功率反而会呈下降趋势。一般在汽车使用说明中最高输出功率用每分钟转速来表示(r/min),如108kW/6000r/min,即在每分钟6000转时最高输出功率108kW。

转矩和功率一样,是汽车发动机的主要参数之一,它反映在汽车性能上,包括加速度、爬坡能力等。转矩是指发动机运转时从曲轴端输出的平均转矩。最大转矩一般出现在发动机的中、低转速的范围,随着转速的提高,转矩反而会下降。转矩的单位是牛·米(N·m)。

## 二 汽车的编号

### 1. 国产汽车编号规则

国产汽车车产品型号包括首部、中部和尾部三部分。首部是企业名称代号,用代表企业名称的两个或三个汉语拼音字母表示。

中部由四位阿拉伯数字组成。第一位数字代表该车的类型,1代表货车,2代表越野车,6代表客车,7代表轿车;第二、三位代表各类汽车的主要特征参数,载货汽车表示汽车总质量,客车表示汽车总长度,轿车表示汽车发动机排量;末尾数字为企业自定序号。

尾部由拼音字母或加上数字组成,可以表示专用汽车或变型车和基本型的区别,如X代表厢式汽车。

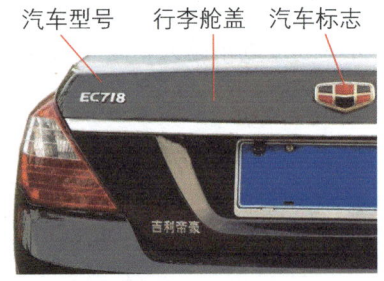

图1-6 国产汽车编号

如图1-6所示,吉利帝豪轿车EC718,其型号含义分别是:"EC"代表吉利汽车,"7"代表轿车,"18"代表该车的排量为1.8L。再例如,型号"CA1092"表示第一汽车厂生产的货车,总质量9t,末位数字"2"表示在原车型CA1091的基础上改进的新车型。

### 2. 奥迪汽车编号规则

奥迪汽车给人以"厚重典雅"的感觉,其型号通常是用公司英文名(Audi)的第一个字母"A"开头,如奥迪A1、A2、A3、A4、A6、A7、A8系列等。如图1-7所示,后面的数字越大表示等级越高,奥迪A1、A2、A3系列是小型轿车,A4系列是中级轿车,A6系列是高级轿车,A8系列是豪华轿车。奥迪S系列多是高性能车型,"S"即为Sport之意,代表了奥迪家族性能版车型系列。奥迪TT系列则全部是跑车,奥迪Q系列偏向旅行和越野,采用奥迪全时四轮驱动技术,奥迪R8是超级跑车。超级跑车一般是指拥有高强动力输出、出众外形的跑车,这种车价格非常昂贵,最高时速可达300km/h以上,大都只设置两个座位。

奥迪 A1　　　　　　奥迪 S5

图 1-7　奥迪汽车

### 3. 奔驰汽车编号规则

奔驰汽车是历史悠久的豪华品牌，而且车系齐全。奔驰汽车型号前面的字母表示类型和级别：A 级是小型两厢车，新款 A 系列有两大款式，即五门掀背型和三门掀背型；B 级是紧凑型运动旅行车；C 级为小型轿车；E 级为中级轿车；S 级为高级轿车；M 级主要是 SUV；G 级为 SUV 越野车，如图 1-8 所示。

奔驰 A 级车　　　　　　奔驰 B 级车

图 1-8　奔驰汽车

### 4. 宝马汽车编号规则

宝马汽车公司主要有轿车、跑车、越野车三大车种。如图 1-9 所示，宝马轿车 1~8 系列，通常数字越大，价位越高。宝马 8 系主要是轿跑车，轿跑汽车一般是指外观类似跑车的双门轿车。宝马 X 系列是 SUV，包括 X1~X7 等类型。宝马 i 系列是电动汽车，Z 系主要是跑车，M 系是高性能运动型轿车。

宝马 1 系列　　　　　　宝马 X6

图 1-9　宝马轿车

宝马轿车型号的第一个数字即为系列号，第 2 个和第 3 个数字表示排量，最后的字母 i 表示燃油喷射，A 表示自动档，C 表示双座位，S 表示超级豪华。例如，宝马 528i，5 代表系列，28 表示发动机排量为 2.8L，i 表示发动机采用燃油喷射方式。

## 三、车辆识别代码的含义

汽车的"身份证"就是车辆识别代码,即VIN码,也称为17位识别代码,俗称车架号。VIN码具有车辆的唯一识别性,通常轿车在风窗玻璃和汽车铭牌上都有车辆的识别代码,如图1-10和图1-11所示。VIN码包含了车辆的生产厂家、年代、车型、车身型式及代码、发动机代码及组装地点等信息。正确解读VIN码,对于正确地识别车型,进而正确地进行诊断和维修都是十分重要的。

图1-10 车辆VIN码位置        图1-11 汽车铭牌

VIN码由三部分组成:WMI-世界汽车制造厂识别代号,VDS-车辆说明部分,VIS-车辆指示部分。一汽丰田汽车识别代码LFMAP22CXA0000001含义如表1-1所示,VIN码第一位代表生产国家或地区代码,例如,L—中国,1—美国,W—德国,J—日本,K—韩国。WIN第十位是车型年款代码,例如,A—2010年,B—2011年,C—2012年。

VIN的第九位字码(即VDS部分的第六位)为检验位。检验位可以是0~9中任一数字或字母"X",车辆制造厂在确定了VIN的其他16位代码后,应通过特殊的方法计算得出检验位。

表1-1 VIN码含义

| 组成部分 | WMI | | | VDS | | | | | |
|---|---|---|---|---|---|---|---|---|---|
| 位数 | 1 | 2 | 3 | 4 | 5 | 6 | 7 | 8 | 9 |
| 含义 | 地理区域 | 汽车制造商代号 | | 车辆特征代码 | | | | | 检验位 |
| 示例 | L | FM | | A | P | 2 | 2 | C | X |
| 具体含义 | 中国 | 中国天津一汽丰田 | | 车身类型 | 发动机类型 | 车型系列 | 约束系统类型 | 车辆名称 | 检验位 |
| 组成部分 | VIS | | | | | | | | |
| 位数 | 10 | 11 | 12 | 13 | 14 | 15 | 16 | 17 | |
| 含义 | 车型年款代码 | 装配厂 | 生产顺序号 | | | | | | |

（续）

| 组成部分 | WMI | | VDS | | | | | |
|---|---|---|---|---|---|---|---|---|
| 示例 | A | 0 | 0 | 0 | 0 | 0 | 0 | 1 |
| 具体含义 | 2010 年 | 天津一汽丰田有限公司 | 生产顺序号为 000001 | | | | | |

## 第二节 汽车的类型

### 一、乘用车的类型

目前，国标中将汽车按用途主要分为乘用车和商用车。汽车还可以按以下方式分类：按动力装置种类及所用燃料分为内燃机汽车、电动汽车和燃气轮机汽车（主要用于赛车）；按行驶机构特征分为轮式汽车、履带式汽车和雪橇式汽车；按行驶道路条件分为公路用车和非公路用车，非公路用车主要包括机场等专用道路用车、越野车等，如图 1-12 所示。

乘用车主要用于载运乘客及其随身行李，其座位少于九座(含驾驶员位)。新国标中将乘用车分为普通乘用车、活顶乘用车、高级乘用车、小型乘用车、敞篷车、仓背乘用车、旅行车、多用途乘用车、短头乘用车、越野乘用车和专用乘用车等，前六者也可称为轿车。专用乘用车主要包括旅居车、防弹车、救护车和殡仪车。按最新汽车统计方法，乘用车下细分为基本型乘用车、多功能车（MPV）、运动型多用途车（SUV）和交叉型乘用车四类。

越野车是在其设计上所有车轮可以同时驱动，或其几何特性、技术特性和它的动力性能（爬坡度）允许在非道路上行驶的一种乘用车。

图 1-12 越野车

## 1. 普通乘用车

不同车型对车身、车门、车顶等有不同要求。如图1-13所示，普通乘用车采用封闭式车身，固定式硬顶车顶，有的顶盖一部分可开启；汽车座位至少有两排，座位数量是4个或4个以上，后座椅可折叠或移动，以形成装载空间；有2个或4个侧门，可有一后启门。

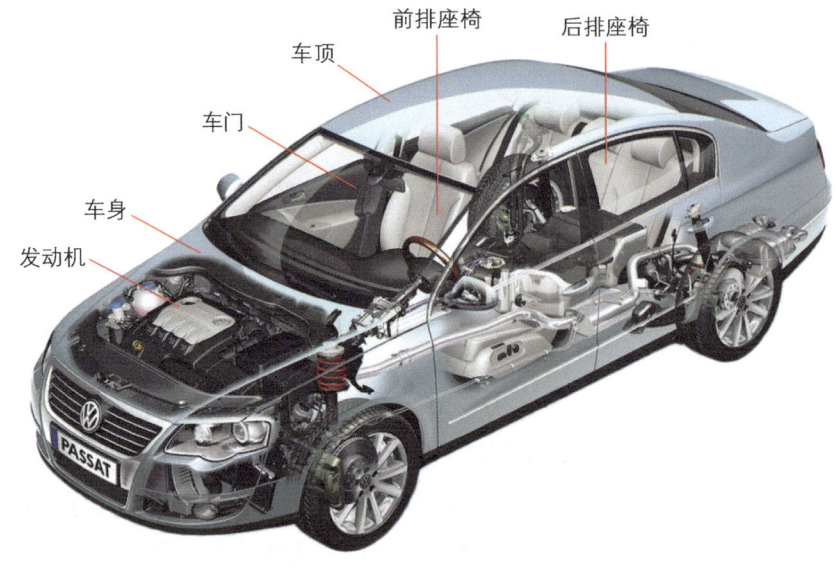

图1-13 普通乘用车

## 2. 活顶乘用车

活顶乘用车如图1-14所示，其结构特点如下：车身为具有固定侧围框架的可开启式车身，车顶（顶盖）为硬顶或软顶，至少有2个位置（1个封闭，1个开启或拆除）；可开启式车身可以通过使用一个或数个硬顶部件或合拢软顶将开启的车身关闭；4个或4个以上座位分两排及以上排列；具有2个或4个侧门，车窗为4个或4个以上。

图1-14 活顶乘用车

### 3. 小型乘用车

小型乘用车要求车身为封闭式，通常后部空间较小；车顶为固定式，硬顶，有的顶盖一部分可以开启；有2个或2个以上座位，至少为一排；2个侧车门，也可以有一个后开启门；2个或2个以上侧车窗。

### 4. 运动型多用途汽车SUV

SUV（运动型多用途汽车）是个体格庞大的"威猛硬汉"，它是运动型多功能车，一般称为城市越野车。这种车既有轿车的舒适性，又具有越野车的通过性。SUV驾驶室和行李舱连通在一起，乘坐空间较大。SUV一般都有行李架，便于携带自动车等物品。

如图1-15所示，SUV车身底板离地间隙高，驾驶坐姿比较高，接近角和离去角大使得通过性好，动力强劲。但SUV体型较大，所以风阻大。SUV选用轮胎的阻力也大于普通轮胎，所以SUV油耗通常高于普通轿车，例如2016款宾利 添越SUV搭载W12发动机，综合路况百公里油耗超过12.8L。

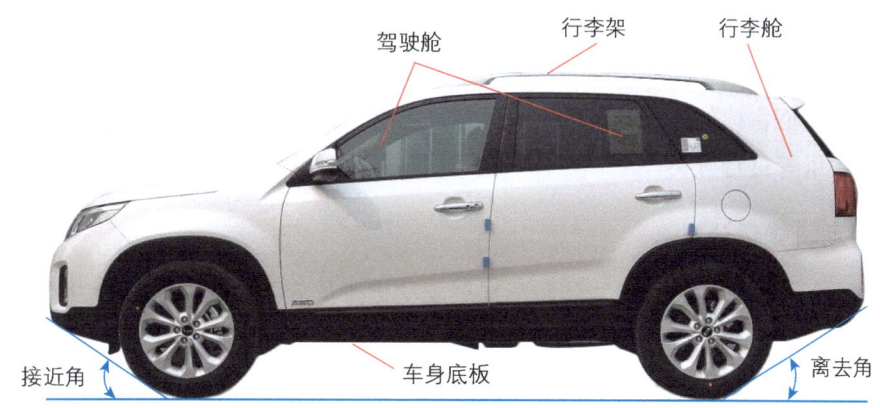

图1-15 运动型多功能汽车

### 5. 多功能汽车MPV

MPV是多功能汽车也属于多用途乘用车，一般为两厢车的结构，包括驾驶舱和发动机舱，如图1-16所示。MPV是从旅行轿车逐渐演变而来的，它集旅行车的宽大乘员空间、轿车的舒适性和厢式货车功能于一身。MPV一般直接采用轿车的底盘（包括变速器和悬架等）、发动机，因而具有和轿车相近的外形和同样的驾驶感、乘坐舒适感。MPV拥有一个完整宽大的乘员空间，座椅多组合功能，它的内部结构具有很大的灵活性，使车辆既可载人又可载货，这也是MPV最具吸引力的地方。

交叉型乘用车是指不能列入基本型乘用车、多功能车、运动型多用途车三类的其他乘用车，这部分车型主要指的是旧分类中的微型客车（车长不长于3.5m），以及今后新推出的不属于上述三类的车型，也列入交叉型乘用车统计。

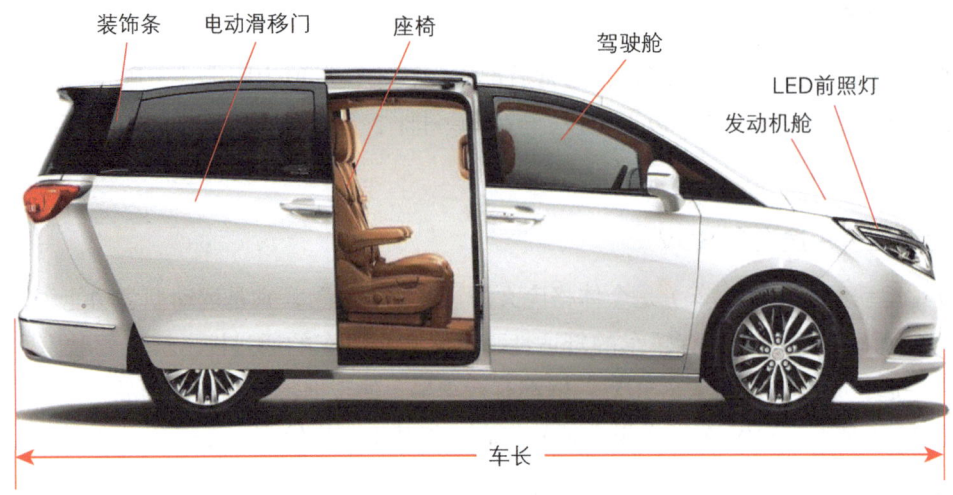

图1-16 多功能汽车GL8

## 二、轿车的类型

轿车外形类似古代的轿子，乘员舱前后有长舱室，故名为"轿车"。轿车可以根据排量、轴距、车厢数量等进行分类。

### 1. 按发动机排量分类

轿车体型各异，形态万千，我国轿车根据发动机排量分类，其类型可分为：微型轿车，其排量为1L（升）以下；普通级轿车，其排量为1.0~1.6L；中级轿车，其排量为1.6~2.5L；中高级轿车，其排量为2.5~4.0L；高级轿车，其排量为4L以上。注意，排量是发动机工作容积之和，很多车辆在尾部标注了排量的大小，如图1-17所示中"3.0T"，"3.0"代表发动机的排量为3.0L，"T"代表带涡轮增压。

并非所有汽车的尾部标识都是排量，例如，奥迪Q5尾部"40"是加速值；威朗尾部标识"15N"，"1"是指排量介于1.0~2.0L之间，"5"是功率级别，"N"表示自然吸气发动机。

图1-17 奥迪汽车排量标识

## 2. 按轴距分类

轴距是影响轿车车身长度的主要参数。长轴距车辆行驶时稳定性较好，乘员的纵向乘坐空间较大，其舒适性相对较好，如图 1-18 所示。但长轴距车辆转向灵活性下降，转弯半径增大，汽车的机动性也较差。

图 1-18　轴距的影响

一般而言，轿车级别越高轴距越长，例如，2016 款捷豹 XJL 轴距为 3157mm。德国是汽车大国，他们根据汽车轴距分级，分为 A、B、C、D 四个等级，A 级车包括 A0、A00 级车，各车型分别称为微型车、小型车、紧凑型车等（表 1-2）。

表 1-2　按轴距分类的轿车类型

| 轴距 /mm | <2400 | 2400~2550 | 2550~2700 | 2700~2850 | 2850~3000 | >3000 |
|---|---|---|---|---|---|---|
| 车型 | 微型车 | 小型车 | 紧凑型车 | 中型车 | 中大型车 | 豪华车 |
| 德国分类 | A00 级 | A0 级 | A 级 | B 级 | C 级 | D 级 |

## 3. 按车厢数量分类

普通轿车又可分为三厢车和两厢车。三厢车有独立的发动机舱、乘员舱和行李舱（俗称后尾箱），相比两厢车行李空间比较大。三厢式轿车中间高两头低，从侧面看前后对称，造型美观大方。

如图 1-19 所示，两厢车将乘员舱和行李舱做成同一个厢体，其外形时尚，看上去是浑然一体，省油，停车方便。两厢车尾部有宽敞的后车门，使这种汽车具备了使用灵活和用途广泛的特点，将后排座位放平，就可以获得比三厢车大得多的载物空间，可用来运送许多大型家电和家庭用品。

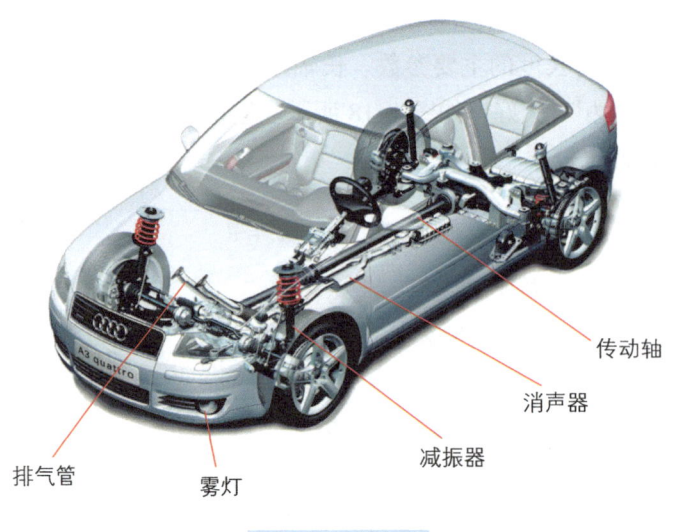

图1-19 两厢车

## 三 商用车的类型

商用车在设计和技术特征上是用于运送人员和货物的汽车，并且可以牵引挂车。商用车可以分为客车、货车、牵引车。

### 1. 客车

客车是用于载运乘客及其随身行李的商用车，包括驾驶员座位在内座位数超过9座。客车主要包括小型客车、城市客车、长途客车、旅游客车、铰接客车、无轨电车、越野客车、专用客车等类型。

小型客车用于载运乘客，除驾驶员座位外，座位数不超过16座。城市客车是为城市内运输而设计和装备的客车，这种车辆设有座椅及站立乘客的位置，并有足够的空间供频繁停站时乘客上下车走动用。长途客车为城间运输而设计和装备的客车，这种车辆没有专供乘客站立的位置，但在其通道内可以载运短途站立的乘客。

### 2. 牵引车

半挂牵引车是指装备有特殊装置用于牵引半挂车的商用车辆，如图1-20所示。半挂牵引车不属于货车，而全挂牵引车属于货车。全挂牵引车是牵引牵引杆式挂车的货车，它本身可以在附属的载运平台上载运货物，如图1-21所示。

### 3. 货车

货车是指主要为载运货物而设计和装备的商用车辆，它可以牵引一辆挂车。货车可以

图 1-20 半挂牵引车

图 1-21 全挂牵引车

分为普通货车、多用途货车、全挂牵引车、越野货车、专用作业车、专用货车等。普通货车是一种敞开（平板式）或封闭（厢式）载货空间内载运货物的货车，如图 1-22 所示。专用作业车包括消防车、救险车、垃圾车等类型，专用货车是指运输特殊物品的货车，包括罐式车、乘用车运输车、集装箱运输车等类型。

图 1-22 普通货车

人们习惯将多用途轻型货车称为皮卡。多用途轻型货车用于载运货物，同时又能运送 3 个以上乘客，如图 1-23 所示。相比于轿车，多用途轻型货车有承载性和通过性好的优点，相比于轻型、微型货车，多用途轻型货车有安全性和驾乘舒适性好的优点。

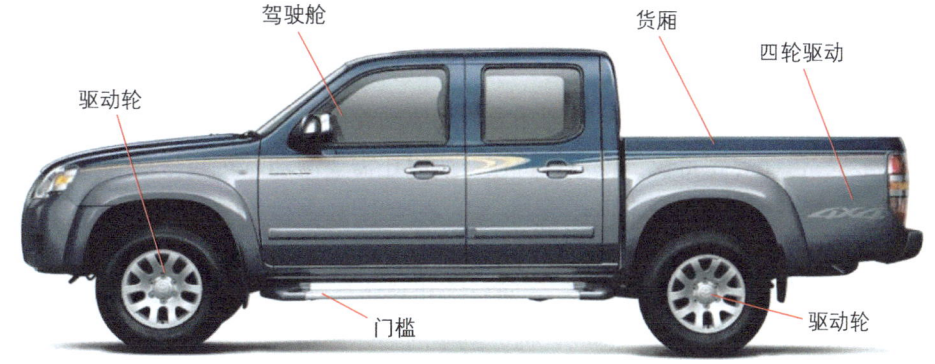

图 1-23 多用途货车

## 第三节　汽车的组成和驱动方式

### 一、汽车的组成

不管汽车是"高大威猛",还是"短小精悍",都是由发动机、底盘、电气设备和车身组成,如图1-24所示,电动汽车采用电机代替发动机。发动机是汽车的"心脏",为汽车提供动力,底盘是汽车的"手脚",使汽车能自由奔跑,车身是汽车"身体骨架",让汽车"仪表堂堂",电气设备是汽车的"神经",用于汽车处理、传递信息。

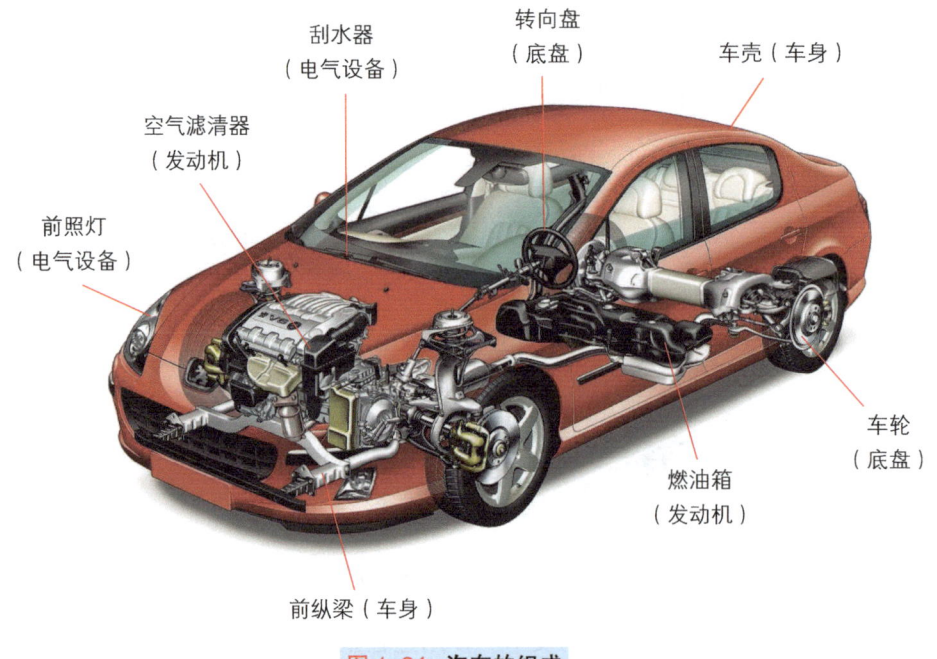

图1-24　汽车的组成

#### 1. 发动机

汽车为什么会"跑"？汽车会跑的动力来自于发动机,在密封时发动机缸内,火花塞适时点燃可燃混合气,混合气燃烧就会产生一个巨大的爆发力,迫使活塞向下运动,活塞通过连杆推动曲轴,再通过一系列机构把动力传到驱动轮上,最终推动汽车,让汽车能够"跑起来"。当然,汽车要跑得快,也要停得住,所以还需要制动、转向等系统。

#### 2. 底盘

汽车底盘由传动系统、行驶系统、转向系统和制动系统四部分组成。底盘的作用是支撑、安装汽车发动机及其他各部件、总成,构成汽车的整体造型,并接受发动机的动力使汽车产生运动，并保证汽车能够按照驾驶员的操纵正常行驶。

发动机动力产生后，需经过底盘传动系统的变速器、传动轴、驱动桥等多个机构才能到达车轮。手动变速器车辆还有便于换档操纵的离合器；四轮驱动汽车还有分动器，以便将动力分配到前桥和后桥。动力在传递过程中，会被底盘改变转动速度、转矩大小，改变传动方向，最后才能传到车轮。

### 3. 电气设备

电气设备是汽车的神经系统，保证车辆在行驶过程中的可靠性、安全性和舒适性。它主要包括电源系统、配电装置和用电设备。如图 1-25 所示，电源系统主要包括蓄电池和发电机等。

用电设备包括起动系统、点火系统、照明系统、仪表和信号系统、安全舒适系统、电子控制系统等。配电装置包括电路开关、中央配电盒、熔断器、继电器、插接器和导线等，熔断器俗称保险丝，它串联在其所保护的电路中起保护作用。常见继电器是利用电磁原理实现的，它能自动接通或切断一对或多对触点，其作用是用小电流控制大电流，减小控制开关触点的电流负荷。

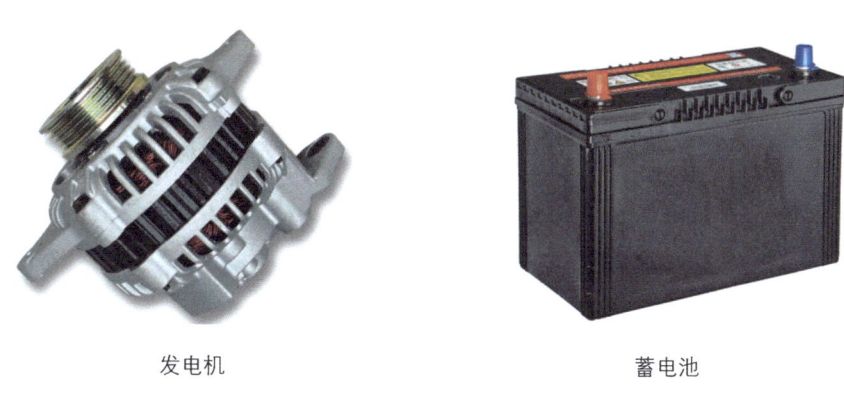

图 1-25 汽车电源系统发电机和蓄电池

### 4. 车身

汽车车身的作用主要是保护驾乘人员，为驾乘人员提供舒适的驾驶环境。车身还应保证汽车具有合理的外部形状，造型美观，色彩协调，在汽车行驶时能有效地减少空气阻力和燃料消耗。

汽车车身结构从形式上说，主要分为非承载式和承载式两种。汽车车身由车身壳体、车门、车窗、车身内外装饰件、座椅等组成。轿车车身壳体一般采用承载式，如图 1-26 所示，它由车身前部、车身前围、车身侧围、车身顶盖、车身后部等组成。为减轻车身重量，车身很多部件采用铝合金制成。

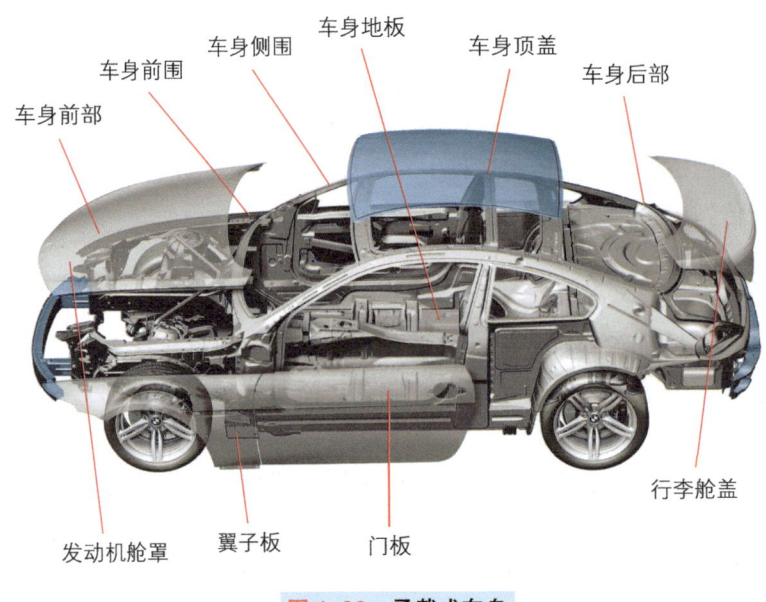

图 1-26 承载式车身

## 二、汽车的驱动方式

汽车驱动方式是指发动机的布置方式以及驱动轮的数量、位置的形式，其最基本的分类标准是按照驱动轮的数量，可分为两轮驱动和四轮驱动两大类。发动机按安装位置分为前置、中置和后置三种，发动机按安装方向可以分为横置和纵置。汽车驱动方式对整车使用性能、外形尺寸、整车质量、制造成本等影响很大。

### 1. 两轮驱动方式

汽车两轮驱动方式最常见的包括发动机前置前驱（FF）、发动机前置后驱（FR）、发动机中置后驱（MR）、发动机后置后驱（RR）等方式。

（1）发动机前置前驱（FF）

发动机前置、前轮驱动(FF)的驱动方式在轿车上普遍采用。如图 1-27 所示，这种驱动方式前车轮很"辛苦"，它既是转向轮，又是驱动轮，后轮比较轻松，只需要"跟着"前轮转动，称为从动轮。这种布置形式一般用在经济型的车型上，由于没有传动轴的原因，可以带来以下几个优点：降低成本，传动效率高，且因为整车的重量基本集中在前部，相对来说能耗较低。

发动机前置前驱的布置方式由于前轮同时负责驱动和转向，且重量大部分集中在车体前方，在加速或者上坡时，车身重心往后移，前轮与地面的附着力减少，这就导致了车身转向性能不足。

（2）发动机前置后驱（FR）

发动机前置后驱车型（FR）布置形式是将发动机纵置布置在前面，前后轮"分工公平"，前轮负责转向，后轮负责驱动，如图 1-28 所示。这种驱动方式操控性好，起步加速好，舒适度高，但需要一根贯穿前后的传动轴，将动力从前面传递到后轮，传动距离长使得传动效率较低，同时也会影响车内空间。

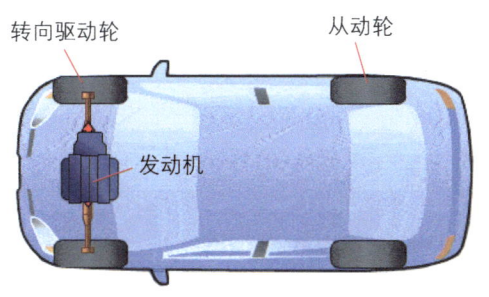

图 1-27　发动机前置前驱（FF）　　　　图 1-28　发动机前置后驱（FR）

（3）发动机中置后驱（MR）

中置的发动机重心落在前后车轴之间，变速器与发动机安装在一起，将动力通过两个半轴传递给后轮，汽车的蓄电池与备胎通常安装驾驶舱前端的行李舱内。发动机中置后轮驱动（MR）基本上用于赛车和超级跑车，因为 MR 车的车体重量分布接近理想平衡，这是使 MR 车获得最佳运动性能的最主要保证。

（4）发动机后置后驱（RR）

采用发动机后置后驱方式（RR）的车辆具有良好的起动和爬坡性能，如图 1-29 所示，发动机安置在后方，前轮负荷小，转向轻便；制动均匀，发动机便于拆卸，车辆操纵非常灵敏。但采用发动机后置后驱方式的车辆直线行驶性能一般，在湿滑路面时，转向困难。

### 2. 四轮驱动（4WD）

四轮驱动（4WD）汽车的 4 个车轮都能得到驱动力，它充分利用了所有车轮与地面之间的附着力，以获得尽可能大的牵引力，通过性和两驱车相比具有很大的优势。四驱的优势就是性能更强，但是结构复杂，如图 1-30 所示，它需要分配动力的分动器，传递动力的传动轴及前后两个驱动桥，其维修和保养成本高，车辆自重较大，行驶时油耗高。

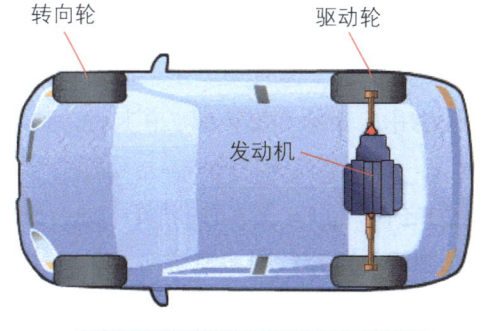 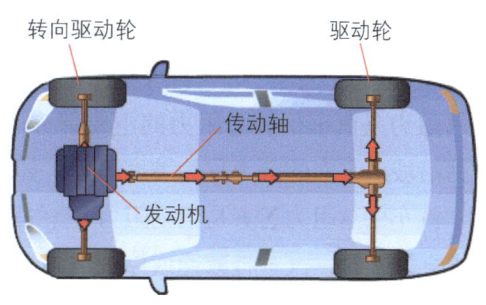

图 1-29　发动机后置后驱（RR）　　　　图 1-30　四轮驱动（4WD）

目前使用发动机后置的车型并不多，保时捷911就是发动机后置后轮驱动的车型，适合驾驶技术精湛追求转向非常灵活的车手。除了以上常用的驱动方式外，还有发动机中置4轮驱动汽车。不过不管是哪种驱动方式，现在的汽车基本都有ESP车身稳定系统，能有效控制车身姿态，在安全性方面不用担心。

## 三 汽车行驶受力分析

汽车向前行驶时，要承受纵向力、横向力和垂直力等各种力和力矩的作用。为了简单起见，这里仅介绍汽车直线行驶时各种纵向力的相互关系。

### 1. 汽车的驱动力和阻力

汽车发动机产生动力后，经过汽车传动系统施加给驱动车轮，其转矩为 $M_t$，如图 1-31 所示，该转矩力图使车轮旋转，此时，驱动车轮与地面接触处对地面施加作用力 $F_0$，$F_0$ 的方向与前进方向相反，其数值 $M_t$ 为 $r_r$ 与车轮滚动半径的比值。地面产生与 $F_0$ 大小相等、方向相反的作用力 $F_t$，$F_t$ 就是促使汽车行驶的驱动力。

图 1-31　驱动力的产生

汽车的滚动阻力是由于车轮滚动时，轮胎与地面发生变形而产生的。滚动阻力以 $F_f$ 表示，其数值与汽车的总重力、轮胎的结构与气压以及地面的性质有关。前文已介绍了空气阻力，空气阻力用 $F_w$ 表示，它与汽车的形状、汽车的正面投影面积、车速有关。在车速很高时，空气阻力是汽车行驶总阻力的主要部分。汽车坡道阻力用 $F_i$ 表示，汽车在坡道上时，其总重力沿坡道方向的分力称为坡度阻力，如图 1-32 所示。

汽车的总阻力 $\sum F$ 是滚动阻力、空气阻力、坡道阻力之和。当 $F_t = \sum F$ 时，汽车匀速行驶；当 $F_t < \sum F$ 时，汽车将减速或停驶；当 $F_t > \sum F$ 时，总阻力也随空气阻力而增加，在一个较高的车速时达到新的平衡，然后匀速行驶。

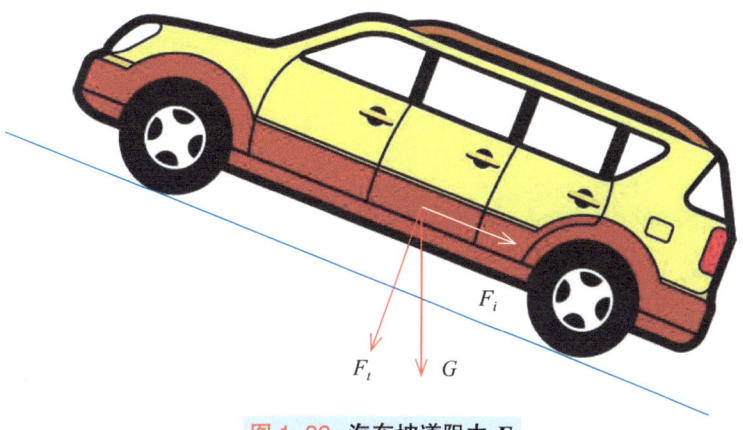

图1-32 汽车坡道阻力 $F_i$

### 2. 汽车附着条件

车轮的附着作用是由于轮胎与路面存在着摩擦力,这个摩擦力阻碍车轮的滑动,使车轮能够正常向前滚动并承受路面的摩擦力。由附着作用所决定的阻碍车轮滑动的力的最大值称为附着力,用 $F_\varphi$ 表示。附着力与车轮所承受垂直于地面的法向力 $G$(称为附着重力)成正比,$F_\varphi$ 与 $G$ 的比值 $\varphi$ 称为附着系数,即 $F_\varphi = G\varphi$。

附着力限制了汽车驱动力的发挥,驱动力 $F_t$ 应不大于附着力 $F_\varphi$,这称为汽车行驶的附着条件。附着系数与轮胎的类型及地面的性质有关,在冰雪或泥泞路面,附着力很小,为了增加车轮在冰雪路面的附着力,可采用特殊花纹轮胎、镶钉轮胎或在普通轮胎上安装防滑链。

# 第二章
# 发动机的工作原理和总体构造

## 第一节　发动机的类型

### 一　发动机的作用

发动机是汽车的"心脏"，它是车辆的动力源，它"吃"的是空气中的氧气和汽油之类的燃料，产生的是旋转力矩，通过发动机后面的飞轮把力矩传出去传给底盘变速器等机构，最终驱动车辆。

发动机前端用传动带将动力传给以下装置（如图2-1所示）：传给发电机，给蓄电池充电和电器供电，点亮各种照明灯；传给空调压缩机，调节汽车温度和湿度，让乘客"如沐春风"；传给转向助力泵，让驾驶员轻松就能掌控汽车转向盘（俗称方向盘），减轻驾驶疲劳。

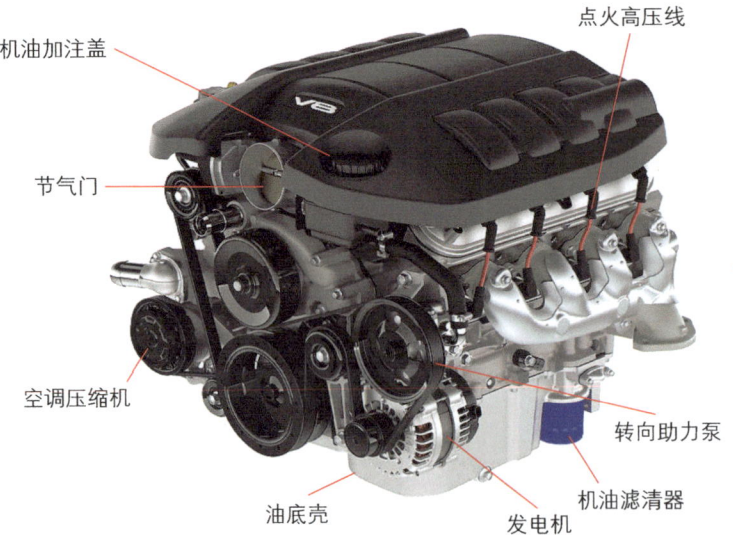

图2-1　汽车发动机的前端

> 知识拓展：发动机不工作时，发电机和空调压缩机也都不工作，使用前照灯（俗称大灯）或音响之类的大功率电器会很快地消耗电能，电能消耗过多，发动机会因缺电无法起动。

发动机还具有以下作用：发动机活塞下行时产生真空，此真空提供给制动系统的真空助力器，用于助力驾驶员控制制动踏板；发动机真空还用于其他真空阀，车辆在下长坡时，松开加速踏板，可以利用发动机的制动作用来减缓车速，降低频繁使用制动系统带来的热负荷。发动机制动作用通常是指压缩行程产生的压缩阻力、内摩擦力和进排气阻力对驱动车轮形成的制动作用。

## 二 发动机的类型

目前汽车上常用的是四冲程往复活塞式、水冷、直列或 V 型发动机。发动机按使用燃料、气缸排列方式、工作行程等分为不同的形式。

### 1. 根据使用燃料分类

发动机按使用燃料不同可以分为汽油发动机、柴油发动机、液化石油气发动机等。汽油发动机是目前小型车的主流，汽油发动机像个短小精悍的小伙子，其特征是体积小、质量轻、转速高。

柴油发动机是轿车上的"非主流"，主要应用在大众汽车公司的奥迪、宝来等汽车上，但它广泛应用于大中型客车和货车，越野车悍马 H1 也使用柴油发动机。如图 2-2 所示，柴油发动机有一个专用的高压油泵，能够将柴油建立起很高的压力，然后将燃油通过燃油轨道、高压油管、喷油器等压入气缸中，柴油与空气混合后被压燃。为了提高发动机的进气量，提高发动机功率和转矩，绝大多数电控柴油发动机带有涡轮增压器。

小贴士：TDI 是指直喷式涡轮增压柴油发动机，直喷式即缸内喷射。柴油发动机没有点火系统，柴油只能直接喷入气缸，依靠高压缩比压燃。

图 2-2 V6 柴油发动机

## 2. 根据汽油喷射位置分类

依据汽油进入气缸的位置，汽油发动机又可以分为进气歧管喷油式和缸内直接喷油式，如图2-3和图2-4所示。进气歧管喷油式是将汽油喷在气缸外的进气歧管内。目前普遍使用的进气歧管喷油式是在每个气缸上设置一个喷油器，各个喷油器分别向各气缸进气道（进气管前方）喷油。

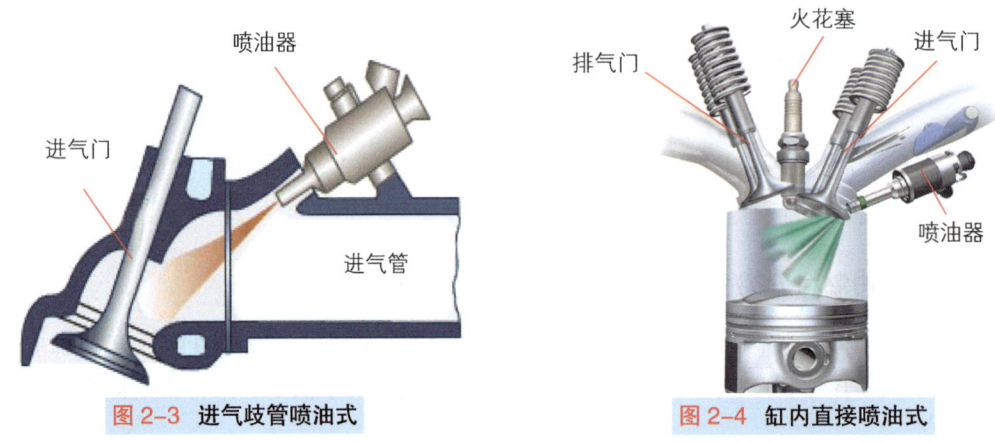

图2-3 进气歧管喷油式　　　　　　　图2-4 缸内直接喷油式

缸内直接喷油式比进气歧管喷油式先进，目前已经在汽油发动机上普遍采用。喷油器直接将汽油喷入气缸，这种喷射方式有利于汽油的雾化，燃烧效率更高，因此，提升了发动机动力、油耗等性能。很多汽车尾部标识"FSi"、"TSi"等都表示采用了缸内直接喷油式发动机。

## 3. 根据气缸排列方式分类

发动机气缸数目和排列方式也不同，按气缸排列方式可以分为直列（L型）发动机、V型发动机、水平对置发动机等。

如图2-5所示，直列发动机所有气缸排列成一排，一般为4缸或6缸。这种发动机性

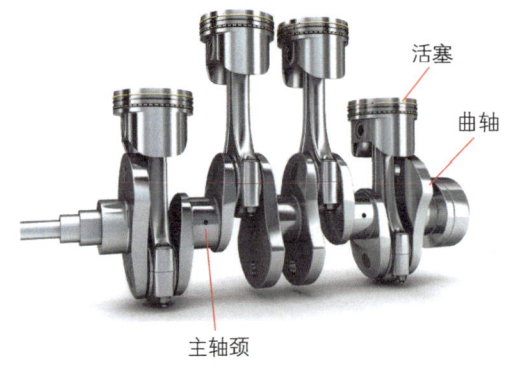

a）直列四缸发动机曲柄连杆结构　　　　b）直列四缸发动机气缸排列方式

图2-5 直列发动机

能稳定，成本低，结构简单，运转平衡性好，而且体积小。但当排气量和气缸数增加时，发动机的长度将大大增加。

如图2-6所示，V型发动机将所有气缸排成两排，从侧面看像V字形，其高度和长度尺寸都较小，这样可以使得发动机舱高度更低一些，以满足空气动力学的要求。V型发动机的气缸成一定角度对向布置，可以抵消一部分的振动，但必须要使用两个气缸盖，因而结构相对复杂。

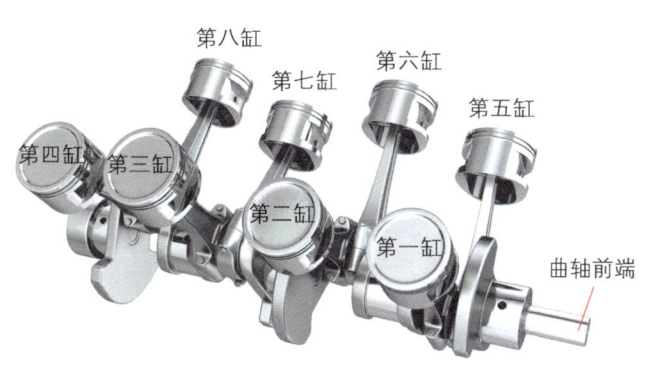
a）V8发动机曲柄连杆结构

b）V8发动机气缸排列方式

图 2-6　V型发动机

如图2-7所示，W型发动机相对于V型发动机，优点是曲轴可更短一些，重量也可轻一

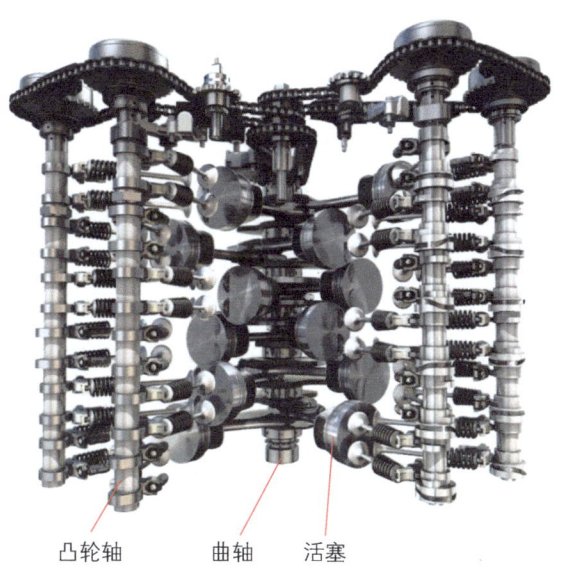
a）W12发动机曲柄连杆结构

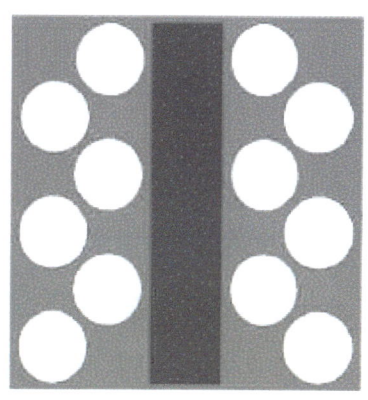
b）W12发动机气缸排列方式

图 2-7　W12发动机

些，但是宽度增大，发动机舱也会被塞得更满。W型发动机的缺点是结构更为复杂，在运转时会产生很大的振动，所以只在少数车上应用。大众辉腾、大众途锐、奥迪A8、宾利欧陆GT等车采用了W12发动机。

将V型发动机两侧的气缸再进行小角度的错开，就是水平对置（H型）发动机了。如图2-8所示，水平对置发动机将气缸平均分布在曲轴两侧，在水平方向上左右运动，这种发动机紧凑，低重心，体积小，可以给车辆带来异乎寻常的平衡与稳定，但结构复杂，目前在普通轿车上使用较少。

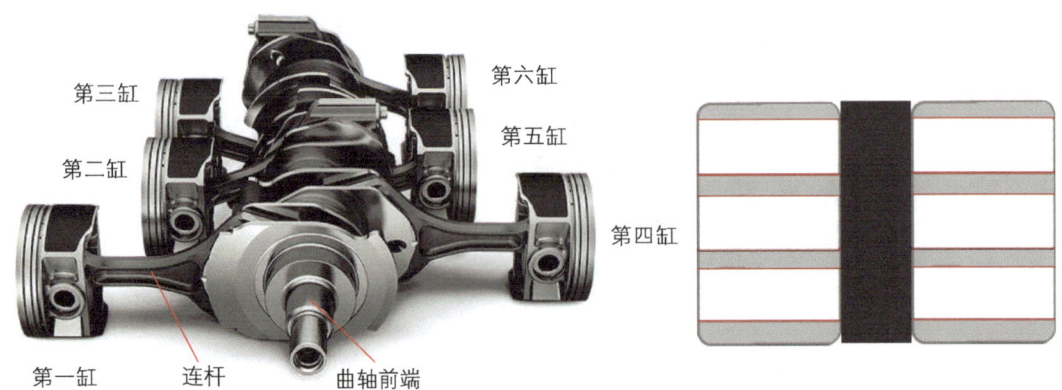

a）水平对置发动机曲柄连杆结构　　　　b）水平对置发动机气缸排列方式

图2-8　水平对置发动机

## 第二节　发动机工作的基本原理

### 一、发动机的基本术语

曲轴在发动机中做旋转运动，活塞和连杆在气缸内做上下往复运动。通常曲轴是顺时针旋转，四缸发动机1缸和4缸、2缸和3缸活塞运动方向相同，即活塞同时向上或向下。

**1. 上止点和下止点**

如图2-9所示，活塞顶到达远离曲轴回转中心最远处，即上止点。通常发动机上止点就是活塞运行的最高处，下止点是指活塞顶离曲轴回转中心最近处。通常发动机下止点就是活塞运行的最低处。行程是活塞移动的过程，活塞行程是上、下止点间的距离，曲轴回转一周，活塞移动两个行程。

第二章 发动机的工作原理和总体构造

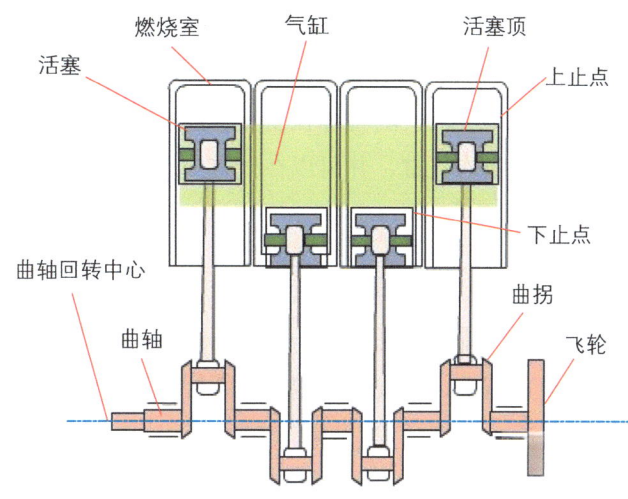

图 2-9 发动机上止点和下止点

### 2. 发动机排量

气缸内上止点上部的活塞顶面和气缸盖底面以下所形成的空间称为燃烧室。为了满足混合气雾化和燃烧的要求，燃烧室做成浴盆形、楔形、球形等形状。如图 2-10 所示，在上、下止点间的气缸容积所形成的空间是气缸工作容积。所有气缸工作容积的总和称为排量。排量就像发动机的"肺活量"，同样条件下，"肺活量"大的发动机动力强劲。

气缸工作容积与燃烧室容积之和为气缸总容积，气缸总容积与燃烧室容积之比称为压缩比。通常压缩比越大的发动机，其动力性和经济性越好。

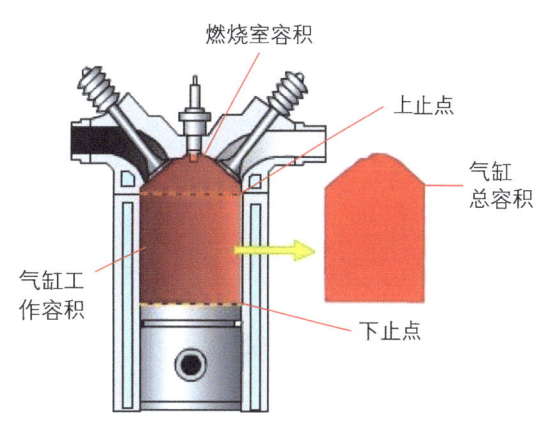

图 2-10 发动机气缸工作容积

##  发动机的工作原理

汽车发动机普遍采用四冲程，曲轴转动带动活塞上下往复运动，完成进气、压缩、做功和排气 4 个行程。在做功行程，燃料在发动机内燃烧膨胀产生动能，让发动机活塞运动从而带动曲轴转动。

四冲程汽油机的工作原理

025

## 1. 进气行程

如图 2-11 所示，进气行程时，排气门关闭，进气门打开，活塞由曲轴带动从上止点移动到下止点。此时又好比注射器吸液，随着容积变大，产生真空，吸进混合气。空气和汽油的混合物（即可燃混合气）被吸入气缸，并可以在气缸内进一步混合。

## 2. 压缩行程

如图 2-12 所示，压缩行程时，发动机对混合气进行压缩，使得混合气压力和温度提高，以便于点燃。压缩行程时，进、排气门都关闭，活塞由曲轴带动从下止点移动到上止点。因为气体在压缩后有温度上升的特性，温度越高越利于燃烧。随着活塞向上移动，空间变小，压力与温度都在升高。

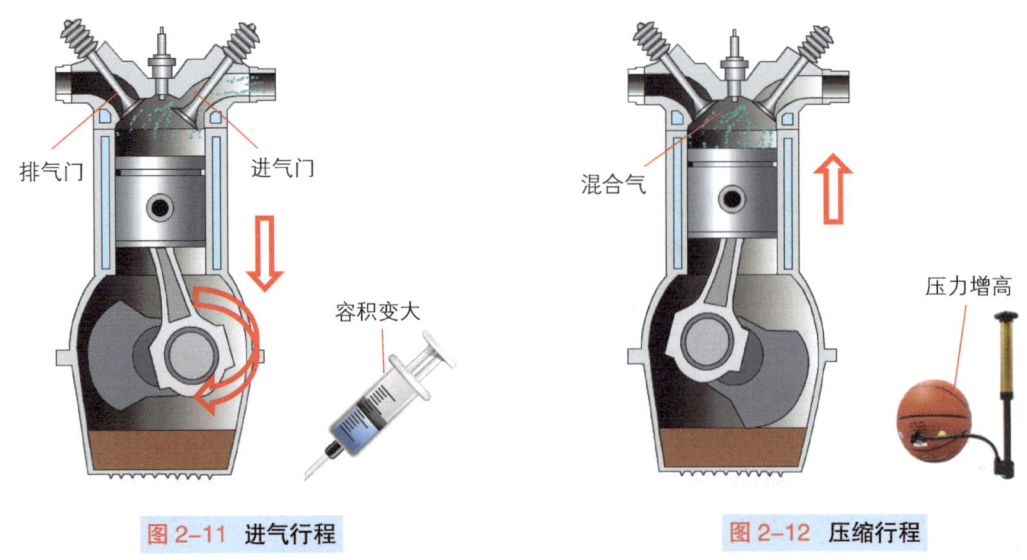

图 2-11　进气行程　　　　图 2-12　压缩行程

## 3. 做功行程

如图 2-13 所示，做功行程就像在鞭炮被点燃后发生爆炸，会产生很大的威力。做功行程时，进、排气门关闭形成封闭空间，火花塞适时发出高压电火花，将温度很高的可燃混合气点燃，火焰迅速传播，混合气燃烧后爆发出巨大压力，推动活塞移动使曲轴旋转，产生能驱动车轮的动力。

## 4. 排气行程

如图 2-14 所示，排气行程开始，排气门开启，进气门关闭，活塞上行，推动废气通过排气门排出。汽车排气管排出的废气是汽车的主要污染源，在汽车维修或汽车年检时使用废气分析仪检测的气体就是排气管排出的废气。

第二章 发动机的工作原理和总体构造

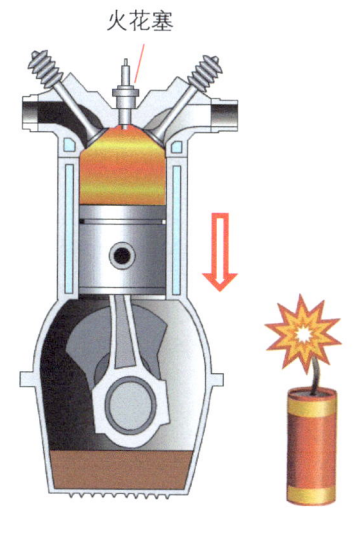

图 2-13 做功行程

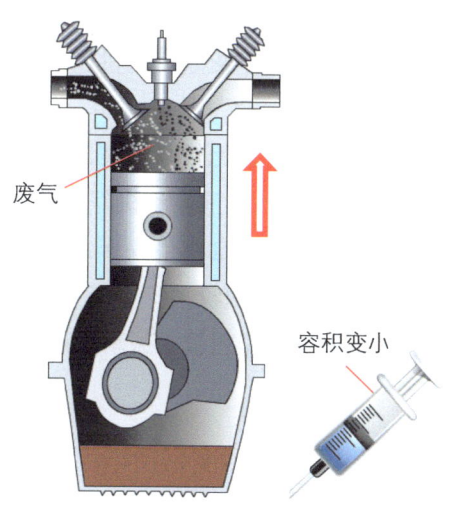

图 2-14 排气行程

## 三 柴油发动机的特点

柴油发动机是内燃机的一种，其工作原理和汽油发动机类似。如图 2-15 所示，柴油发动机燃油供给系统由高压燃油泵、高压油管、回油管、喷油器等组成，柴油发动机没有点火系统，它的混合气是被压燃的。在压缩行程，气缸内压力和温度都提高，为燃烧提供条件。在压缩行程结束前，喷油器将柴油喷入气缸，柴油与空气混合形成可燃混合气并被压缩自燃，在做功行程产生动力。

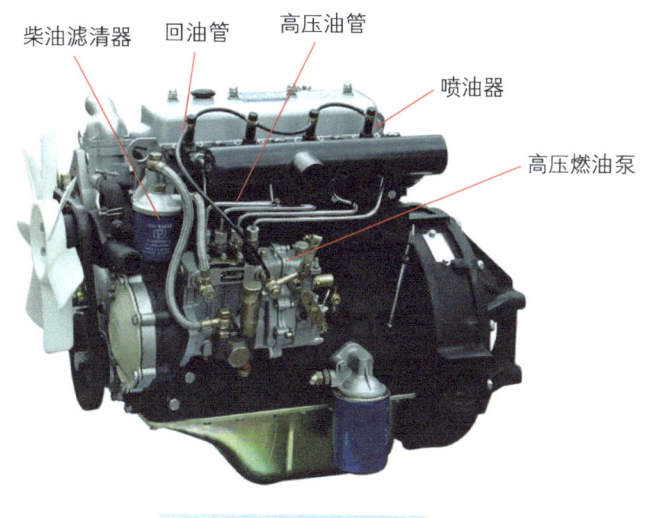

图 2-15 6 缸柴油发动机

四冲程柴油机的工作原理

027

柴油发动机相比汽油发动机的优缺点如下：

1）经济性较好。由于柴油发动机比汽油发动机热效率高30%，因此，柴油发动机能节省燃料，降低燃料成本。

2）柴油发动机可靠性比较高。柴油发动机无需点火系统，供油系统也比较简单，所以柴油发动机的可靠性要比汽油发动机好。

3）压缩比高。柴油机缸内最高压力大，要求各有关零件具有较高的结构强度和刚度，所以柴油机比较笨重，体积较大。

4）缺点是柴油机工作粗暴，振动噪声较大；柴油不易蒸发，冬季冷车时起动困难。

## 四 发动机的组成

目前轿车常用是四冲程、往复活塞式、水冷汽油发动机，发动机常用直列或V型布置方式。发动机是汽车上最复杂的部分，包括两大机构和五大系统，两大机构是曲柄连杆机构和配气机构，五大系统包括点火、供给、冷却、润滑和起动系统。

如图2-16所示，曲柄连杆机构是发动机实现工作循环和完成能量转换的主要机构；配气机构定时开启和关闭进、排气门，实现换气过程；燃料供给系统将混合气供入气缸，将废气排出车外。

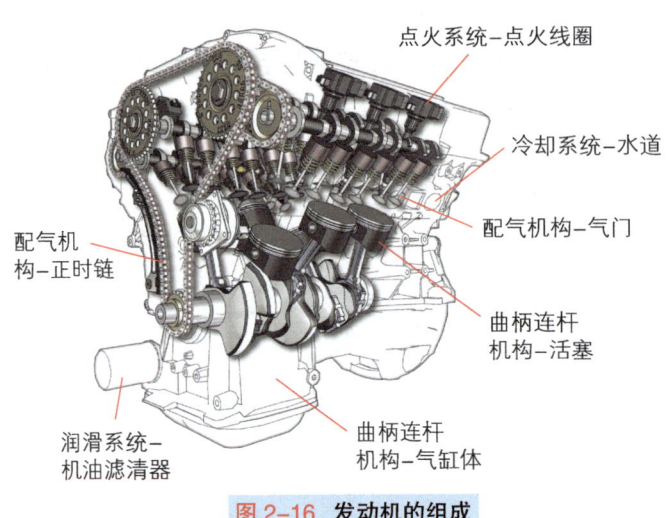

图2-16 发动机的组成

润滑系统是向发动机运动零件表面输送润滑机油。冷却系统将气缸工作时高温零件所吸收的热量及时带走，使发动机保持在正常的温度范围内。点火系统适时点燃气缸内可燃混合气，从而使混合气燃烧对外做功。起动系统通常归类于汽车电气设备，通过起动机将蓄电池的电能转换成机械能，带动发动机运转起动。

# 第三章
# 曲柄连杆机构的结构和原理

## 第一节 机体组的结构和原理

曲柄连杆机构是发动机的主要运动机构，其功用是将活塞的往复运动转变为曲轴的旋转运动，同时将作用于活塞上的力转变为曲轴对外输出的转矩，以驱动车轮转动。曲柄连杆机构由机体组、活塞连杆组、曲轴飞轮组三部分组成。如图 3-1 所示，发动机机体组主要包括气门室盖、气缸盖、气缸体和油底壳等，在以上元件结合面都有密封垫片。

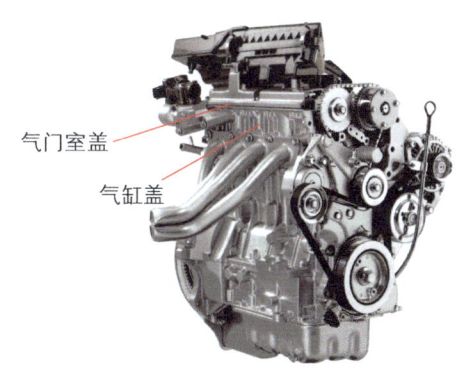

图 3-1 发动机机体组

###  气门室盖

气门室盖也叫气缸盖罩，如图 3-2 所示，它安装在气缸盖上面，气门室盖上通常有火

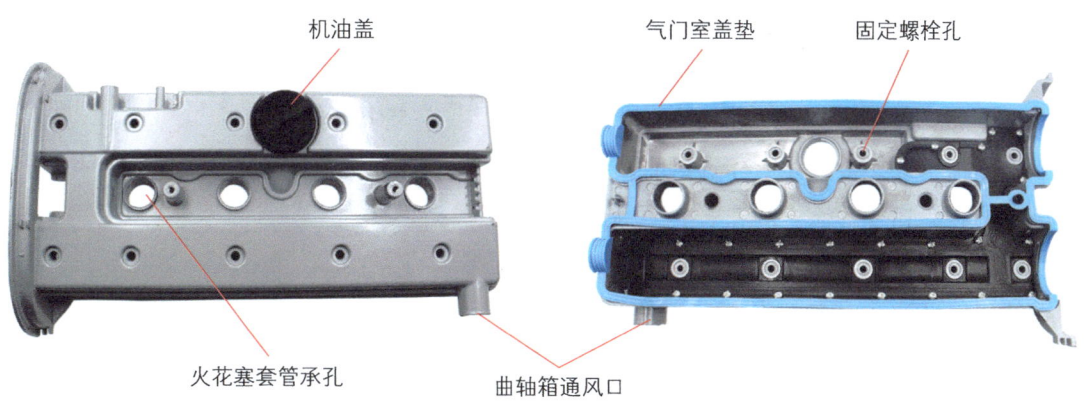

图 3-2 气门室盖

花塞安装承孔和加机油口。气门室盖衬垫起到密封作用，防止机油渗漏。有些车型采用塑料制成的气门室盖，以减轻汽车重量。气门室盖内部装有油气分离器，用于分离机油和窜气，窜气通过气门室盖的曲轴箱通风管及进气道再次进入气缸。气门室盖上还有机油盖，方便添加机油。机油盖盖紧后应无泄漏，否则会漏油并且可能引起发动机其他故障。

## 二 气缸盖

气缸盖位于发动机上部，直列发动机只有一个气缸盖，而V型发动机有两个气缸盖。发动机气缸内会产生非常高的压力，气缸盖就像高压锅的盖子，它利用非常平整的下端面来封闭气缸上部。乘用车的汽油发动机多采用整体式铝合金铸造气缸盖。如图3-3所示，气缸盖还用于安装凸轮轴、进气门、排气门、火花塞等零部件。气缸盖安装在气缸体的上面，在气缸盖上安装气门室盖。气缸盖内部有冷却液道，用于冷却其高温部分。气缸盖上还有机油进、回油道，进气、排气管道，气门挺柱承孔和火花塞座孔等。

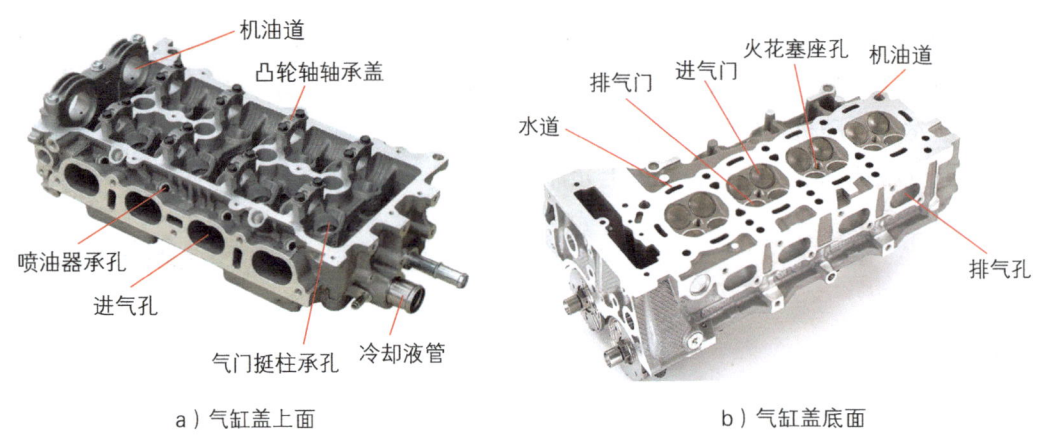

a）气缸盖上面　　　　　　　　b）气缸盖底面

图3-3　气缸盖的结构

气缸垫装在气缸盖和气缸体之间，其功用是保证气缸盖与气缸体接触面的密封，防止漏气、漏水和漏油。气缸垫要有一定的弹性，同时要有好的耐热性和耐压性，在高温高压下不烧损、不变形。安装气缸垫时，气缸垫上的孔要和气缸体上的孔对齐，尤其要注意气缸垫上机油进油孔要与气缸体上相应的机油进油孔对齐，如果气缸垫是对称的，有金属包边的面或印有批次号的一面向上，如图3-4所示。

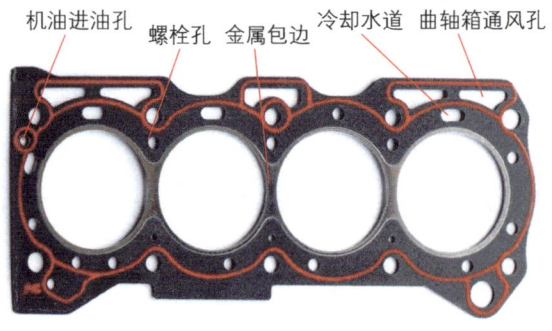

图3-4　气缸垫

汽油机气缸盖还用来构成燃烧室，燃烧室的形状对发动机的工作影响很大，汽油机燃烧室按其结构分为半球形燃烧室、楔形燃烧室和盆形燃烧室。如图 3-5a 所示，半球形燃烧室使用广泛、结构紧凑，火花塞布置在燃烧室中央，火焰行程短，故燃烧速度高。如图 3-5b 所示，楔形燃烧室结构简单、紧凑，散热面积小，热损失也小，能保证混合气在压缩行程中形成良好的涡流运动，有利于提高混合气的混合质量，进气阻力小，充气效率高。如图 3-5c 所示盆形燃烧室，气缸盖工艺性好、制造成本低，但因气门直径易受限制，进、排气效果要比半球形燃烧室差。捷达、奥迪发动机均采用盆形燃烧室。

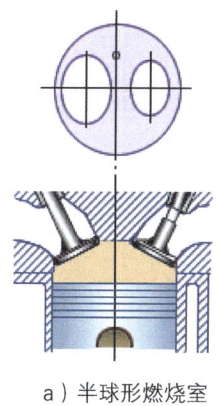
a）半球形燃烧室

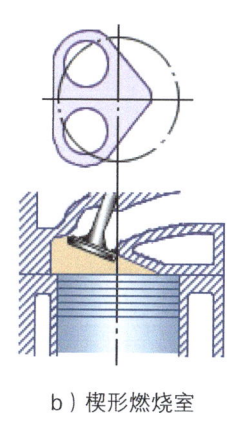
b）楔形燃烧室

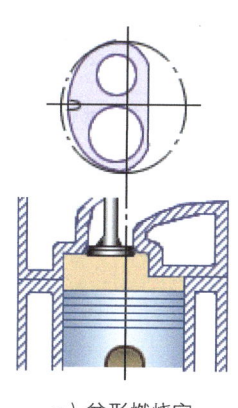
c）盆形燃烧室

图 3-5 汽油机燃烧室

## 三 气缸体

气缸体是发动机的主要骨架，其上部使用螺栓连接气缸盖，其下部安装油底壳，中部是发动机的主要部分即气缸。根据气缸体与油底壳安装平面的位置不同，通常把气缸体分为一般式、龙门式、隧道式三种形式。一般式气缸体油底壳安装平面和曲轴旋转中心在同一高度，应用较多。

如图 3-6 和图 3-7 所示，直列发动机和 V 型发动机气缸体结构不同，V 型发动机在气缸体上布置了两排气缸。气缸体要经受高温高压，所以需要冷却液道以便于其冷却。活塞在气缸中往复运动，摩擦较大，燃料与废气又具有腐蚀性，所以气缸体必须能耐高温、耐腐蚀、耐磨损等。气缸盖和气缸体采用螺栓连接，一旦螺栓孔损坏，可能需要更换整个气缸体。

活塞在气缸中以极快的速度往复运动，所以气缸体耐磨性要很好。通常在气缸中镶入镀有耐磨金属层的气缸套（图 3-8），磨损后可以更换或维修气缸套。汽油机采用厚度较小的干式气缸套，它不与冷却液直接接触。柴油机采用厚度大的湿式气缸套，它直接与冷却液接触。整体式缸体无气缸套，气缸磨损后通常需要更换气缸体。

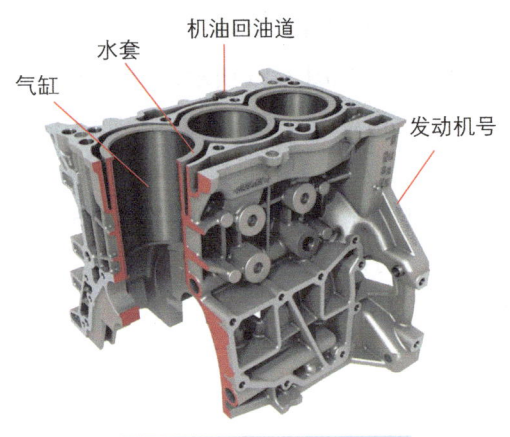

图 3-6　直列发动机气缸体

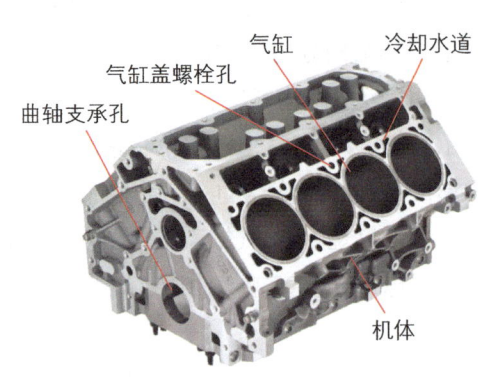

图 3-7　V 型发动机气缸体

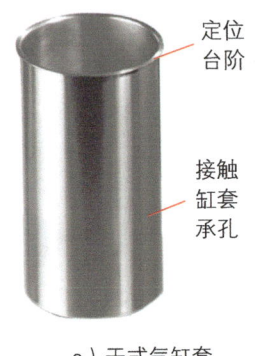

a）干式气缸套

b）湿式气缸套

图 3-8　气缸套

##  四　油底壳

油底壳属于机体组，也属于润滑系统，它用来容纳和冷却机油，内部设有隔板防止机油的晃动，如图 3-9 所示。油底壳可以采用铝合金或钢板制成。油底壳与气缸体之间用密封垫密封，用于防止机油渗漏。有些放油螺栓有磁性，用于吸附机油中的金属粉末。放油螺栓采用橡胶垫或铜垫密封，每次拆装放油螺栓，都必须更换密封垫，否则有可能漏油。

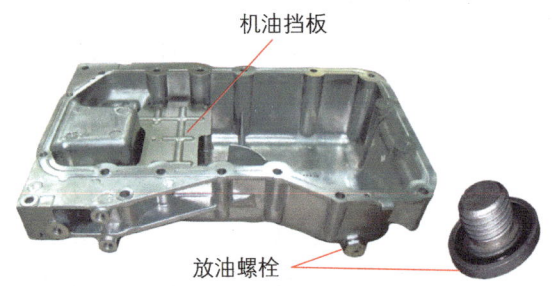

图 3-9　油底壳及放油螺栓

## 第二节　活塞连杆组的结构和原理

活塞连杆组负责发动机的动力输出。如图3-10所示，活塞连杆组将活塞的往复运动转变为曲轴的旋转运动，并把作用在活塞组上的燃气压力传给曲轴，使曲轴旋转并输出动力。如图3-11所示，活塞连杆组主要由活塞、活塞环、活塞销、连杆和连杆轴瓦等组成。

活塞连杆组

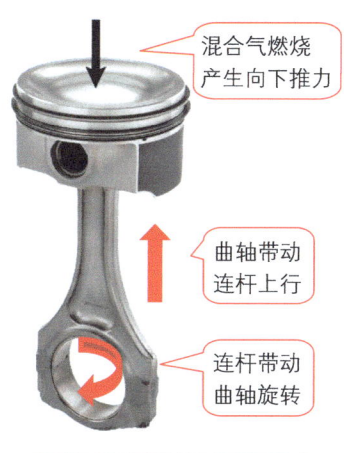

图3-10　活塞连杆组作用

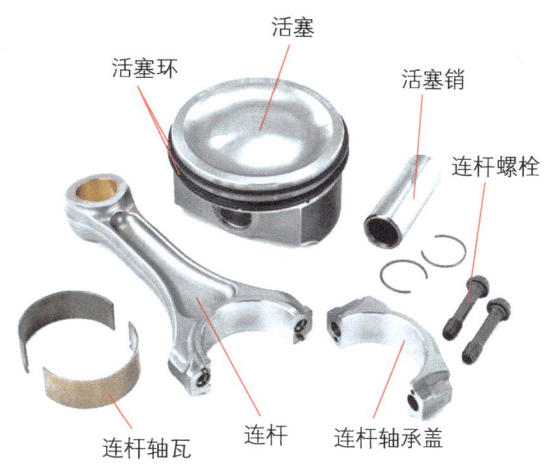

图3-11　活塞连杆组的组成

### 一　活塞

活塞是发动机的重要部件，活塞与气缸盖、气缸壁等形成密闭的容器，保证燃烧工作过程顺利进行。同时活塞将承受的燃气压力变为动力，通过连杆传给曲轴输出。

如图3-12所示，活塞需要承受高温高压，并在高速、润滑不良和散热困难的条件下工作，因此，需要活塞有足够的刚度和强度，耐高温、高压且质量较小。活塞一般采用铝合金制成，它主要由顶部、头部和裙部组成。

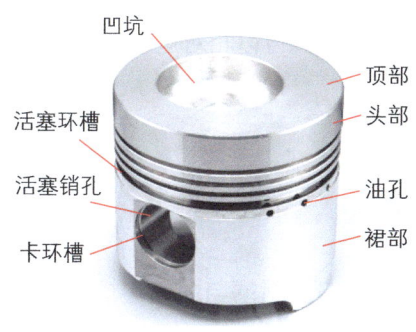

图3-12　活塞的结构

活塞的顶部与气缸盖、气缸体共同组成燃烧室。顶部的凹坑可以改善混合气的形成和燃烧情况。活塞头部是指活塞环槽以上的部分，油环底面钻有许多油孔，油环从气缸壁上刮下来的机油可以通过油孔流回油底壳。活塞裙部是指油环槽以下部分，用于活塞在气缸内做往复运动时导向和承受侧压力。

## 二　活塞环

活塞环包括气环和油环两种，如图 3-13 所示。气环的作用是保证活塞与气缸壁间的密封，防止高温高压燃气进入曲轴箱；同时还将活塞顶部的大部分热量传导给气缸体，再由冷却液或空气带走。油环多是由两片刮片和衬簧组成，它主要起到刮油、布油和辅助密封的作用。油环用来刮除气缸体上多余的机油，并在气缸壁上铺涂一层均匀机油膜，这样既可以防止机油窜入，又可以减小活塞与气缸壁的磨损与摩擦阻力。

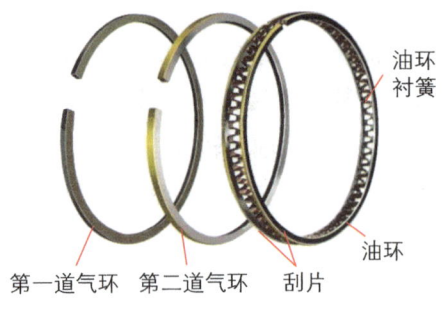

图 3-13　活塞环

## 三　活塞销

活塞销的作用是连接活塞和连杆小头，它把活塞承受的气体作用力传给连杆，或使连杆小头带动活塞一起运动。为了减轻重量，活塞销一般用优质合金钢制造，并制成空心的，如图 3-14 所示。活塞销多采用"全浮式"支撑，它可以在连杆小头衬套和销座孔内转动，其两端采用卡环定位。"半浮式"活塞销通常与连杆小头固定，与活塞之间可以相对运动。

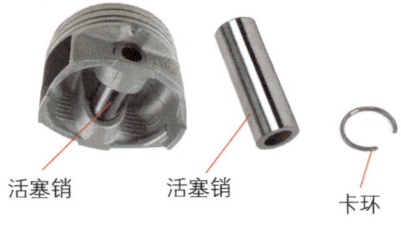

图 3-14　活塞销和卡环

## 四　连杆

连杆是活塞与曲轴连接的部件，其功用是将活塞承受的力传给曲轴，并将活塞的往复运动变为曲轴的旋转运动。

如图 3-15 所示，连杆由连杆小头、杆身和连杆大头构成。连杆小头通过活塞销连接活塞，有些连杆小头孔内还压入了耐磨青铜衬套，如图 3-16 所示。连杆小头油孔向活塞内壁喷射机油，用于冷却活塞。连杆大头通过连杆轴承连接曲轴，连杆大头孔内安装连杆轴承，如图 3-17 所示。连杆通常采用中碳钢等材料锻造成形，为了减轻重量及保证不易变形，断面均制成"工"字形。

第三章 曲柄连杆机构的结构和原理

连杆轴承用来保护连杆轴颈及连杆大头孔，它是由钢背和减摩层组成，钢背由 1~3mm 的低碳钢制成，减摩层为 0.3~0.7mm 的减摩合金，减摩层质地较软，能保护轴颈。

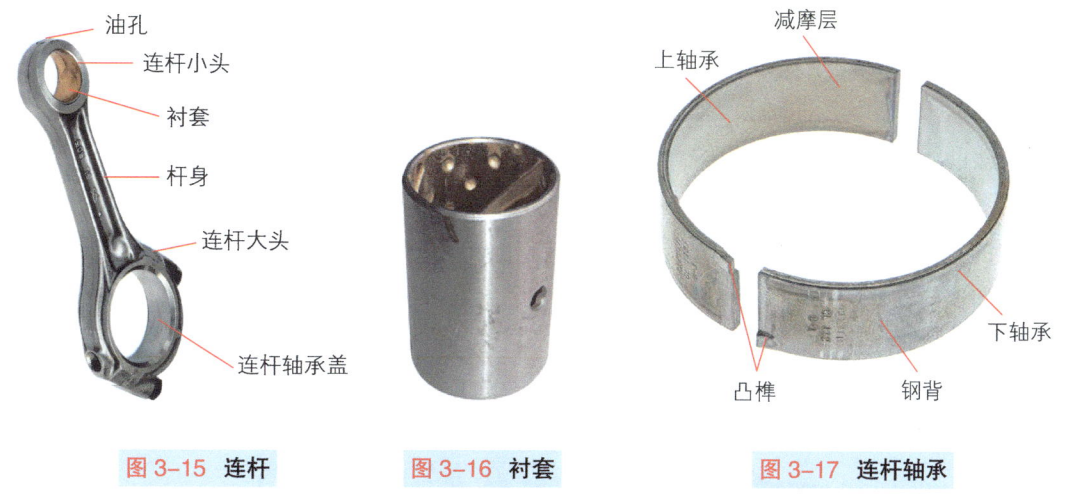

图 3-15 连杆　　　图 3-16 衬套　　　图 3-17 连杆轴承

## 第三节　曲轴飞轮组的结构与检修

曲轴飞轮组包括曲轴、飞轮和曲轴带轮等，如图 3-18 所示。曲轴飞轮组的作用是将活塞连杆组传来的力转变成曲轴飞轮组的旋转力矩，驱动汽车以及发动机的配气机构及其他辅助装置。

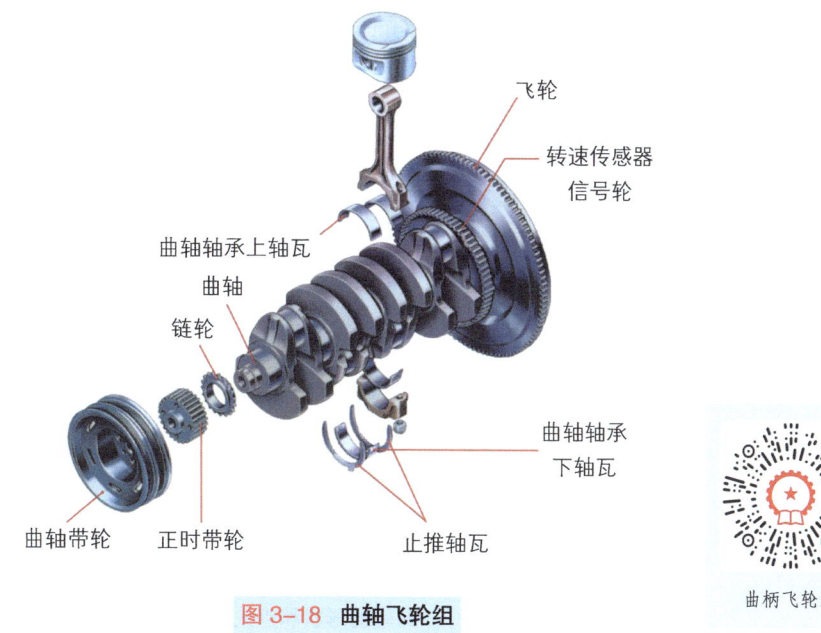

图 3-18 曲轴飞轮组

## 一 曲轴

曲轴的主要作用是在做功行程中，将连杆传来的推力变成旋转的转矩，经汽车传动系统驱动车辆行驶；利用曲轴和飞轮的旋转惯性，经连杆带动活塞上下运动，完成排气、进气、压缩等辅助行程，为下一个做功行程做准备；驱动配气机构、发电机等附属装置。

如图 3-19 所示，曲轴一般由主轴颈、连杆轴颈、曲柄、平衡块等组成。平衡块用来平衡曲轴的离心力和离心力矩。曲轴上还有贯穿主轴颈、曲柄、连杆轴颈的油道，以便润滑主轴颈和连杆轴颈。

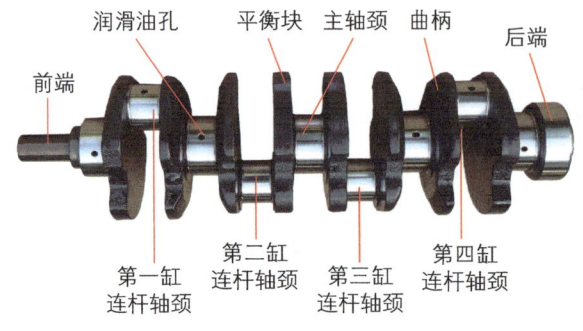

图 3-19 曲轴

现代汽油发动机均采用五道轴颈式曲轴，曲轴虽然长，但各轴颈受力较小，振动较小，寿命较长。直列四缸发动机 1、4 缸与 2、3 缸的曲柄臂相隔 180°，其做功顺序为 1-3-4-2 或 1-2-4-3，如图 3-20 所示。六缸直列发动机的做功顺序为 1-5-3-6-2-4 或 1-4-2-6-3-5。V 型发动机气缸序号的排列方法是不统一的。

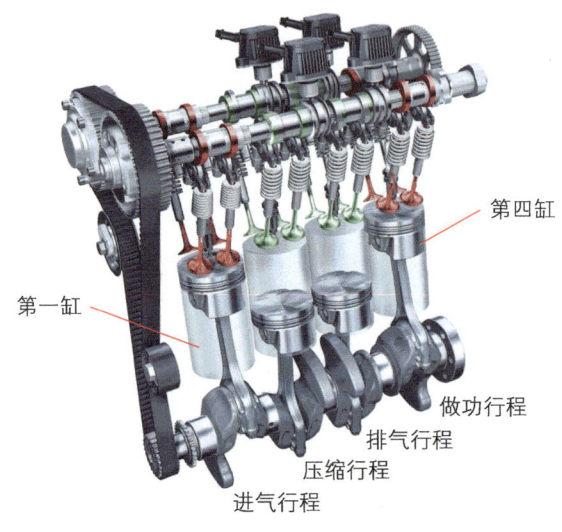

图 3-20 曲轴的形状和点火顺序

## 二　曲轴轴承

曲轴主轴颈被支承在气缸体上，在主轴颈和气缸体之间安装两片推力轴承，用于限制曲轴的径向圆跳动，如图 3-21 所示。推力轴承用来限制曲轴的轴向窜动。

曲轴轴承和连杆轴承的材质相同，分为上、下两片。它们在自由状态下不是半圆形，当它们装入轴承盖内时，要有过盈量，故能均匀地紧贴在孔壁上，具有很好的承受载荷和导热的能力。如图 3-22 所示，轴承上有定位的凸榫，安装时键入定位槽中，可以防止轴承前后移动或转动。有的轴承上还有油槽、油孔，注意安装时对齐相应的油道。

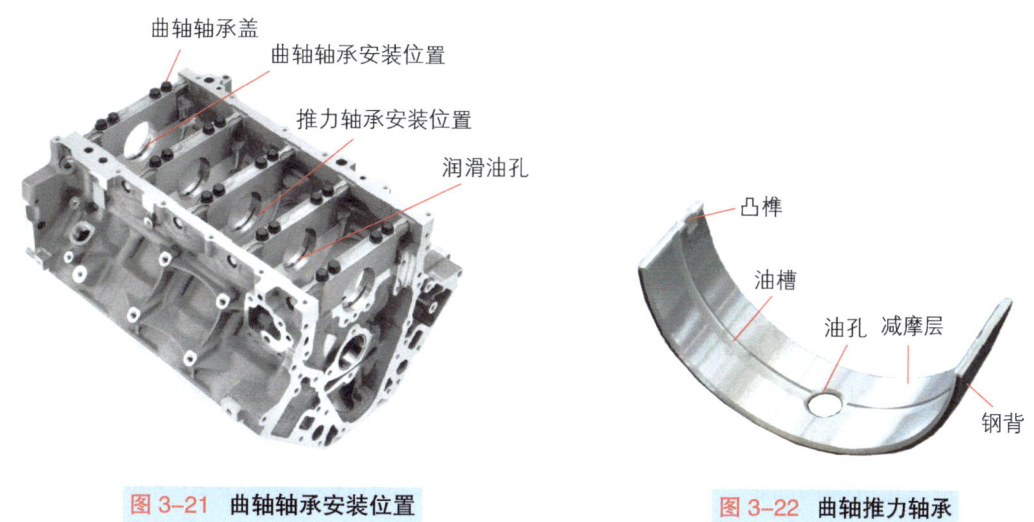

图 3-21　曲轴轴承安装位置　　　　图 3-22　曲轴推力轴承

推力轴承也称为止推片，它作为发动机滑动轴承的一种，在发动机中主要起着曲轴轴向支撑的作用，在保证曲轴轴向转动的同时，阻止曲轴轴向窜动。如图 3-23 所示，推力轴承分为分离式和整体式，整体式推力轴承和曲轴轴承制成一体。

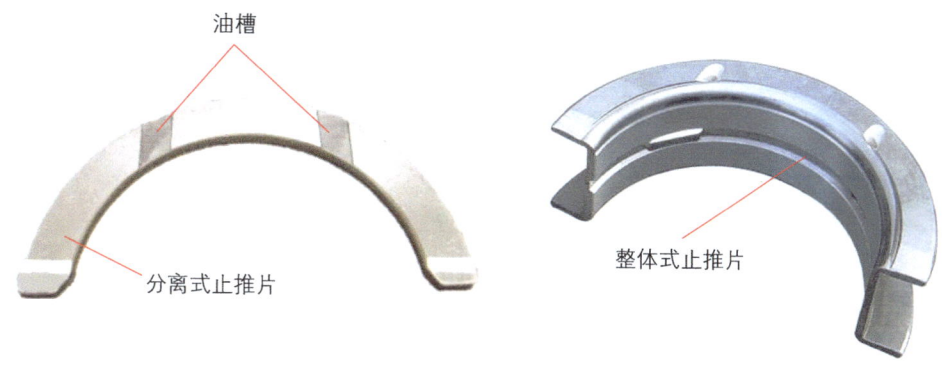

图 3-23　曲轴推力轴承

## 三 扭转减振器

曲轴前端用于安装带轮,带轮通过传动带将动力传给发电机、空调压缩机等附件装置,带轮内部安装了扭转减振器,扭转减振器能衰减曲轴扭转振动。如图 3-24 所示,带轮内部的阻尼橡胶材料具有衰减曲轴扭转振动的功能。

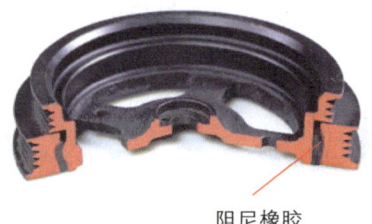

图 3-24 带扭转减振器的带轮

## 四 飞轮

飞轮通过中心螺栓孔连接曲轴,发动机起动时,飞轮齿圈被起动机带动旋转,从而带动曲轴转动。飞轮具备一定的重量,其转动惯量使曲轴旋转均匀(储存能量作用),如图 3-25 所示,有的飞轮后端面也是离合器的一部分,它能传递较大的摩擦力。

双质量飞轮可隔离曲轴的扭振,提高驾驶舒适性和经济性。如图 3-26 所示,双质量飞轮是将原来的一个飞轮分成两个部分,一部分保留在原来发动机侧,用于起动和传递发动机的转矩;另一部分放置在传动系统变速器侧,用于提高变速器的转动惯量。两部分飞轮之间有一个环形腔,在腔内装有弹簧减振器,由弹簧减振器将两部分飞轮连接为一个整体。

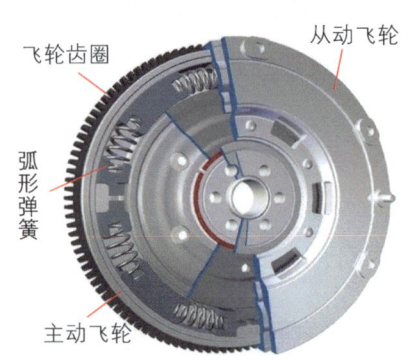

图 3-25 飞轮前端面　　图 3-26 双质量飞轮

# 第四章
# 配气机构的结构和原理

## 第一节 气门传动组的结构和原理

配气机构的功用是按照发动机的工作顺序，定时地开启和关闭进、排气门，以保证可燃混合气或新鲜空气得以及时进入气缸，并把燃烧后生成的废气及时排出气缸。如图 4-1 所示，配气机构包括气门组和气门传动组。气门组包括进气门、排气门、气门弹簧等元件，它的作用是维持气门的关闭。气门传动组包括正时链轮或正时带轮、正时链条或正时带、进气凸轮轴、排气凸轮轴等元件，它的功用是定时驱动气门开启，并保证气门有足够的开度和持续开启时间。

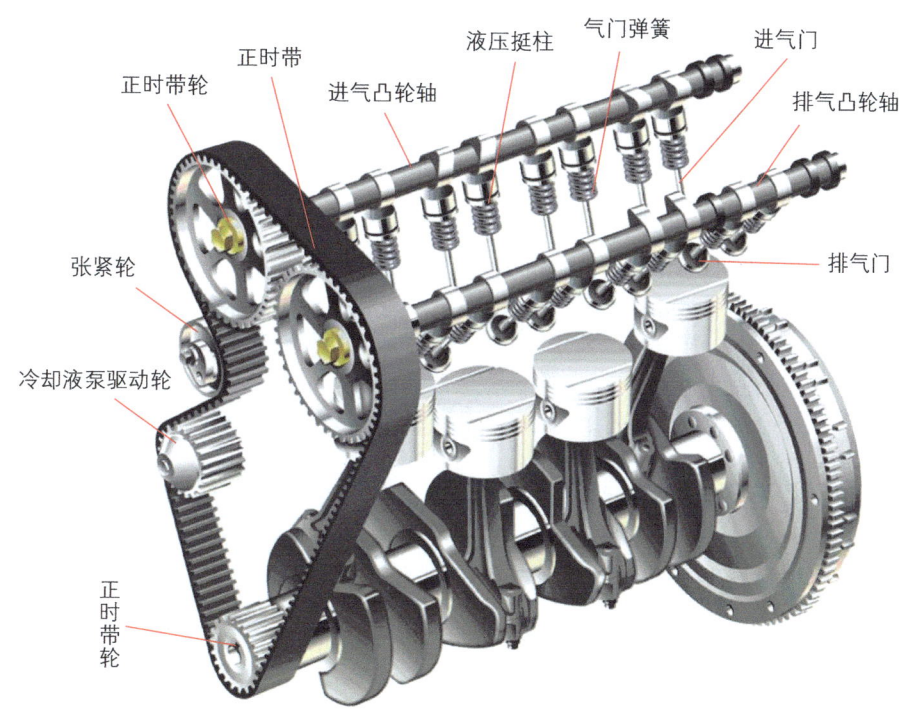

图 4-1 配气机构

## 一 配气机构的类型

配气机构按凸轮轴位置分类,可以分为凸轮轴上置式、中置式和下置式。轿车发动机凸轮轴通常位于发动机缸盖上,属于凸轮轴上置式。凸轮轴下置式配气机构的凸轮轴装在曲轴箱内,直接由凸轮轴正时齿轮与曲轴正时齿轮相啮合,由曲轴带动,如图4-2所示。凸轮轴上置式有两种结构:一种是凸轮轴通过液压挺柱来驱动气门,另一种是凸轮轴通过摇臂来驱动气门,如图4-3和图4-4所示。

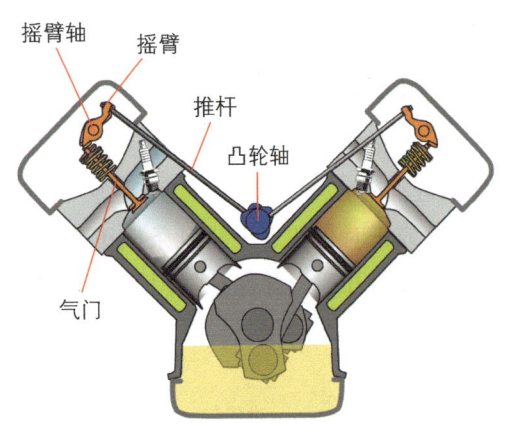

图4-2 凸轮轴下置式配气机构

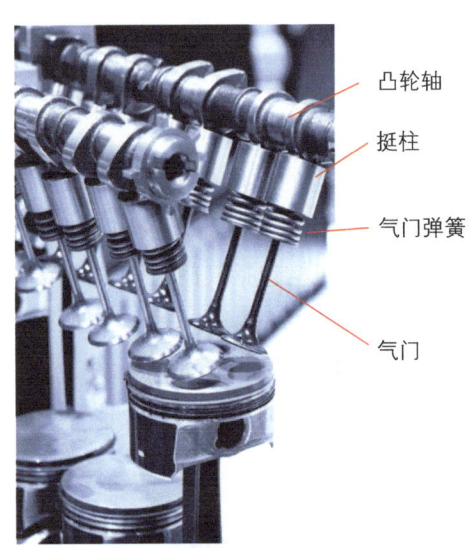

图4-3 使用挺柱的配气机构

配气机构按传动方式分类,可以分为正时链传动式、正时带传动式和齿轮传动式,轿车一般采用正时链或正时带传动。配气机构气门传动组主要包括凸轮轴、液压挺柱、正时链轮(或正时带轮)、正时链条(或正时带)、链条张紧装置等。

图4-4 使用摇臂的配气机构

## 二 凸轮轴

轿车发动机气门传动组将曲轴的动力通过曲轴正时带轮（或正时链轮）、正时带（或正时链条）、凸轮轴正时带轮（或正时链轮），传给凸轮轴。凸轮轴轴承盖将凸轮轴固定支承在气缸盖上，如图4-5所示，凸轮轴支承轴径上还有润滑油孔，机油通过此润滑油孔可以润滑凸轮轴支承轴径和轴承盖。

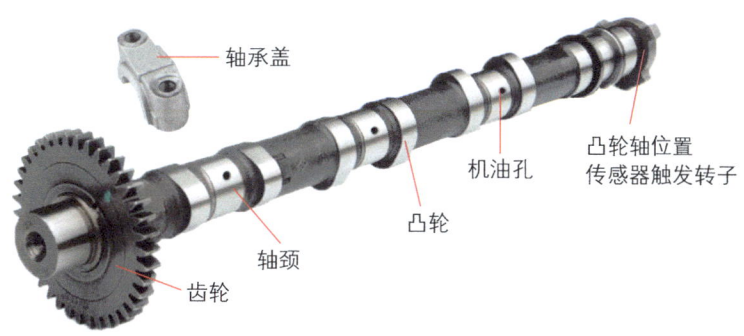

图 4-5 凸轮轴

气缸顶部如果有两根凸轮轴分别负责进、排气门的开关，则称为双顶置凸轮轴（DOHC）。如图4-6所示，凸轮轴上凸轮有特殊的轮廓，它的转动控制着气门的开启时刻、持续时间及气门的打开升程。

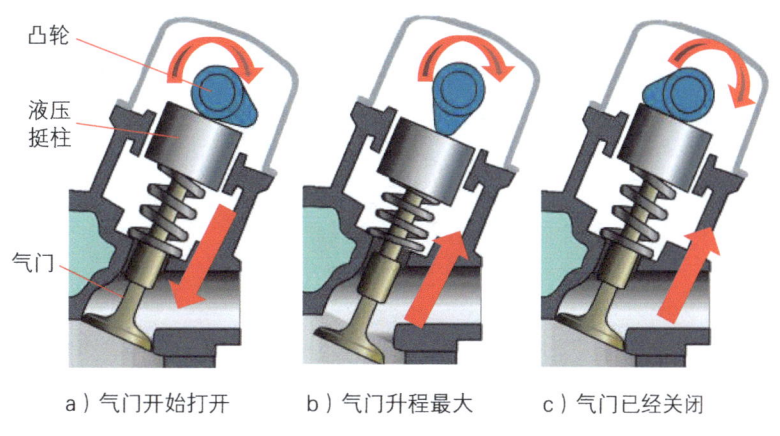

图 4-6 凸轮轴控制气门打开过程

## 三 液压挺柱

发动机工作时，温度变化大，由于热胀冷缩的原因，在发动机冷态时，需要在气门杆尾端留有间隙，以补偿气门受热后的膨胀量。为此，在常温装配发动机时，在气门杆尾端预留一定的间隙，此间隙称为气门间隙。

目前，轿车发动机通常采用液压挺柱或气门间隙调节器来调节气门间隙，如图4-7和图4-8所示。液压挺柱上有进油口，它能利用来自机油泵的压力机油自动改变长度。气门间隙调节器使用于带滚子摇臂的气门传动组中，其工作原理与液压挺柱类似。

a）安装于气缸盖上的液压挺柱

b）安装于气缸体上的液压挺柱

图4-7 液压挺柱

图4-8 气门间隙调节器

如图4-9所示，机油从气缸盖油道进入液压挺柱的柱塞，在机油压力的作用下，单向阀弹簧被压缩，单向球阀被打开，机油立即充满柱塞下的高压油腔；单向球阀回位关闭，柱塞上升，消除气门间隙。当配气机构中的运动件磨损后，由于机油压力保持一定，这时候在机油压力的作用下，单向球阀打开，机油立即充满柱塞下的高压油腔，柱塞上升，气门间隙自动补偿。

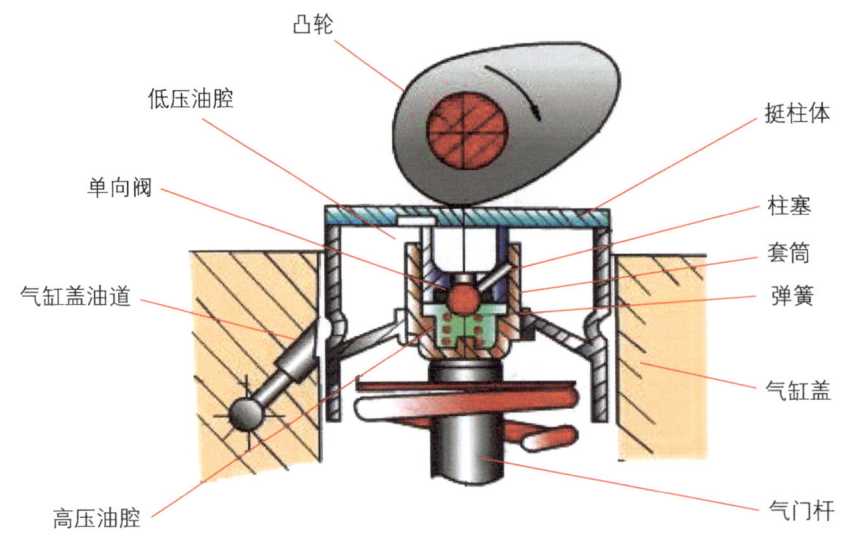
图4-9 液压挺柱工作原理

## 四 正时带和带轮

发动机正时带或正时链条的主要作用是驱动发动机的配气机构，使发动机进、排气门在适当的时候开启或关闭，以保证发动机气缸能够正常地吸气和排气。在有些车型上，正时带还带动冷却液泵转动。

如图 4-10 所示，正时带属于橡胶部件，随着发动机工作时间的增加，正时带和正时带轮等都会发生磨损或老化，因此，在规定的周期内必须更换正时带及附件。一旦正时带发生跳齿或断裂现象，发动机则不能正常工作，便会出现怠速不稳、加速不良现象或甚至损坏发动机。

图 4-10　正时带与带轮

发动机正时传动广泛地采用了链传动系统，因其具有结构紧凑、传递功率高、可靠性与耐磨性高、终身免维护等显著优点。但正时链条和链轮高速运转，磨损快、温度高，所以必须要设计相应的润滑系统进行冷却和润滑。链传动系统主要包括主动正时链轮、从动正时链轮和正时链条，链轮通过键连接方式与凸轮轴或曲轴连接，正时链条和链轮上还有正时记号。

如图 4-11 所示，正时带、链条传动常用张紧器和张紧轮来保持正时带、链条在传动过程中适当的张紧力，从而避免正时带打滑，或避免正时带发生跳齿、脱齿而脱出，或者是防止链条松动、脱落，减轻链轮、链条磨损。

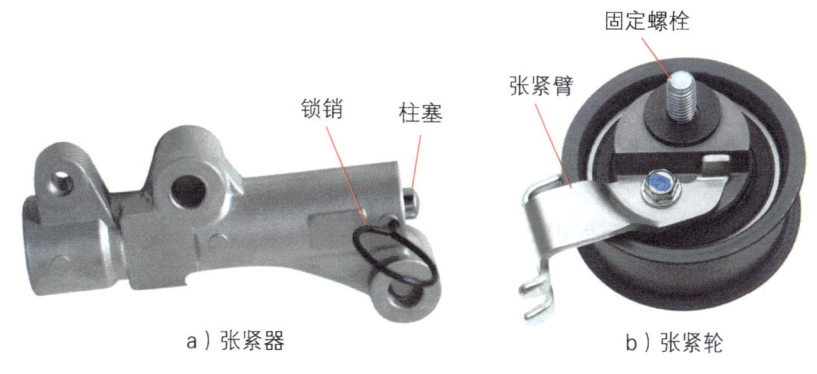

图 4-11　正时带张紧器和张紧轮

## 第二节 气门组的结构与检修

发动机气缸工作时，必须持续输入新的燃料和氢气，并及时排出废气，进、排气门在此过程中就扮演了重要角色。进、排气门是由凸轮控制的，适时的执行"开门"和"关门"这两个动作，使新鲜可燃混合气（缸外喷射发动机）或空气（缸内喷射发动机）得以及时进入气缸，废气得以及时从气缸排出。

如图4-12所示，气门组主要由进气门、排气门、气门弹簧、气门弹簧座、气门锁片、气门导管、气门油封等组成。气门处于关闭状态时，必须有一定的预紧力，否则容易漏气。气门密封时的预紧力和回位，都是依靠气门弹簧实现的。

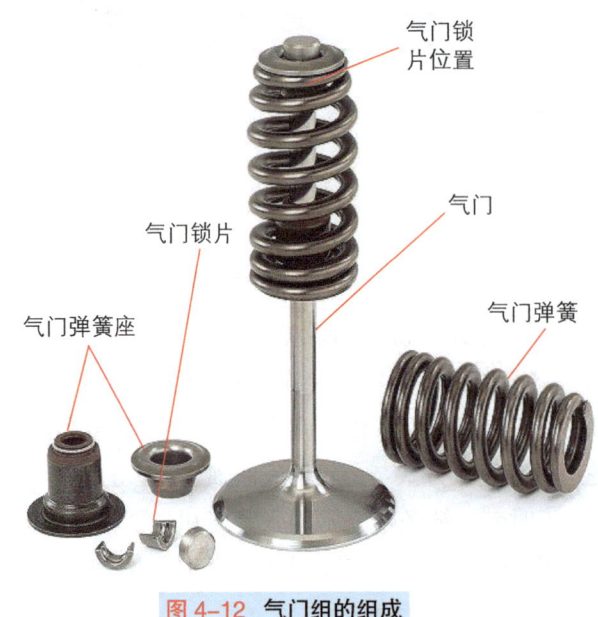

图4-12 气门组的组成

如图4-13所示，气门包括头部和杆部两部分。气门头部的锥面用来密封，通常采用45°。气门杆部制成中空式，可减轻重量。为了增加进气量，进气门头部通常都会比排气门大一些。因为一般进气是靠真空吸进去的，排气是挤压将废气推出，所以排气相对比进气容易。气门杆凹槽位置用于安装气门锁片，气门锁片可以将气门杆固定在气门弹簧座圈上，如图4-14所示。常见的新型发动机每个气缸有2个进气门和2个排气门。

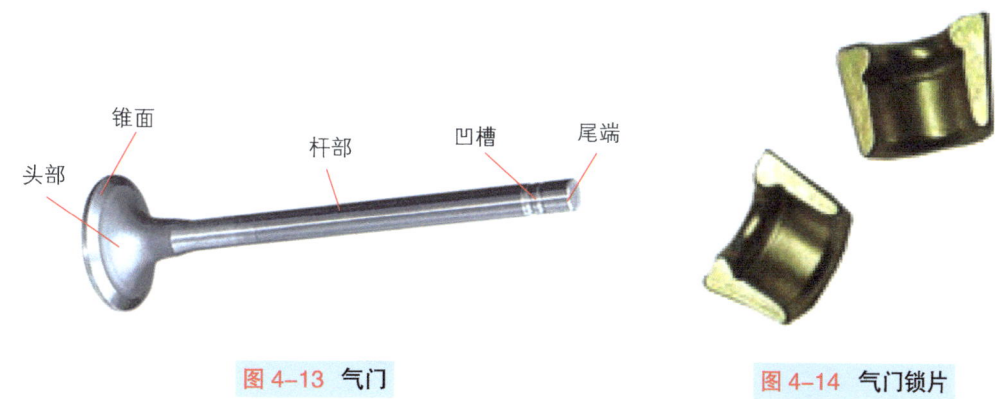

图 4-13 气门　　　　　图 4-14 气门锁片

## 二　气门座圈

气缸盖上与气门锥面相贴合的部位称气门座圈，其位置如图 4-15 所示。气门座圈的温度较高，又承受频率极高的冲击载荷，容易磨损。气门座圈镶嵌在气缸盖上，在气门关闭后，气门座圈要与气门的锥面配合密封，不能漏气。气门座圈与气门座圈孔采用较大的过盈配合，可采用热装法或冷装法装配。

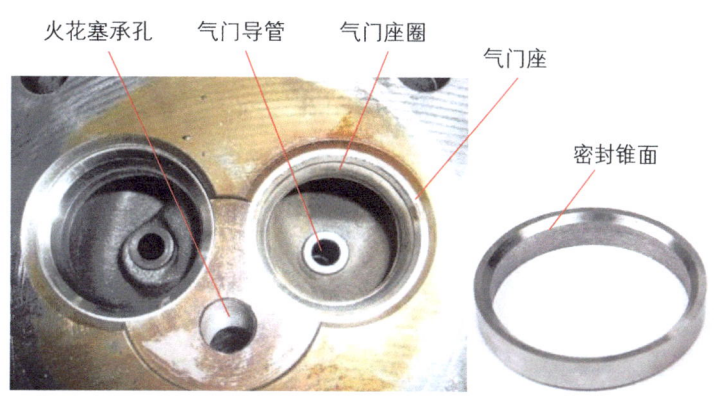

图 4-15 气门座圈

## 三　气门导管

气门导管的结构如图 4-16 所示。气门导管对气门的运动导向，保持气门正确的直线运动，使气门与气门座或气门座圈能正确贴合，还将气门杆接受的热量部分地传给气缸盖。为了防止气门导管在使用过程中松脱，有的发动机对气门导管用卡环定位。为了防止机油通过气门与气门导管之间间隙渗入气缸，在气门导管上安装气门油封。

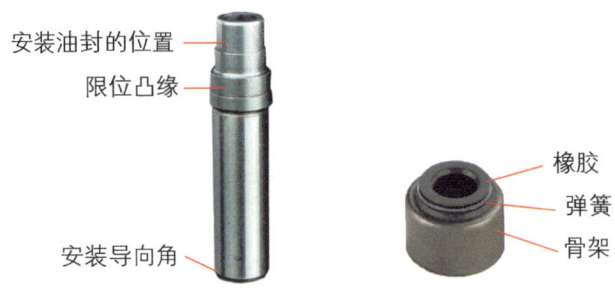

图 4-16 气门导管和气门油封

## 四 气门弹簧

气门弹簧可以使气门自动回位关闭，保证气门与气门座的座合压力，吸收气门在开关过程中各传动零件产生的惯性力。如图 4-17 所示，气门弹簧采用圆柱形螺旋弹簧，一端支承在气缸体上，而另一端则压靠在气门杆端的弹簧座上，弹簧座用锁片固定在气门杆尾部。安装时，弹簧节距离大的一端朝上。

图 4-17 气门弹簧和弹簧座

高速发动机多数采用一个气门安装内外直径不同的两个气门弹簧，由于两个弹簧共振频率不同，这样可以防止共振现象。装用两个气门弹簧时，内外弹簧的螺旋方向应相反，这样可以防止折断的弹簧圈卡入另一个弹簧圈内。

## 第三节 配气相位和可变气门正时系统

### 一 配气相位

发动机运转时每个行程所占时间很短，为此，气门的开启和关闭时刻通常不在上、下止点处，采用提前打开和迟后关闭的办法来延长进、排气时间。为了清楚地表达气门提前打开和迟后关闭的时间，采用曲轴转角来表示的进、排气门的开启时刻和开启延续时间，即配气相位。通常用环形图来表示配气相位的关系，即配气相位图，如图 4-18 所示。

进气门提前打开可以减小进气阻力,当活塞从上止点下行时,气门已经有了大的进气通道。从进气门开到上止点曲轴所转过的角度称为进气提前角,记作 $\alpha$。$\alpha$ 角一般为 $10°\sim30°$。进气门迟闭可以利用进气气流的惯性多进气,增加进气量。从进气行程下止点到进气门关闭曲轴转过的角度称为进气迟后角,记作 $\beta$。$\beta$ 角一般为 $40°\sim80°$。

排气门早开可以使排气行程开始时气门有较大开度,减少排气阻力。从排气门开启到下止点曲轴转过的角度称为排气提前角,记作 $\gamma$。$\gamma$ 角一般为 $40°\sim80°$。排气门迟闭可以利用排气气流的惯性多排气,排气门要迟闭。从上止点到排气门关闭曲轴转过的角度称为排气延迟角,记作 $\delta$。$\delta$ 角一般为 $10°\sim30°$。

如图 4-19 所示,由于进气门的早开、排气门的迟闭,使进排气门有同时开启的情况,进排气门同时开启所对应的角称气门重叠角,其大小为 $\alpha$ 与 $\delta$ 之和。

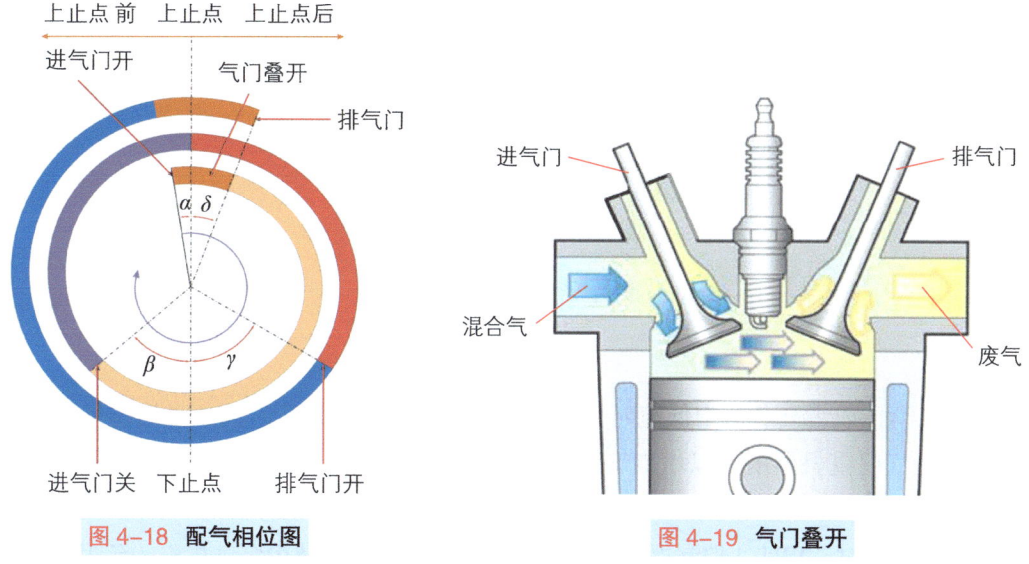

图 4-18 配气相位图　　　　图 4-19 气门叠开

## 二　可变气门正时系统的优点

随着技术发展,可变气门正时逐渐代替固定不变的配气相位。可变气门正时系统可以降低发动机油耗,提升发动机动力,它还能替代废气再循环系统,降低发动机废气排放。可变气门正时系统在低转速时,让进气门打开提前量小,以避免吸入废气;在高转速时,让进气门打开提前量大,以使增大进气量。

在低温、低负荷低速时,可变气门正时控制系统(比如丰田公司 VVT-i 系统)的控制延迟进气门的打开时刻,提前排气门的关闭时刻,可减少气门重叠,以减少废气逆吹入进气管,从而达到稳定怠速、提高燃料消耗率和起动性能的效果。

**知识拓展：** 可变气门正时系统可以代替废气再循环系统。如图4-20所示，废气再循环系统（简称EGR）是根据冷却液温度、节气门位置、空气流量信号及EGR阀位置信号，精确控制EGR阀的针阀位置，将一部分废气回送到进气歧管，并与新鲜混合气一起再次进入气缸。返回气缸的废气使混合气稀释，降低了最高燃烧温度，进而降低NOx排放。由于可变正时系统可以实现废气再循环的功能，所以外置的EGR系统正在逐渐被替代。

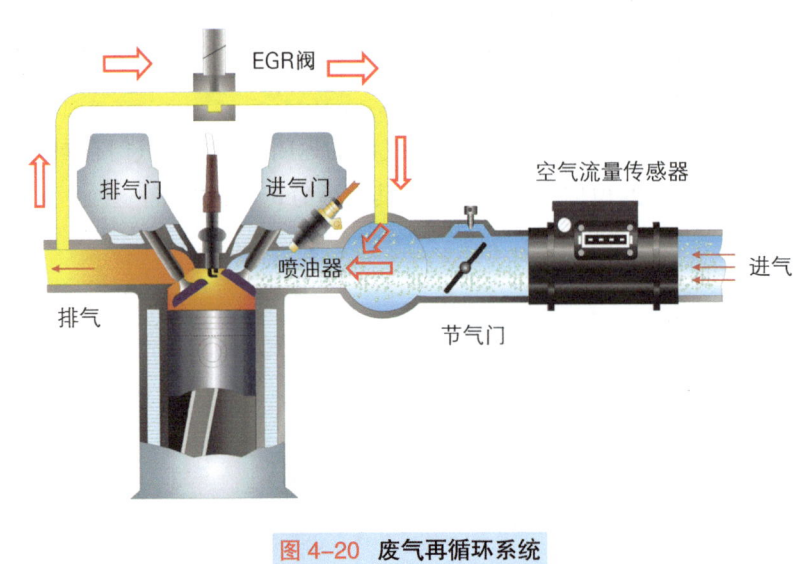

图4-20 废气再循环系统

中等负荷，或者高负荷中低速时，VVT-i提前进气门的打开时刻，推迟排气门的关闭时刻，增加气门重叠角度，以增加EGR率和降低泵气损失，从而改善了排放控制和燃料消耗率。

高负荷高速时，VVT-i控制提前排气门的打开时刻，可以减少泵气损失，延迟进气门的关闭时刻，可以提高充气效率，从而提高发动机的输出功率。

## 三、可变气门正时系统的工作原理

### 1. 可变气门正时系统的类型

可变气门正时控制系统可以采用正时带或正时链条将动力传给凸轮轴，如图4-21所示，有的可变气门正时控制系统只能调节凸轮轴转动的角度，有的可变气门正时系统，不仅仅能调节凸轮轴的转动角度，还可以调节气门的打开大小，即调节气门的升程，如图4-22所示。

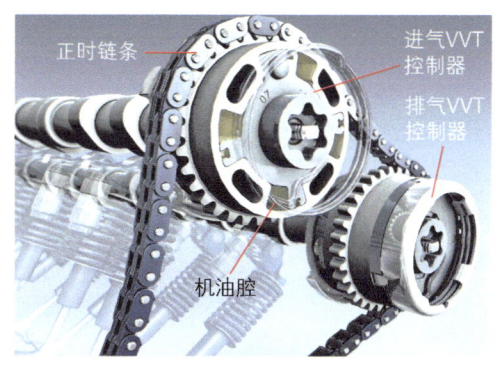

图 4-21 链条传动的可变气门正时控制系统

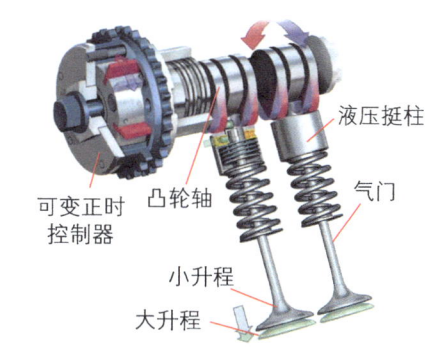

图 4-22 可变气门正时与两级可变气门升程控制

### 2. 可变气门正时系统的组成

可变气门正时（VVT）系统包括 ECU、凸轮轴正时机油压力控制阀和 VVT 控制器、VVT 传感器（凸轮轴转速传感器）等。如图 4-23 所示，ECU 根据来自曲轴转速传感器和 VVT 传感器、进气流量、节气门位置和发动机冷却液温度等参数，向凸轮轴正时机油压力控制阀总成传送占空比控制信号（图 4-24），用来调节提供给 VVT 控制器的机油压力。

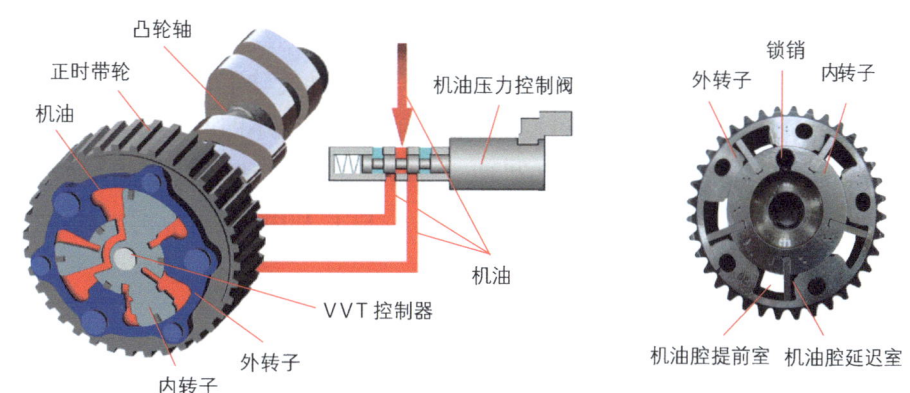

图 4-23 可变气门正时系统工作原理

### 3. VVT 传感器的工作原理

VVT 传感器感应凸轮轴位置，并与曲轴位置传感器配合，用来检测实际的配气正时，从而实现对配气正时进行反馈控制。丰田 1ZR 发动机采用磁阻式 VVT 传感器，它是根据磁阻效应制成的，凸轮轴上转动信号轮可以引起 VVT 传感器内磁场变化，进而产生感应电压，其电路如图 4-25 所示，其中连接 VC 的线为 ECU 供给传感器的电源线，连接 VVT+、VVT- 的两条线分别为信号线的正、负极线。

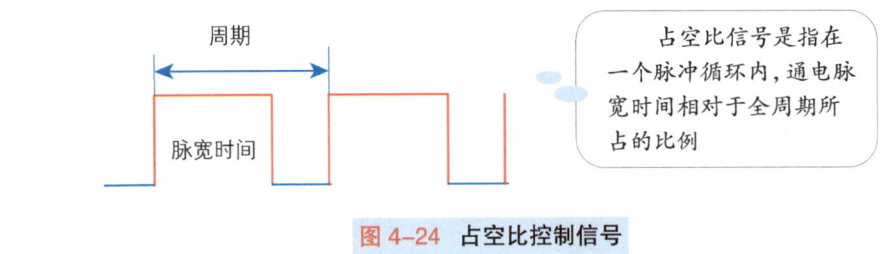

图 4-24　占空比控制信号

占空比信号是指在一个脉冲循环内，通电脉宽时间相对于全周期所占的比例

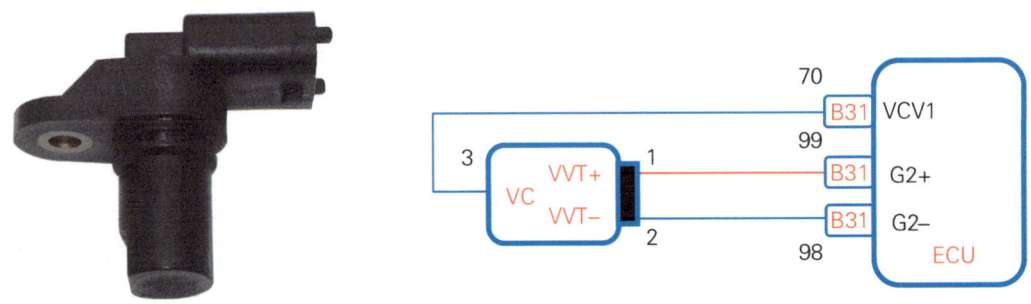

图 4-25　VVT 传感器结构及电路

### 4. 凸轮轴正时机油阀的工作原理

凸轮轴正时机油阀的作用是调节机油的压力，从而调节凸轮轴液压腔体内机械部件之间的间隙，实现对配气时间提前、滞后的控制。如图 4-26 所示，凸轮轴正时机油阀主要由电磁铁、挺杆、调节活塞、弹簧等组成。ECU 通过控制电磁铁的占空比大小即可控制调节活塞的位置。进入凸轮轴正时机油阀的机油经过单独的机油滤清器过滤，滤清器结构如图 4-27 所示。丰田 1ZR 发动机凸轮轴正时机油阀电路如图 4-28 所示，ECU 利用占空比信号对阀进行控制。

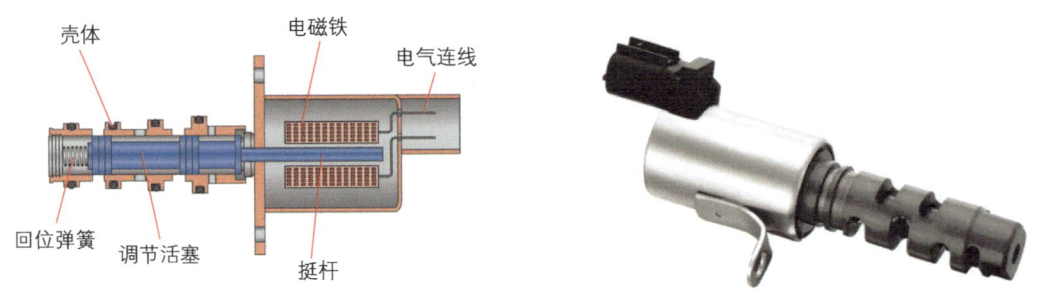

图 4-26　凸轮轴正时机油阀

### 5. VVT 控制器控制器的工作原理

VVT 控制器处于初始位置时，机油阀的占空比通常为 0%，调节活塞没有移动。VVT 控制器右腔油压大于左侧油腔油压，外转子与内转子之间没有发生相对转动，同时凸轮轴相对曲轴正时没有进行调节。通常进气 VVT 基准位置为进气配气相位滞后位置，即进气门滞后打开和关闭。

第四章 配气机构的结构和原理

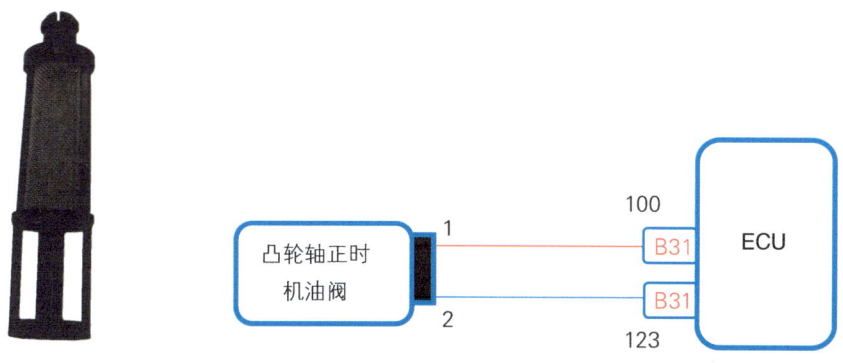

图 4-27 机油阀滤清器　　　　图 4-28 凸轮轴正时机油阀电路

当机油阀的占空比逐渐加大时，调节活塞向上移动位置，如图 4-29 所示，VVT 控制器左腔（A 腔）压力逐渐加大，当左腔压力克服右腔压力和其他阻力后，VVT 控制器内转子和凸轮轴顺时针转动，进气门将提前打开和关闭。

如图 4-30 所示，当 ECU 控制机油阀向下移动时，进入右腔（B 腔）的油压增高，左腔（A 腔）机油通过机油阀卸压，右腔压力大于左腔压力，VVT 控制器内转子和凸轮轴逆时针转动，进气门将滞后打开和关闭。

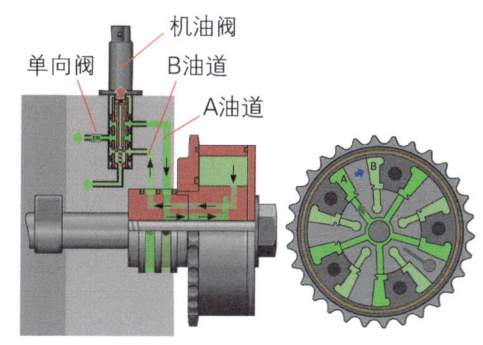

图 4-29 进气门提前调节

当转子转动一定角度后，控制机油阀的占空比信号大约在 50%，如图 4-31 所示，VVT 控制器左右两侧油腔同时供油，外转子和内转子保持在该相对位置。通常 VVT 介入调解后，大部分时间工作在某一角度的动态稳定位置。

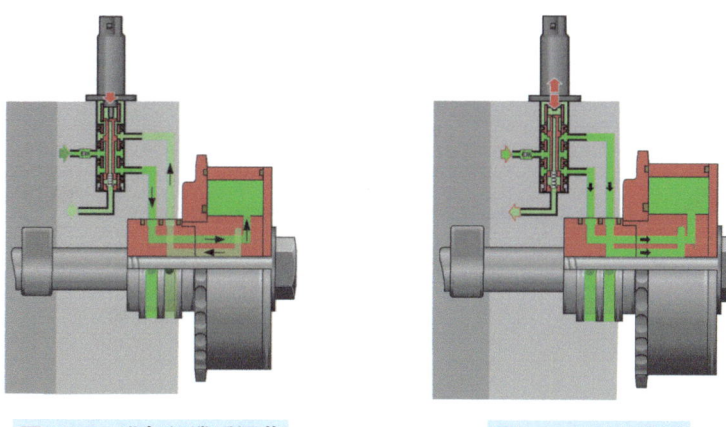

图 4-30 进气门滞后调节　　　　图 4-31 稳定位置

VVT 控制器通过机油压力调节凸轮轴转角，使凸轮轴和曲轴之间的相对位置达到最佳，从而使各种行驶条件下的发动机转矩增加，燃油经济性得到改善，废气排放量减少。

# 第五章
# 供给系统的结构和原理

## 第一节 空气供给系统的结构和原理

供给系统包括空气供给系统、燃油供给系统和电控系统。发动机空气供给系统包括进气系统和排气系统。如图5-1所示,发动机进气系统包括空气滤清器、进气总管、进气软管、进气歧管、节气门、中冷器等。排气系统的主要作用是将气缸内燃烧的废气排出到大气中,它主要包括引导废气排出的排气歧管、净化排气的三元催化转化器、降低噪声的消声器等。

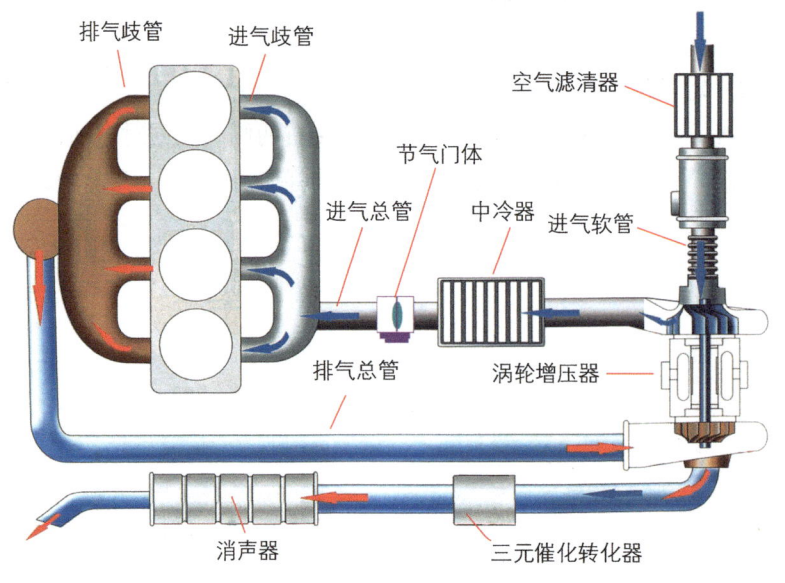

图 5-1 空气供给系统

如图5-2所示,空气滤清器内部安装了过滤空气的空气滤芯,主要负责过滤空气中的

杂质。空气滤芯一般是纸质的，使用到一定程度会出现被尘土堵塞等现象，一般汽车行驶5000~6000km（或6个月）需要对其进行清洁，每行驶 20000 km 对其进行更换；如果在尘土较多或较为潮湿的地区，应提前更换。

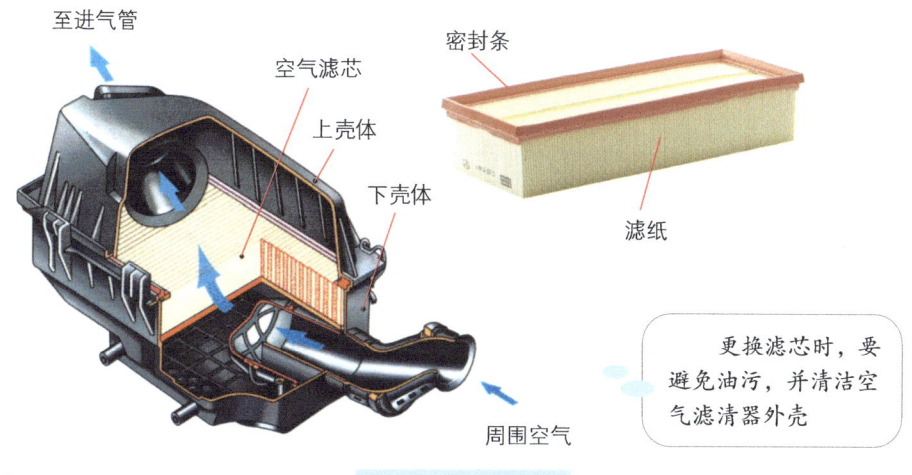

图 5-2　空气滤清器

更换滤芯时，要避免油污，并清洁空气滤清器外壳

## 二　进气管

发动机进气管包括进气总管和进气歧管。如图 5-3 和图 5-4 所示，进气总管包括进气软管和稳压箱等部分，稳压箱能以缓和空气的脉冲，进气软管可以起到缓冲和伸缩等作用。进气歧管位于节气门与进气门之间，它用于将可燃混合气或空气均等分送到各个气缸，长型进气歧管具有进气脉冲效果，可调高气缸的容积效率。

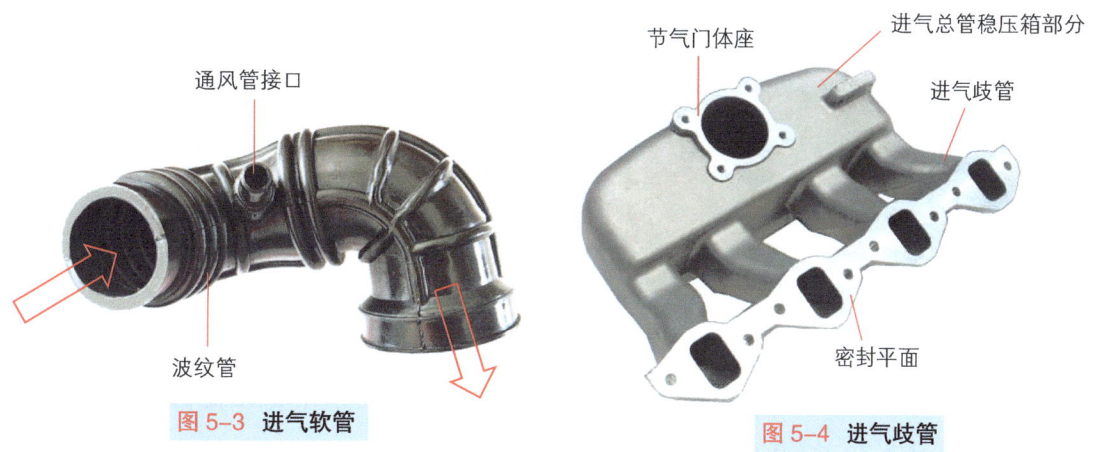

图 5-3　进气软管　　　　　　　图 5-4　进气歧管

可变进气歧管是通过改变进气管的长度或截面积，提高燃烧效率。如图 5-5 所示，发动机低转速时，控制阀关闭，进气歧管变长，增加进气的速度和压力，让可燃混合气混合更充分，使得发动机在低速时运行更平稳、转矩更充足。发动机高转速时，控制阀打开，进气

歧管变短，气流绕开下部导管直接进入气缸，这有利于增大进气量，使发动机高速运行更顺畅、功率更大。

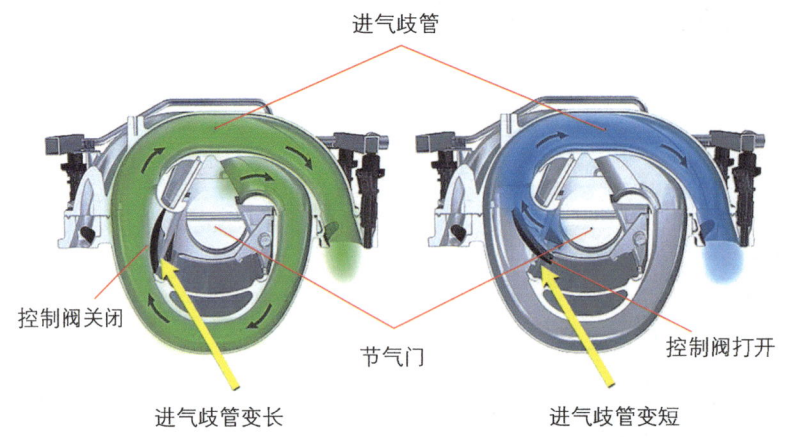

图 5-5　可变进气歧管

## 三　节气门体

人们常说的汽油发动机"油门"，其实是指节气门，节气门主要的作用就是控制进入气缸的空气量。现在很多发动机已经不再采用传统拉索控制的节气门（图 5-6），而是采用电子节气门，如图 5-7 所示。电子节气门体上有电动机，电动机由 ECU 驱动控制节气门开度。

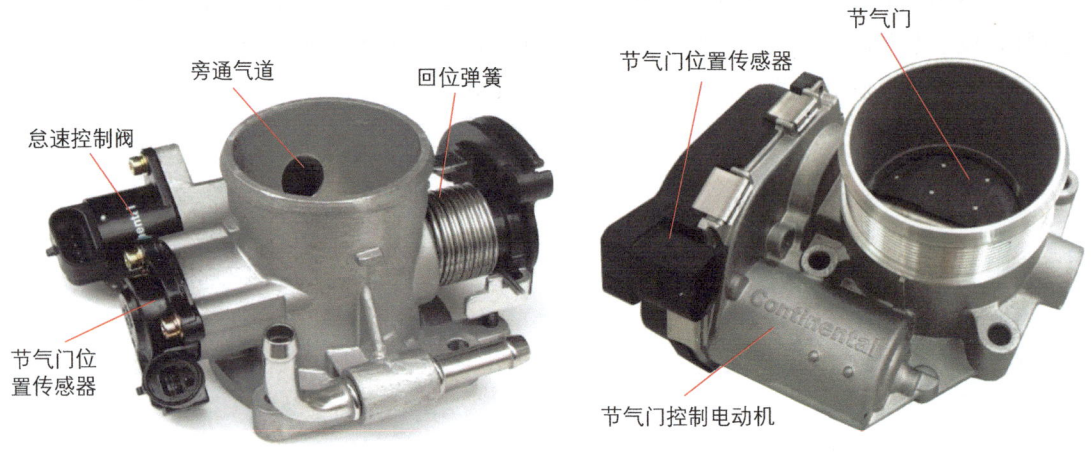

图 5-6　拉索控制节气门体　　　　　　图 5-7　电动机控制节气门体

发动机维持自身运转的最低转速称为怠速。为了避免低温时节气门体结冰，节气门体上连接冷却液管道上，用来对其加热。

电子节气门配合发动机电控系统工作，可以怠速控制、车辆循环控制、自动变速器控制、车身电子稳定控制等功能。

## 四 废气涡轮增压器

发动机增压是将空气进行预压缩，然后再供入气缸。它通过提高进气的密度来增加进气量，从而可以使发动机的功率增加。常见的增压方法有机械增压、废气涡轮增压和气波增压。各种增压方法中，废气涡轮增压技术最成熟，效率也高，应用最广。

废气涡轮增压器工作原理和结构如图5-8和图5-9所示，发动机燃烧后的废气通过涡轮废气入口进入涡轮，此部分带有能量的废气冲击涡轮的叶片，涡轮通过轴带动泵轮转动，泵轮将更多的新鲜空气吹入发动机，从而加大发动机的进气量。

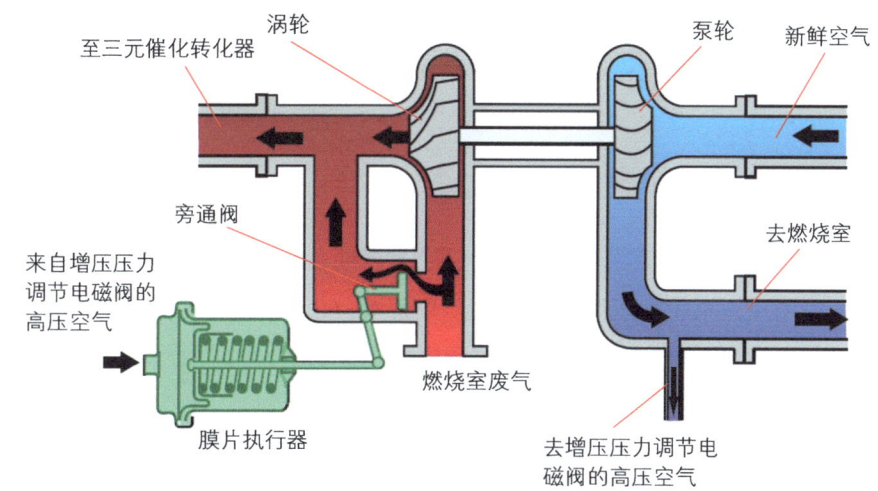

图5-8 涡轮增压器的工作原理

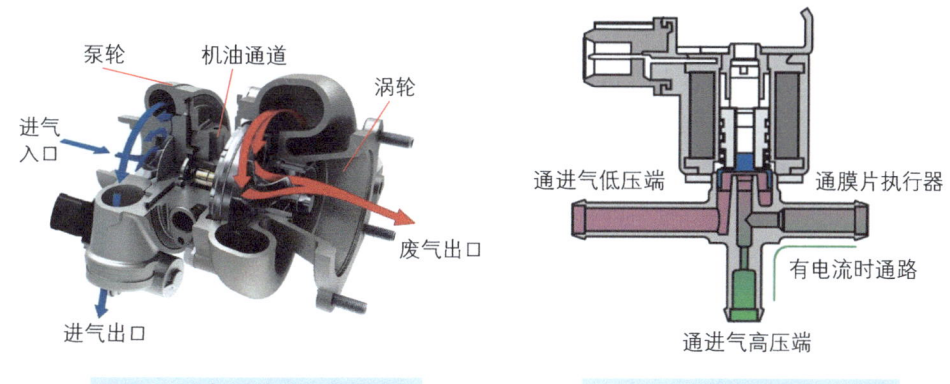

图5-9 废气涡轮增压器的结构    图5-10 增压压力调节电磁阀

废气涡轮增压系统除了有废气涡轮增压器，还有发动机控制单元ECU、增压压力调节电磁阀、废气旁通阀，空气流量传感器、发动机转速传感器和增压压力传感器、中冷器等。控制单元根据空气流量、发动机转速、增压压力等传感器的信号控制，对增压压力调节电磁阀的通断进行控制。

增压压力控制电磁阀连接了三个空气管，如图 5-10 所示。当 ECU 通过增压压力传感器检测到进气压力低于 98kPa 时，该阀不通电，进气高压端的空气不能进入膜片执行器，膜片执行器膜片克服弹簧压力将旁通阀关闭，废气流经涡轮室使增压器工作，如图 5-11 所示。当进气压力大于 98 kPa 时，ECU 控制增压压力控制电磁阀通电。此时，膜片执行器气室和进气高压端导通，使推杆左移，废气经旁通阀排出，因而增压器不工作。

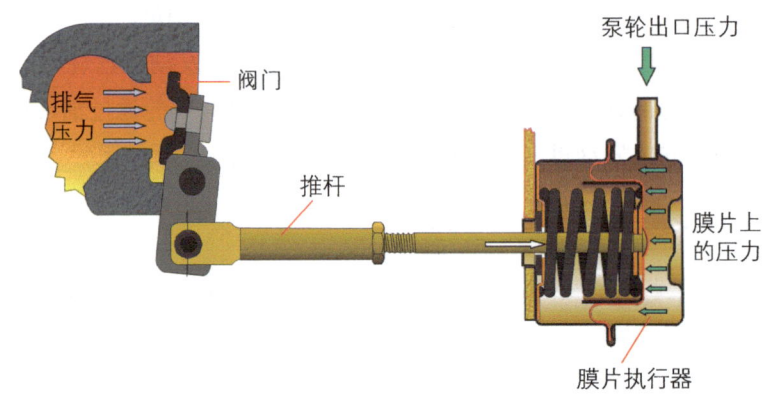

图 5-11 废气旁通阀

当空气经过增压器泵轮被压缩后，温度会升高 40~60℃。高温气体体积增大，相当于发动机吸进的空气又变少了。高温空气对于发动机燃烧特别不利，功率会减少、废气排放污染物增多，为此，需要把增压后的空气再度冷却再送进发动机。

中冷器外形如图 5-12 所示，空气经过进气口进入中冷器，中冷器利用水冷或风冷的方式冷却散热片，进而冷却其内部的空气。中冷器安装在废气涡轮增压器之后、节气门之前，其作用是将增压后的较热空气进行冷却以增加其密度，提高进气量。增压压力传感器安装在中冷器出口处，用于检测冷却后空气的进气压力。

图 5-12 中冷器

## 五 排气管

排气歧管要防止排气出现紊流，各缸排气歧管尽可能独立、长度尽可能相等，如图 5-13 所示。排气软管能起到减少振动，降低噪声，方便安装等作用。排气管的密封垫表面采用的是纯铜材料，纯铜材质非常柔软，可以起到良好的密封作用，中间层使用的是耐高温石棉材料，可以在高温工作环境下保持垫片良好的耐用性，如图 5-14 所示。

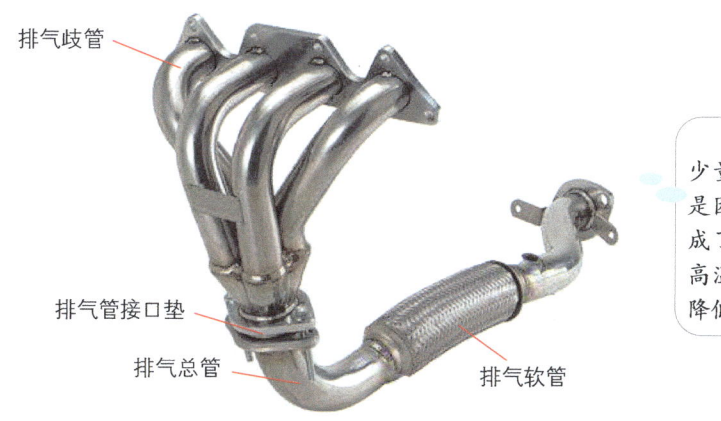

> **小贴士**：排气尾管处少量漏水是正常现象，这是因为汽油完全燃烧后生成了水和二氧化碳，水在高温下是水蒸气，当温度降低时，水蒸气凝结成水

图 5-13 排气歧管

排气管通常使用减振吊架悬吊在车身底板下，当车辆在有凹坑道路行驶时，容易碰伤排气管，如图 5-15 所示。

图 5-14 排气管接口垫　　　　　图 5-15 排气管吊架

排气消声器的作用就是通过降低、衰减排气压力的脉动来消除噪声，其结构如图 5-16 所示。如图 5-17 所示，汽车消声器尾管安装在原装排气尾端的部件。汽车消声器尾管主要起装饰作用，它还能防止汽车尾气管变形，起到降低噪声的作用。

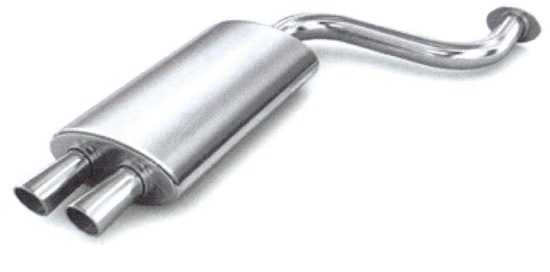 

图 5-16 消声器　　　　　图 5-17 尾管

## 六　三元催化转化器

如图 5-18 所示，三元催化转化器是安装在汽车排气系统中最重要的机外净化装置，它可将汽车尾气排出的 CO（一氧化碳）、HC（碳氢化合物）和 $NO_x$（氮氧化合物）等有害气体通过氧化和还原作用转变为无害的二氧化碳、水和氮气。催化剂用的是金属铂、铑、钯，将其中一种或几种喷涂在载体上，就构成了净化剂。

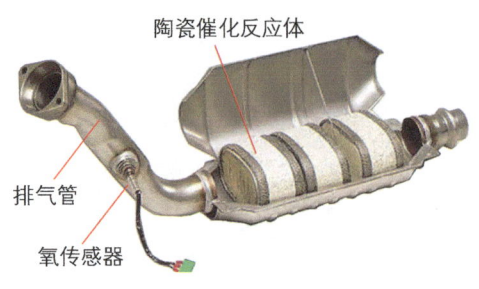

图 5-18　三元催化转化器

## 第二节　燃油供给系统的结构和原理

燃油供给系统是供给系统的最主要的组成部分。目前普通（缸外）喷射发动机主要指将燃油喷射在进气歧管的发动机，其燃油供给系统主要包括燃油箱、电动汽油泵、汽油滤清器、燃油分配管、喷油器、油压调节器、回油管等组成，如图 5-19 所示。目前，很多发动机已经取消了外置的回油管。

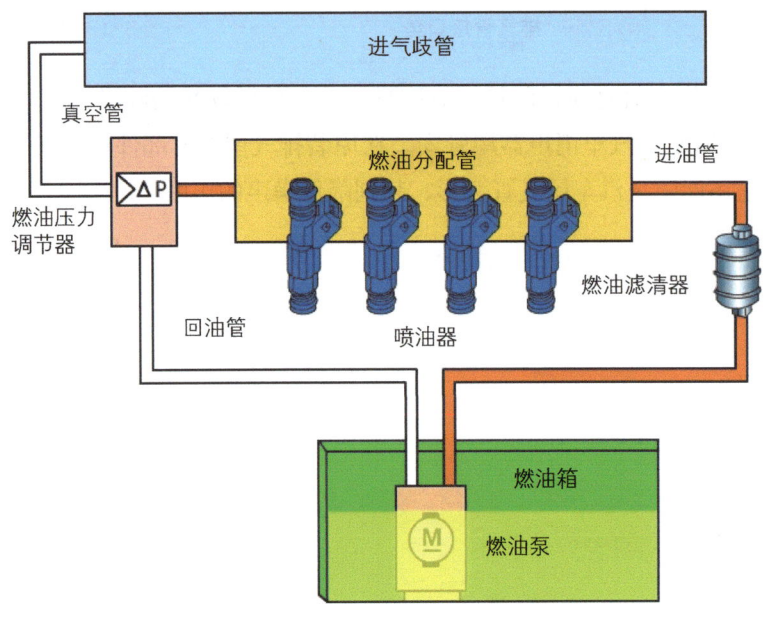

图 5-19　缸外喷射发动机燃油供给系统

## 一　电动燃油泵

电动燃油泵的作用是提供给燃油供给系统足够压力的燃油。通常燃油泵安装于油箱内，与燃油油量表测量装置结合为一个整体。燃油泵的结构如图5-20所示，它是由电枢、电刷、单向阀、卸压阀等组成。燃油泵转子通电时旋转将燃油，从进油口吸入，当达到一定值时，顶开单向阀经出油口输出。单向阀用于在电动燃油泵不工作时阻止燃油流回油箱，保持油路中有一定的残余压力，便于下次起动。滤网安装在电动燃油泵燃油入口，用于过滤大的杂质。

2016款1ZR发动机使用燃油泵ECU控制燃油泵，其电路如图5-21所示，EFI MAIN继电器（发动机电控系统主继电器）给燃油泵ECU供电，当发动机起动，起动信号和转速信号输入ECU时，ECU给燃油泵ECU提供驱动信号控制燃油泵工作。

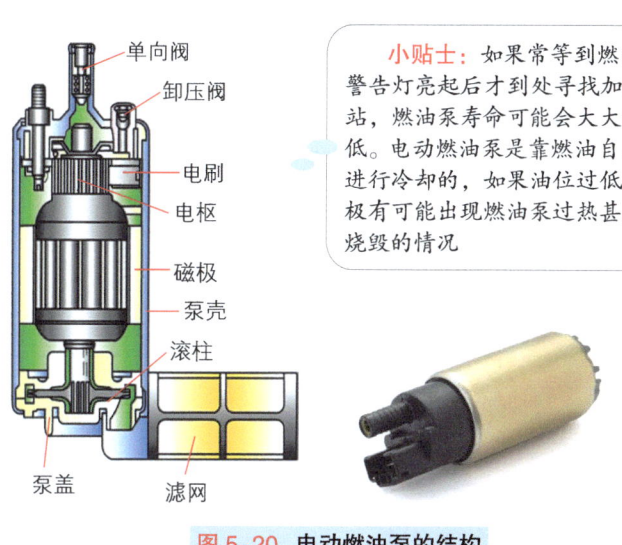

图5-20　电动燃油泵的结构　　　　　图5-21　燃油泵ECU电路

## 二　燃油滤清器

燃油滤清器主要功能是滤除燃油中的杂质。一般行驶4万~6万km需要更换燃油滤清器。如果燃料杂质含量高时，燃油滤清器内部的滤纸容易堵塞，更换里程应相应缩短。如图5-22所示，燃油滤清器上标有燃油流动方向，不能装反。当更换燃油滤清器或油管后，油路中没有足够的油压会影响发动机起动。可以打开点火开关拨至ON档，2~3s后，拨至OFF档，如此重复3~5次来补充油压。

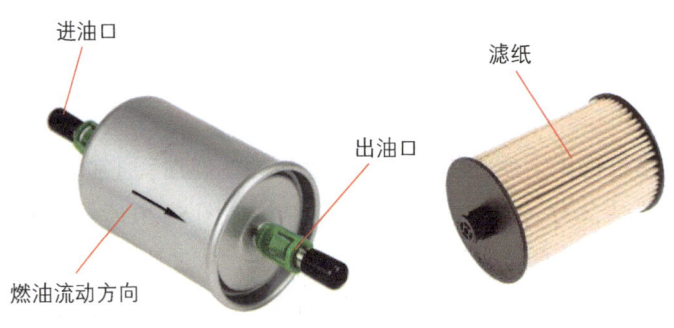

图 5-22 燃油滤清器

## 三　燃油压力调节器

燃油压力调节器的结构如图 5-23 所示,它是由真空管接头、弹簧、阀门等组成。燃油压力调节器功能是使燃油管路与进气歧管之间的压力差保持在恒定的 0.25~0.30MPa,这样 ECU 控制喷油器通电时间长短就可以精确控制喷油量。

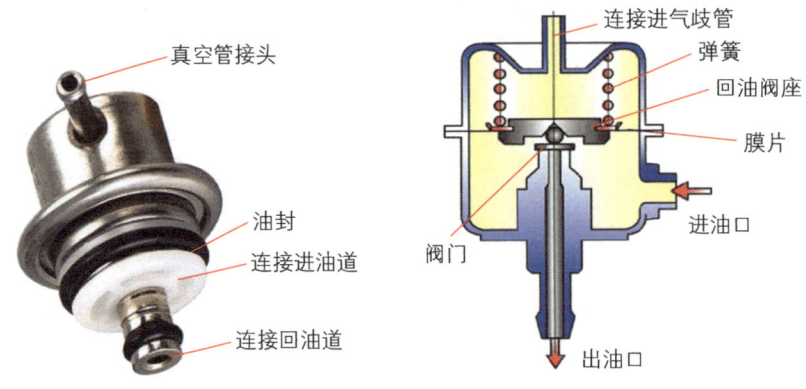

图 5-23 燃油压力调节器结构

为了保证能提供足够的燃油压力和油量,必须提供比实际需要更多的油量,这使燃油多次往返流动而升温,因而会造成燃油箱内产生大量的燃油蒸气。为了减少燃油箱内产生燃油蒸气,很多汽车采用了无回流燃油供给系统。无回流燃油供给系统的压力调节器如图 5-24 所示,它没有和真空管连接,无论发动机工况如何,压力调节器保持稳定的压力。ECU 快速改变喷油器的脉冲宽度,来适应当前工况所需的燃油量。

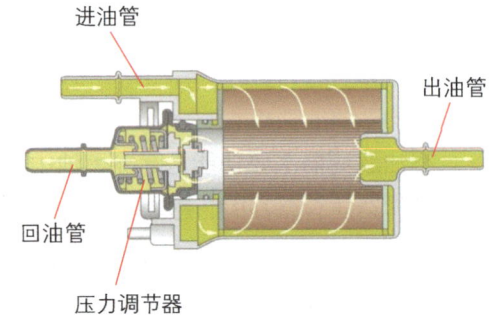

图 5-24 无回流燃油供给系统压力调节器

## 四 喷油器

如图 5-25 所示，喷油器安装在燃油分配管上，燃油分配管的功用是将汽油均匀、等压地输送给各缸喷油器。由于其容积较大，也有储油蓄压、减缓油压脉动的作用，如图 5-26 所示。

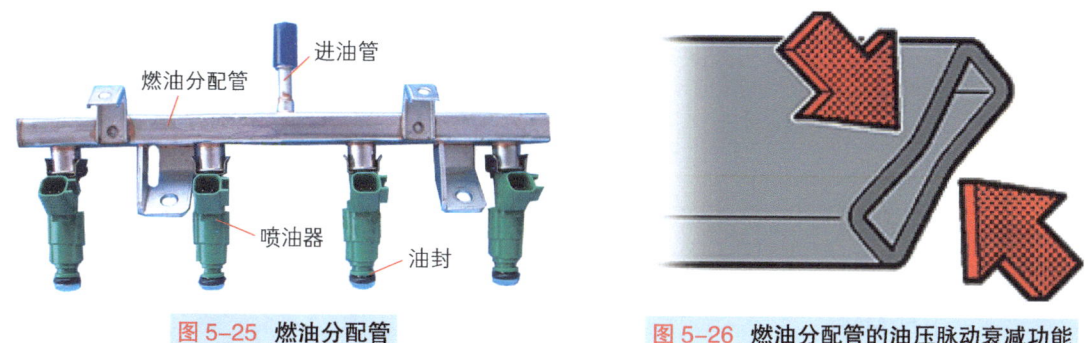

图 5-25　燃油分配管　　　　　　　　　图 5-26　燃油分配管的油压脉动衰减功能

喷油器的结构如图 5-27 所示，它主要由燃油滤网、电磁线圈、阀体、阀座、复位弹簧等组成。当喷油器的电磁线圈接通电流时，线圈产生电磁力吸引阀体，当电磁吸力大于复位弹簧的弹力，阀体上升阀门被打开，燃油便从喷孔喷出。

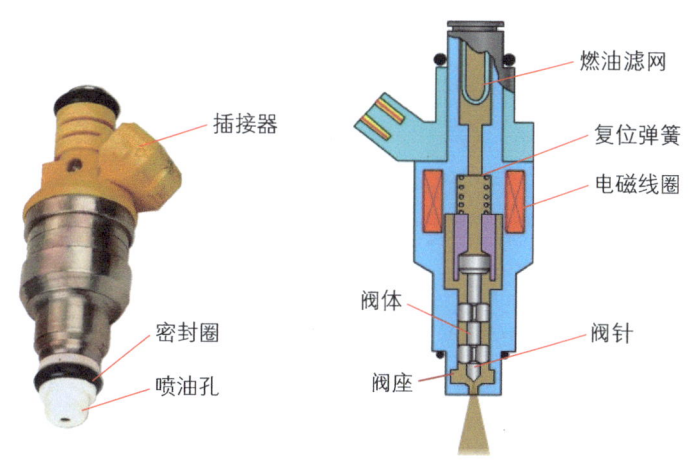

图 5-27　喷油器结构

喷油器是电控系统的执行器，如图 5-28 所示，它有两条接线，分别连接电源和 ECU。ECU 根据发动机不同的运转状况，控制不同的脉冲宽度信号给喷油器。喷油器接受 ECU 送来的喷油脉冲信号，根据信号的长短，精确地控制燃油喷射量。

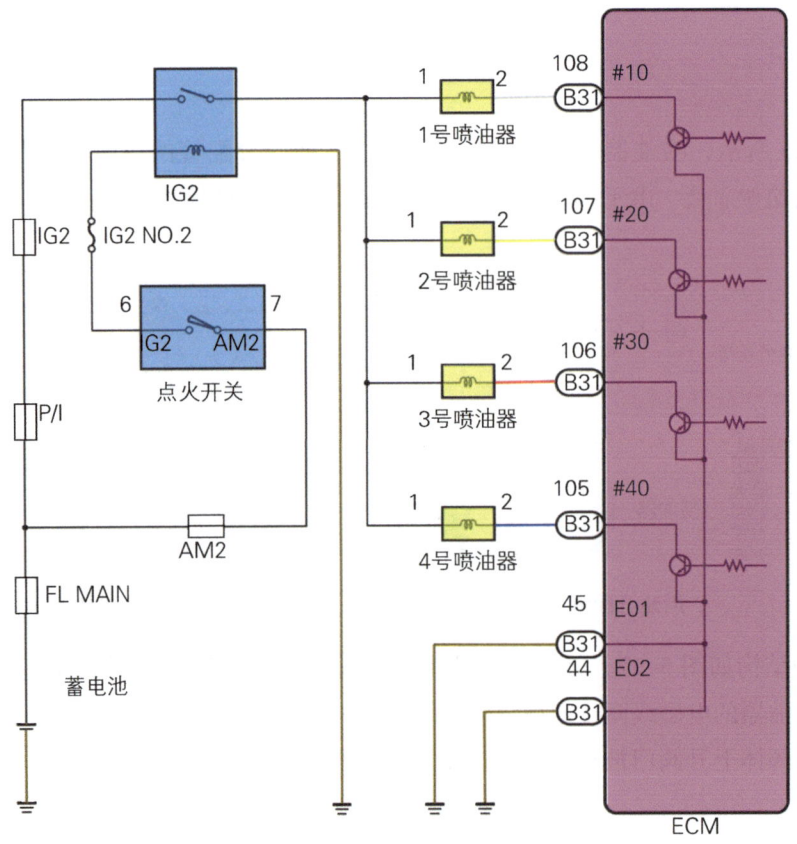

图 5-28　卡罗拉 1ZR 发动机喷油器电路

## 第三节　电控系统的结构和原理

发动机电控系统主要由传感器、控制单元（ECU）和执行器组成。传感器将信号输入给控制单元，执行器受电控单元的控制，具体执行某项控制功能。

### 一、电控系统工作原理

如图 5-29 所示，发动机控制单元（ECU）接收空气流量传感器（或者进气歧管压力传感器）和转速传感器传来的信号，确定基本喷油量；接收进气温度传感器和氧传感器等传来的信号，确定喷油修正量；接收冷却液温度传感器和节气门位置传感器等信号，为特殊工况（如暖机、加速等）确定喷油增量。控制单元确定喷油量后，驱动喷油器，通过控制喷油器喷油时间实现对喷油量的控制。

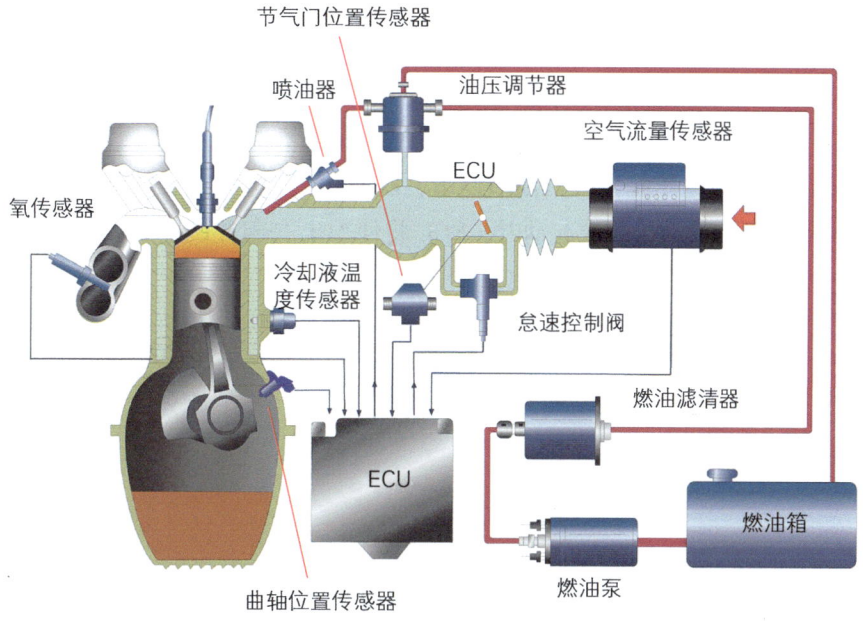

图 5-29 发动机控制系统

发动机控制单元（ECU）如图 5-30 所示，它实质上是车载微型计算机，是发动机控制系统的核心。ECU 的主要功能是接收和处理信息。ECU 主要控制喷油量、喷油正时及点火时刻，除此以外，它还可以对怠速、排放、进气增压等进行控制。

> **技师引导**：若 ECU 插接器或 ECU 本身故障，可能会导致各种故障码。检修传感器时，若未发现故障原因，应该检查 ECU 插接器或更换 ECU 进行确认。ECU 故障率极低，不要轻易怀疑 ECU 损坏

图 5-30 发动机控制单元（ECU）

## 二 电控单元的供电电路

电控单元（ECU）供电电路图如图 5-31 所示，该电路在点火开关置于 OFF 位置时，蓄电池仍为 ECU 供电。这一电源可让 ECU 储存数据，如故障码（DTC）记录、定格数据和燃油修正值。如果蓄电池电压降至最低限值以下，ECU 内的存储信息就会被清除，ECU 会确定电源电路出现故障。发动机下次起动时，ECU 将使 MIL 亮起并设置 DTC。

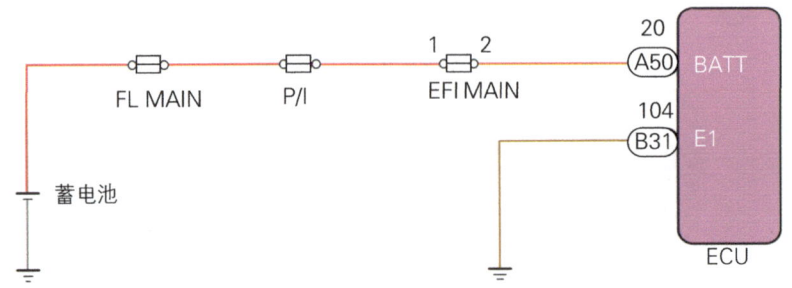

图 5-31　1ZR 发动机电控单元供电电路

ECU 电源电路如图 5-32 所示，当点火开关置于 ON 位置时，蓄电池电压被施加到 ECU

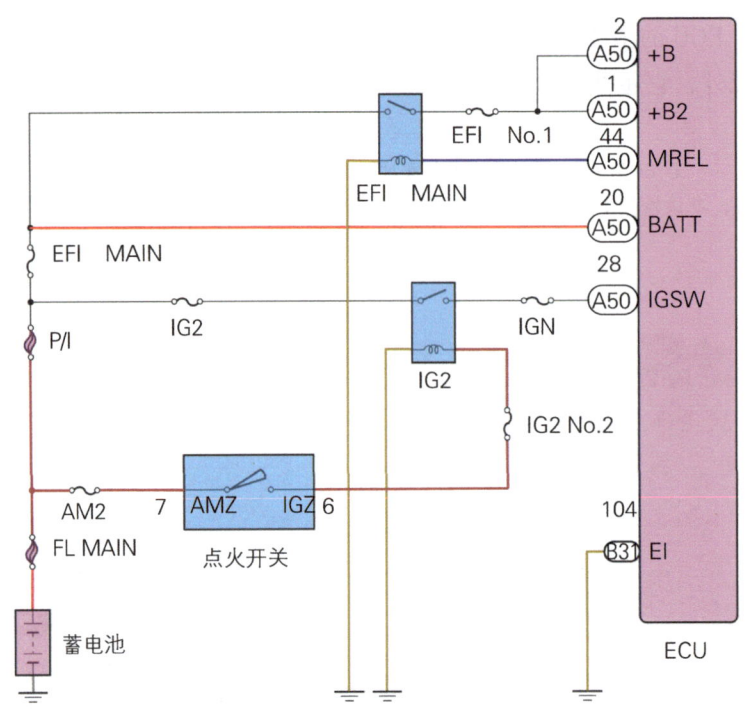

图 5-32　卡罗拉 1ZR 发动机 ECU 电源电路

的端子 IGSW 上。ECU MREL 端子的输出电流流向集成继电器（EFI MAIN 继电器）线圈，集成继电器内开关触点闭合，蓄电池开始向 ECU 的端子 +B 或 +B2 供电。ECU 还持续将端子 +B (BATT) 上的蓄电池电压转换成 5V 电源以操作微处理器。ECU 同时通过 VC 输出电路将该电源提供至传感器。

## 三 传感器的工作原理

### 1. 空气流量传感器

空气流量传感器的作用是将吸入发动机的空气量转换成电信号送至 ECU，作为确定基本喷油量和基本点火提前角的主要依据之一。空气流量传感器安装在节气门的前方，采用空气流量传感器测量进气的发动机称为 L 型发动机。

按空气流量传感器的结构形式，可以将其分为叶片式空气流量传感器，卡门涡旋式空气流量传感器，热线式空气流量传感器和热膜式空气流量传感器。叶片式（翼片）空气流量传感器因精度不高，已经基本淘汰。

（1）卡门涡旋式空气流量传感器

卡门涡旋式空气流量传感器结构如图 5-33 所示，它在进气管设有涡旋发生器，当空气流经该涡旋发生器时，在其后部的气流中会不断产生一列不对称却十分规则的空气涡旋，通过测量单位时间内涡旋的数量就可计算出空气流速和流量。

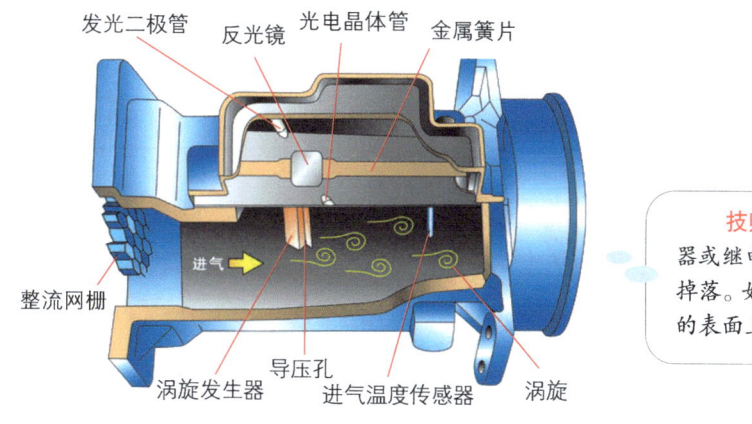

**技师引导**：切勿让传感器或继电器之类的电子部件掉落。如果它们掉落到坚硬的表面上，应予以更换

图 5-33　卡门涡旋式空气流量传感器

发光二极管发出的光束被反光镜反射到光电晶体管上，使光电晶体管导通。反光镜安装在一个很薄的金属簧片上，金属簧片在进气气流涡旋的压力作用下产生振动，其振动频率与单位时间内产生的涡旋数量相同。由于反光镜随簧片一同振动，因此被反射的光束也以相

同的频率变化，致使光电晶体管也随光束以同样的频率导通、截止。ECU 根据光电晶体管导通、截止的频率即可计算出进气量。

卡门涡旋式空气流量传感器电路如图 5-34 所示，VC 是 ECU 提供给传感器 5V 左右的电源端口，KS 是该传感器提供给 ECU 的信号端口，E2 是传感器通过 ECU 连接负极的端口。

（2）热线/热膜式空气传感器

热线式空气流量传感器是在进气管内的取样管中有一根铂丝，经通电后发热。热膜式与热线式空气流传感器原理基本相同，只是将热线改为热膜，热膜由发热金属铂固定在薄的树脂膜上构成。

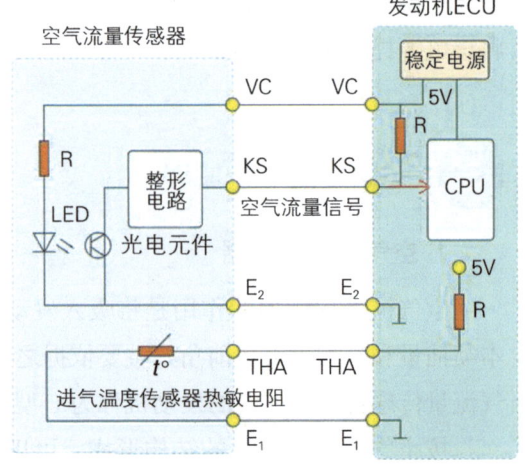

图 5-34 卡门涡旋式空气流量传感器电路

如图 5-35 所示，当发动机起动后，空气流过热膜铂丝周围，使其热量散失，温度下降，此时与铂丝相连的桥式电路将改变电流，以保持铂丝温度恒定，维持电桥平衡，即当空气流量变化时，流过铂丝的电流也随之发生变化。ECU 通过电量的变化得到空气流量。

热膜式空气流量传感器电路如图 5-36 所示，燃油泵继电器为此传感器 2 号端子提供 12V 左右的电压，ECU 为此传感器 4 号端子提供 5V 左右的参考电压，此传感器通过 5 号端子向 ECU 提供信号电压，通过 3 号端子连接蓄电池负极。

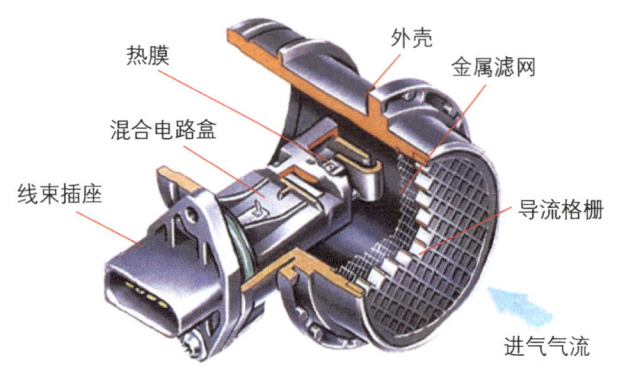

图 5-35 热膜式空气流量传感器

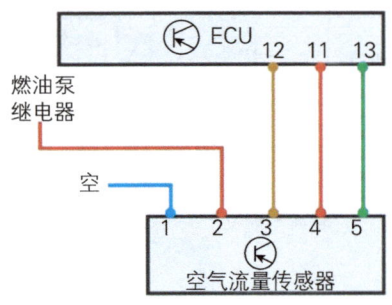

图 5-36 热膜式空气流量传感器电路

## 2. 进气歧管压力传感器

进气歧管压力传感器安装在节气门的后方，用于测量进气歧管的绝对压力。ECU 根据测量到的进气歧管压力、发动机转速和节气门开度信号，换算出相应的空气流量，这种发动机称为 D 型发动机。

如图 5-37 所示，进气歧管压力传感器由硅膜片、应变电阻、集成电路、壳体等组成。硅膜片是压力转换元件，它是利用半导体的压电效应制成的。硅膜片的一面是真空室，另一面是导入的进气压力。集成电路是信号放大装置，它的端头与 ECU 连接。

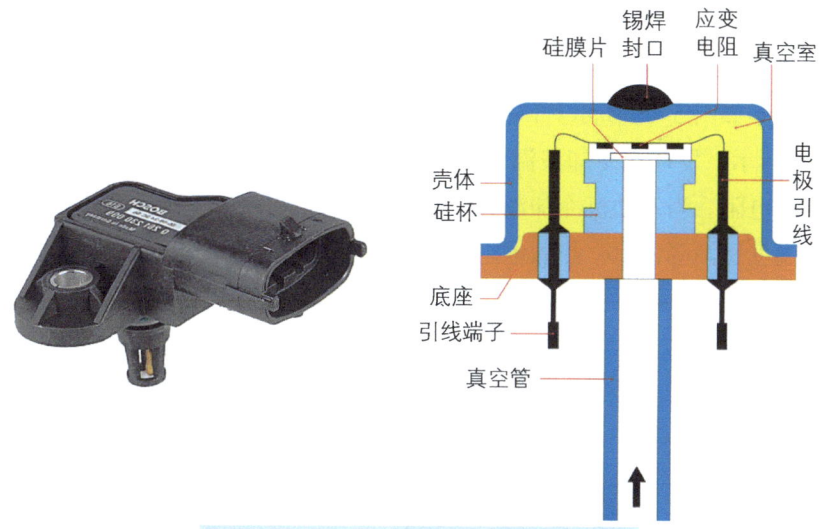

图 5-37　进气歧管压力传感器结构与原理

发动机工作时，从进气管来的空气作用在硅膜片上，硅膜片因进气压力而产生变形。硅膜片的变形，使扩散在硅膜片上电阻的阻值改变，导致惠斯通电桥输出的电压变化。传感器上的集成电路将电压信号放大处理后，作为进气歧管压力信号送到电控单元，此信号成为 ECU 计算进入气缸的空气量的主要依据。进气歧管压力传感器的电路如图 5-38 所示，VCC、PIM、$E_2$、$E_1$ 分别为 ECU 供电、传感器信号、搭铁端子。

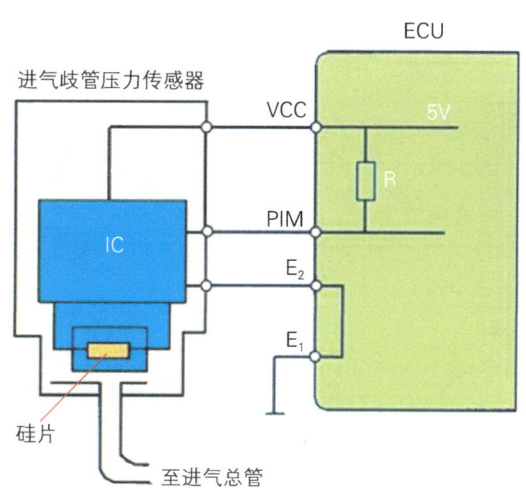

图 5-38　进气歧管压力传感器电路

VCC—ECU 给传感器的供电　　PIM—进气歧管压力传感器的信号电压　　$E_2$、$E_1$—搭铁

### 3. 进气温度传感器和冷却液温度传感器

进气温度传感器测量发动机进气温度，它通常集成在空气流量传感器或进气歧管压力传感器中，其外形如图 5-39 所示。进气温度传感器能检测进入发动机空气的温度，补偿由于进气温度变化而导致的空气密度的变化，准确计算进气量，修正喷油量和点火时刻等。

冷却液温度传感器俗称水温传感器，一般安装在气缸盖的冷却水道上，它能感应冷却液的温度，其外形如图 5-40 所示。ECU 收到该温度信号后修正喷油量和点火时刻等。

如图 5-41 所示，发动机冷却液温度传感器细长的头部与冷却液接触，它的内部装有负温度系数的热敏电阻。当发动机冷却液温度逐渐升高时，热敏电阻的电阻值将逐渐减小；反之，当冷却液温度逐渐降低时，热敏电阻的电阻值将逐渐增大。

图 5-39 进气温度传感器　　图 5-40 冷却液温度传感器　　图 5-41 冷却液温度传感器工作原理

大多数进气温度传感器和冷却液温度传感器一样，卡罗拉 1ZR 发动机冷却液温度传感器电路如图 5-42 所示，冷却液温度传感器通过 THW 信号线将冷却液温度信号传输给 ECU。

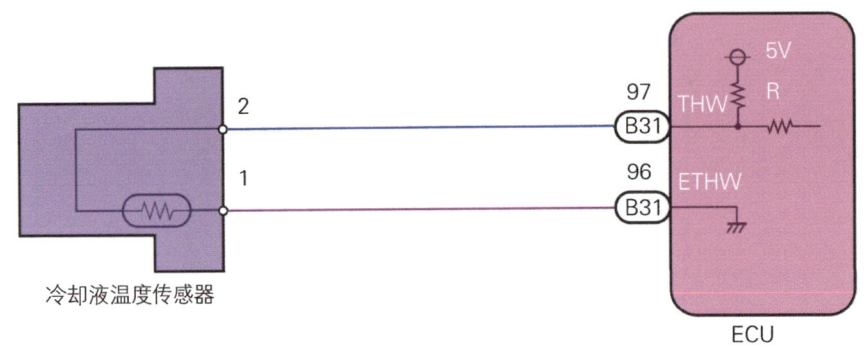

图 5-42 冷却液温度传感器电路

### 4. 节气门位置传感器

节气门位置传感器是用于检测发动机节气门的开度及开度变化，发动机 ECU 通过节气门位置传感器识别当前工况,进而用来控制喷油。节气门位置传感器按总体结构分为触点式、可变电阻式、组合式(综合式)、霍尔式三种。

触点式节气门位置传感器已经基本淘汰,可变电阻式和组合式的区别在于后者有怠速触点开关。如图 5-43 所示,组合式滑动触点可在可变电阻器上滑动,将节气门开度值转化为电压信号,怠速触点专门用于确定节气门完全关闭时的位置,提供准确的怠速信号。

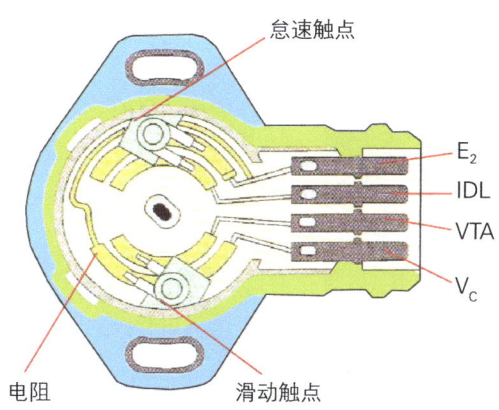

图 5-43 组合式节气门位置传感器结构

(1)组合式节气门位置传感器的检查

组合式节气门位置传感器电路如图 5-44 所示,$V_C$、VTA、IDL、$E_2$ 分别为 ECU 给传感器 5V 供电端子、传感器提供给 ECU 信号端子、怠速触点、搭铁端子。

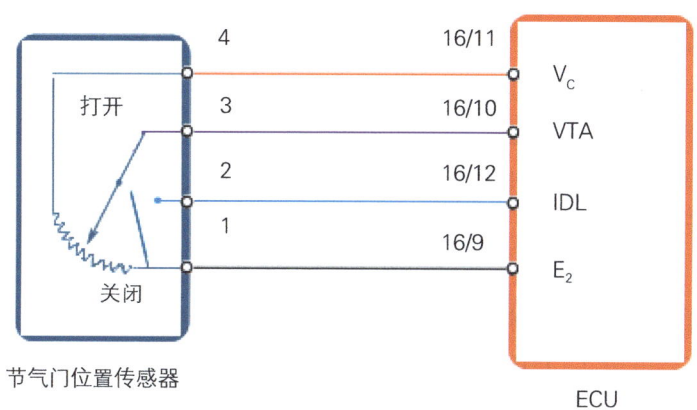

图 5-44 组合式节气门位置传感器电路

(2)霍尔式节气门位置传感器的检查

丰田 1ZR 发动机使用霍尔式节气门位置传感器,它能在高速和极低车速等极端行驶条件下,也能生成精确的信号。如图 5-45 所示,节气门位置传感器有两组磁铁、霍尔元件及 IC 电路,两个传感器电路 $VTA_1$ 和 $VTA_2$,各传送一个信号。$VTA_1$ 用于检测节气门开度,

$VTA_2$ 用于检测 $VTA_1$ 的故障。传感器信号电压与节气门开度成比例,在 0V 和 5V 之间变化,并且传送至 ECU 的 VT 端子,如图 5-46 所示。

当节气门关闭时,传感器输出电压降低,当节气门开启时,传感器输出电压升高。ECU 根据这些信号来计算节气门开度,并响应驾驶员输入来控制节气门执行器。这些信号同时也用来计算空燃比修正值、功率提高修正值和燃油切断控制。

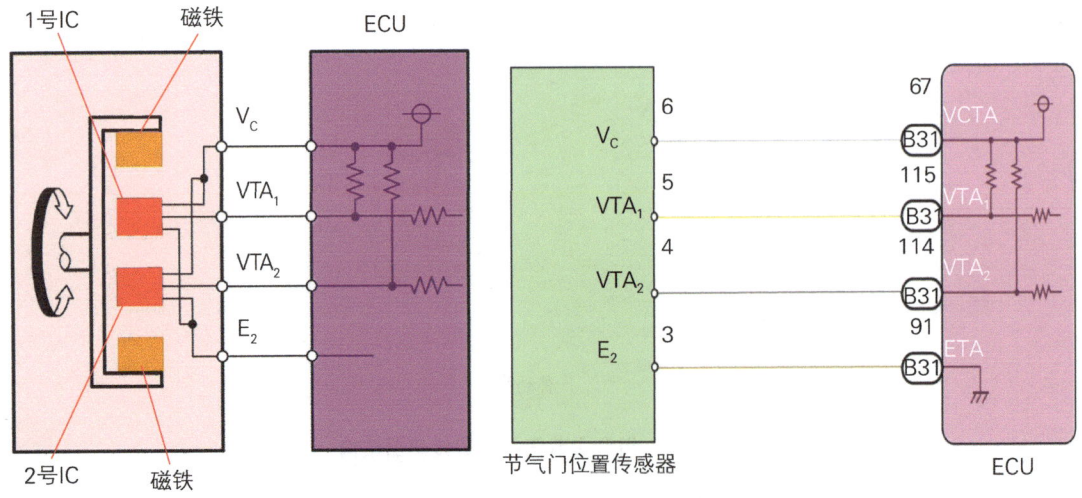

图 5-45 霍尔式节气门位置传感器工作原理  图 5-46 霍尔式节气门位置传感器电路

### 5. 加速踏板位置传感器

加速踏板位置传感器安装在加速踏板支架上,它有两个传感器电路,即 VPA(主)和 VPA2(副)。该传感器使用的是霍尔效应元件,其工作原理及电路如图 5-47 和图 5-48 所示。施加在 ECU 端子 VPA 和 VPA2 上的电压在 0V 和 5V 之间变化,并与加速踏板(节气门)工作角度成比例。来自 VPA 的信号指示实际加速踏板工作角度(节气门开度),并用于发动机控制。来自 VPA2 的信号,传输 VPA 电路的状态信息,并用于检查加速踏板位置传感器自身状况。

ECU 通过来自 VPA 和 VPA2 的信号监视实际加速踏板工作角度(节气门开度),并根据这些信号控制节气门执行器。

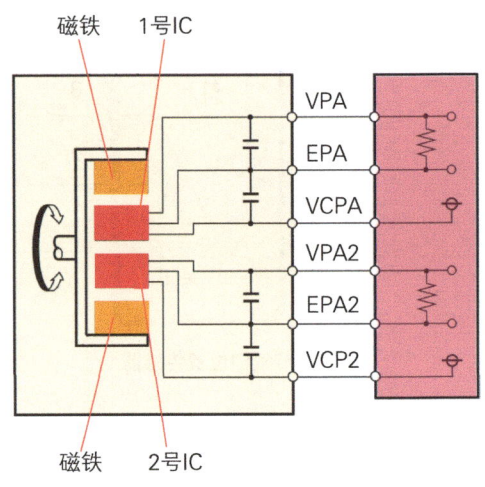

图 5-47 加速踏板位置传感器

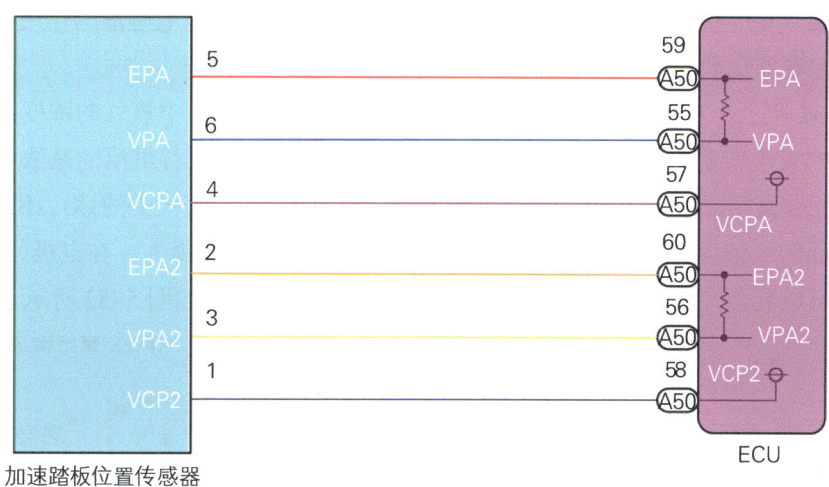

图 5-48 加速踏板位置传感器电路

### 6. 氧传感器

发动机理论空燃比为 14.7:1，但实际燃烧时可能出现由于各种因素影响，可能过浓或过稀。过浓时，排气中氧气较少；过稀时，排气中氧气充足。氧传感器用于监测排气中的氧含量，并将此信号反馈给 ECU。ECU 根据氧传感器信号修正喷油量，使发动机随时处于最佳的燃烧状态。

后氧传感器信号安装在三元催化转化器后面，ECU 通过对比前后氧传感器信号判断三元催化转化器性能。

（1）氧化锆型传感器

氧传感器的结构和外形如图 5-49 和图 5-50 所示，它是由钢质护管、壳体、加热器、

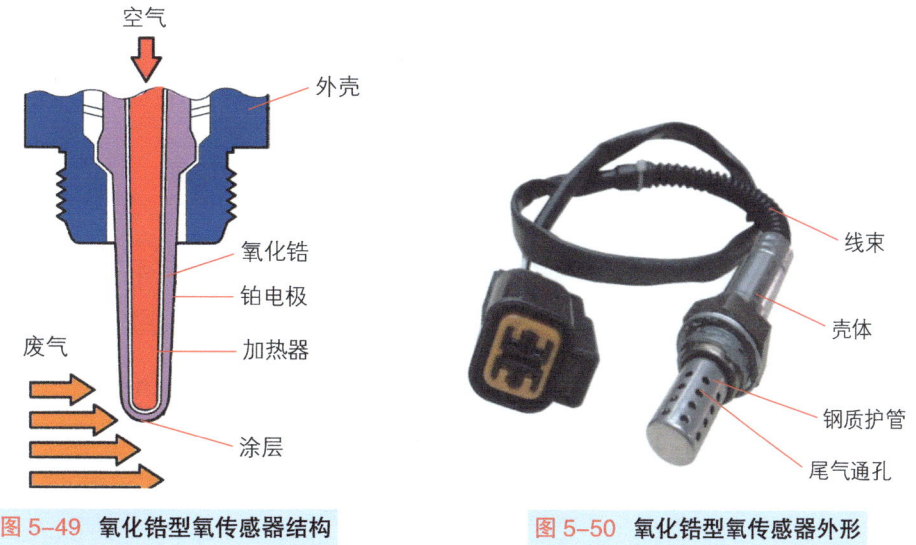

图 5-49 氧化锆型氧传感器结构　　图 5-50 氧化锆型氧传感器外形

铂电极等组成。氧传感器的工作原理与干电池相似，氧化锆起类似电解液的作用，氧化锆表面的铂电极起着催化剂的作用。

如图 5-51 所示，发动机工作时，若供给的是稀混合气，废气中氧气的浓度高，氧传感器内外表面的氧浓度差小，几乎不产生电动势，约为 0V。发动机若供给的是浓混合气，空气中的氧气比较富足，它与铂电极接触，在铂的催化作用下，它与废气中的 CO、HC 发生反应，使铂金属表面的氧浓度趋于零，氧传感器内、外表面的氧浓度差很大，在电极间产生约 1V 的电动势。可燃混合气空燃比在 14.7 附近时，电压会产生突变，如图 5-52 所示。

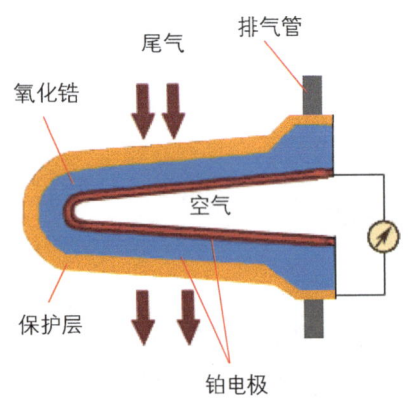

图 5-51 氧化锆型氧传感器工作原理

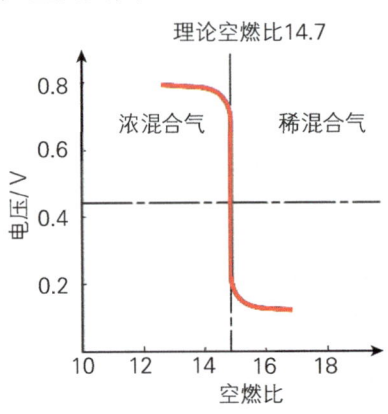

图 5-52 氧化锆型氧传感器特性

（2）氧化钛型传感器

氧化钛型传感器和氧化锆型氧传感器外形类似，如图 5-53 所示，它是用二氧化钛作为敏感元件，二氧化钛属于半导体材料，其电阻值取决于材料温度和周围氧离子的浓度。当尾气中氧离子较少时，二氧化钛呈现低阻状态；当尾气中氧离子较多时，二氧化钛呈现高阻状态二氧化钛的电阻在混合气为理论空燃比（14.7）时产生突变；当 ECU 给氧传感器施加稳定的电压时，在氧传感器输出端可以得到一个交替变化的信号。

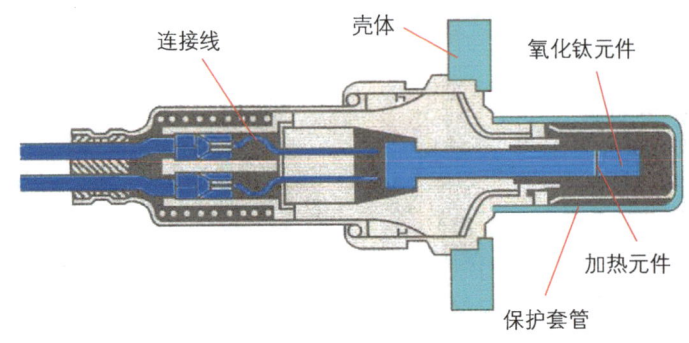

图 5-53 氧化钛型传感器

1ZR 发动机氧传感器电路如图 5-54 所示，氧传感器及加热器总成上有 4 条接线，加热器由 EFI MAIN 主继电器供电，ECU 控制其通电加热时间，氧传感器本身有 2 条接线，分别为信号的正、负极，它们分别连接 ECU。

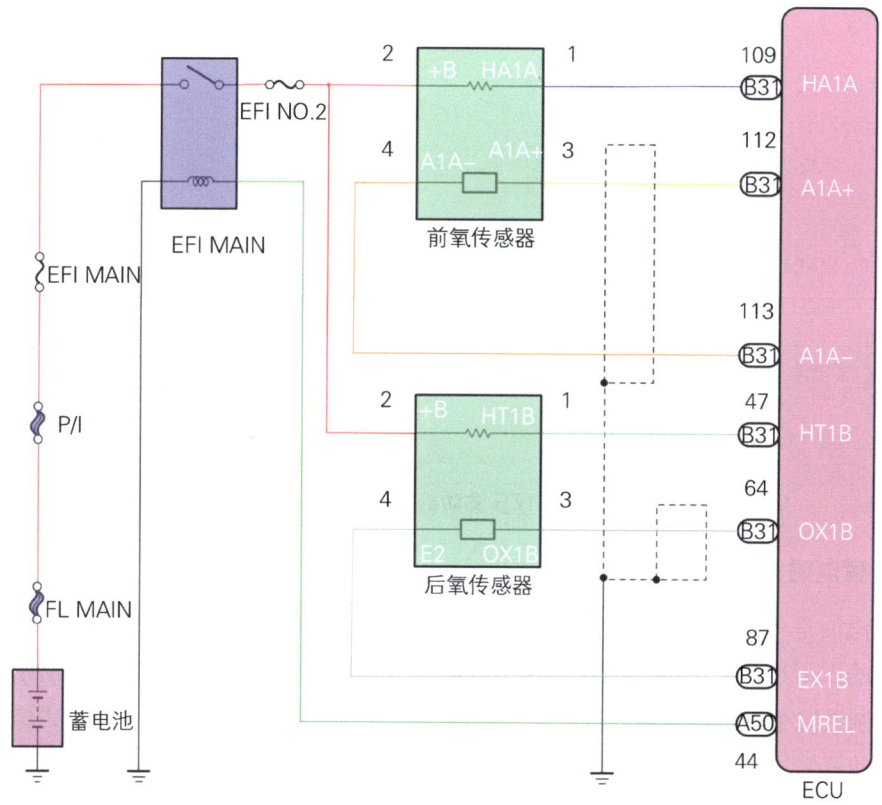

图 5-54　卡罗拉 1ZR 发动机氧传感器电路

## 四　执行器的工作原理

执行器受电控单元直接控制，它接受电控单元的信号，完成电控单元的要求。电控系统执行器包括燃油泵继电器、EFI 主继电器、喷油器、节气门电动机、炭罐电磁阀、氧传感器加热器、故障指示灯等。

**1. 故障指示灯的工作原理**

故障指示灯（MIL）用于指示 ECU 检测到的车辆故障，其工作电路如图 5-55 所示。当点火开关置于 ON 位置时，给 MIL 电路供电，并且 ECU 提供电路搭铁以亮起 MIL。正常状态下，点火开关首次置于 ON 位置时，MIL 亮起达几秒钟；当发动机起动时，MIL 熄灭。

073

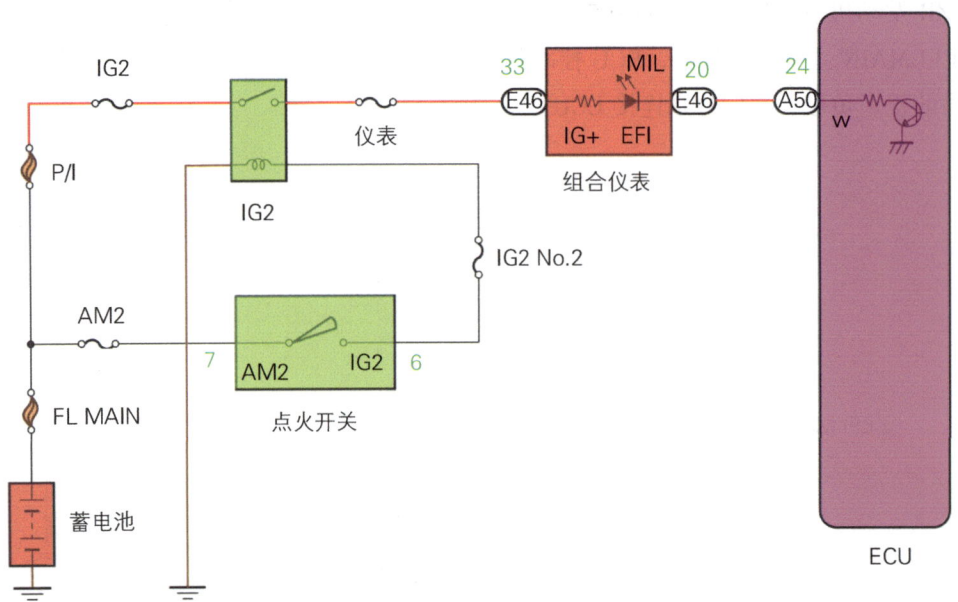

图 5-55 卡罗拉 1ZR 发动机故障指示灯（MIL）电路

## 2. 炭罐电磁阀的工作原理

由于汽油是一种易挥发的液体，在常温下燃油箱内经常充满燃油蒸气，燃油蒸气排放控制系统的作用是将燃油蒸气引入燃烧室并防止它挥发到大气中。如图 5-56 所示，燃油蒸气排放控制系统主要包括炭罐、炭罐电磁阀等，ECU 改变向炭罐电磁阀发送的占空比信号，以使从燃油蒸气排放控制系统向燃烧室的进气量与行驶状态（发动机负载、发动机转速、车速等）相适应。

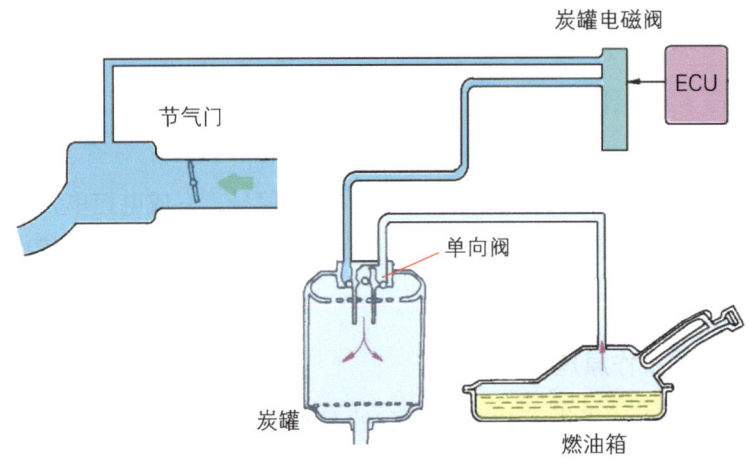

图 5-56 燃油蒸气排放控制系统

发动机停机和怠速时，ECU 使炭罐电磁阀关闭，燃油蒸气被炭罐内的活性炭吸附；发动机中、高速时，ECU 使炭罐电磁阀打开，吸附在炭罐内的燃油蒸气经过真空软管吸入发动机，此时发动机的进气量大，少量的燃油蒸气不会影响混合气成分。

炭罐电磁阀的外形和电路如图 5-57 和图 5-58 所示，ECU 根据冷却液温度、转速、节气门开度等参数，通过控制炭罐电磁阀开关，避免燃油蒸气自由进入进气歧管，破坏正常的混合气浓度。

图 5-57　炭罐电磁阀

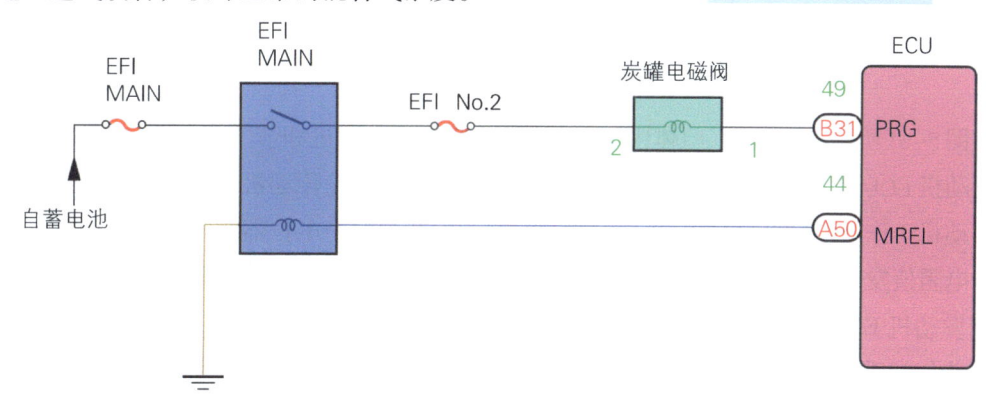

图 5-58　卡罗拉 1ZR 发动机炭罐电磁阀电路

炭罐里面装有活性炭颗粒，能吸附燃油蒸气，蒸气被进气真空度吸入进气歧管后，活性炭颗粒又恢复吸附能力。炭罐的外形如图 5-59 所示，炭罐上有三个连接管，分别连接大气、炭罐电磁阀和燃油箱。

### 3. 节气门电动机的工作原理

电子节气门系统取消了传统的节气门拉索和怠速旁通气道，如图 5-60 所示，ECU 通过节气门电动机来驱动节气门的开闭。ECU 根据加速踏板的位置信号、废气排放、燃油消耗及安全性等因素所需要的转矩及相应的节气门位置

图 5-59　炭罐

信号，控制节气门体上的电动机，将节气门打开到相应的角度，实现最佳燃烧效果的燃油供油量，以达到最佳的动力性、经济性和排放性。发动机控制系统通过控制节气门电动机，可以实现发动机怠速控制、车辆巡航控制、自动变速器控制、车身电子稳定控制等功能。

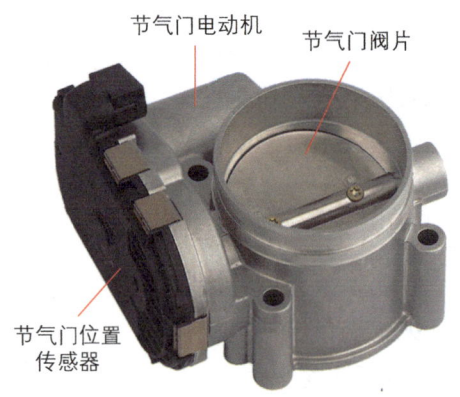

图 5-60 电子节气门

如图 5-61 所示,电子节气门体由节气门阀片、节气门电动机和节气门位置传感器等组成,来自发动机 ECU 的占空比信号使节气门电动机动作,通过齿轮传动机构使节气门阀片转动,保证发动机工作所需的节气门开度。节气门位置传感器由两个电位器组成,节气门开度变化时,其电阻值发生变化,输出的电压信号随之变化,与电子加速踏板位置传感器信号一起,输入到发动机 ECU,经计算后输出驱动电动机的控制信号,从而控制发动机节气门开度。当电子节气门系统有故障进入失效保护模式时,ECU 切断通往节气门执行器的电流,并且节气门被回位弹簧拉回到开度 6°。

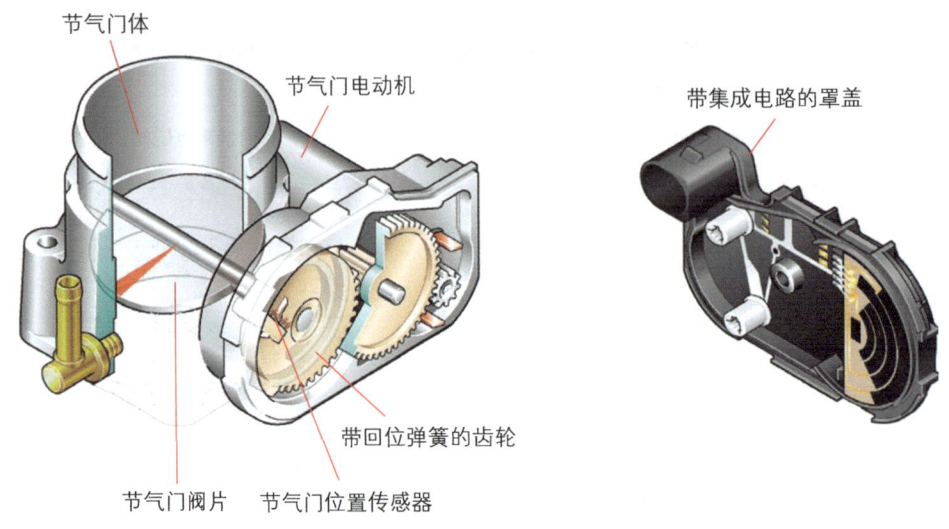

图 5-61 电子节气门体的组成

节气门电动机的控制电路如图 5-62 所示,ECM 有专门为其提供电源的电路,即 ETCS 熔丝为 A50-3 提供的电源,节气门电动机有两条线连接 ECM,分别为 ECM 驱动节气门电动机信号的正、负极线。

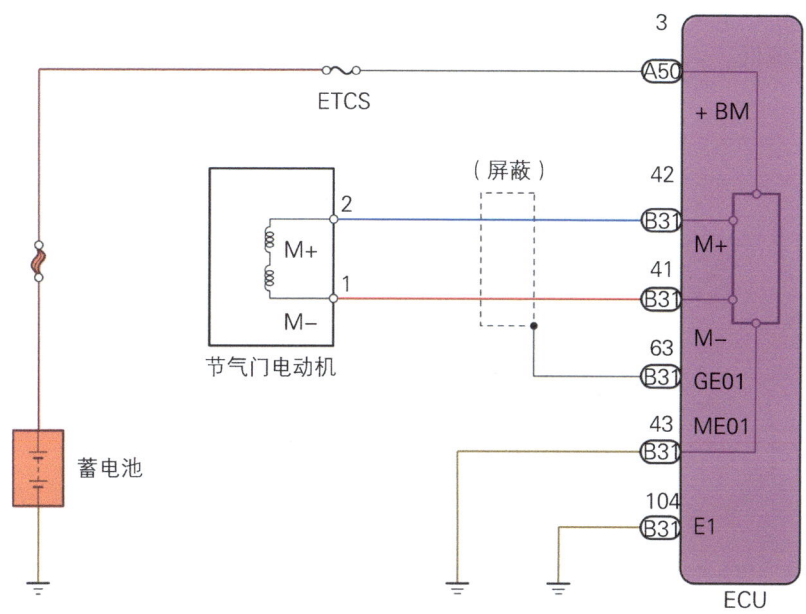

图 5-62 卡罗拉 1ZR 发动机节气门电动机电路

## 第四节 缸内喷射电控系统的工作原理

传统发动机喷油器安装在进气歧管上，喷油雾化质量不高。缸内喷射（直喷）发动机是指直接向气缸内喷射燃油的发动机，这种发动机喷油器直接安装在气缸上。缸内直喷技术可以使汽油以极高的压力精准地直接注入燃烧室中，这种喷射方式在油气的雾化和混合效率上更为优异，燃烧效率大幅提升，在增加了动力输出的同时，更加节油和环保。

### 一、缸内喷射电控发动机燃油供给系统的工作原理

缸内喷射电控发动机燃油供给系统分为低压部分和高压部分。如图 5-63 所示，燃油供给系统低压部分主要包括电动燃油泵、燃油泵 ECU、燃油滤清器、低压燃油压力传感器等。低压燃油压力传感器用来监控不同压力的保持状况。发动机 ECU 通过燃油泵 ECU 来控制燃油泵的转速，这样可以实现按照实际需要来调节，从而节省所消耗的电能。缸内直喷燃油系统的低压油路增加了燃油泵门控开关，燃油泵门控开关能在打开驾驶员侧车门时，燃油泵就开始工作，车门开关信号被送至发动机控制单元，燃油泵被触发 2s。燃油泵提前工作是为

了迅速建立高压以缩短起动时间。燃油滤清器内部集成了压力调节器,错装以后会导致燃油低压部分压力偏低。

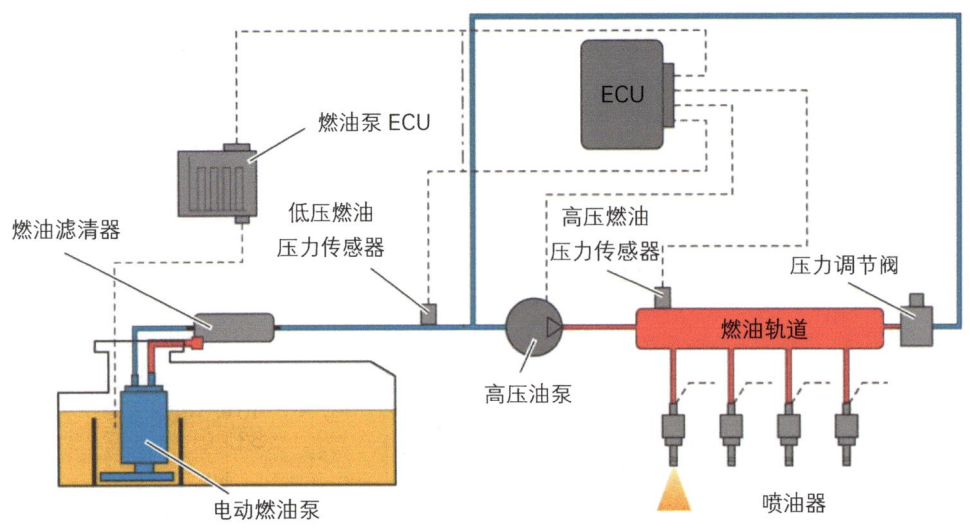

图 5-63 燃油缸内直喷系统燃油供给系统构造

电动燃油泵给高压泵供应压力约为 600kPa 的燃油。在下述工况时,预供油压力必须提高 200kPa:在发动机停机时;发动机起动前;在发动机起动过程中以及发动机起动后的 5s 之内;在热起动以及热机运行时,其控制时间取决于温度,其目的是防止燃油内产生气泡。

燃油供给系统高压部分主要包括高压燃油分配管、高压燃油压力传感器和燃油压力调节器、高压油泵、高压燃油轨道、高压喷油器等。如图 5-64 所示,高压油泵通常由凸轮轴

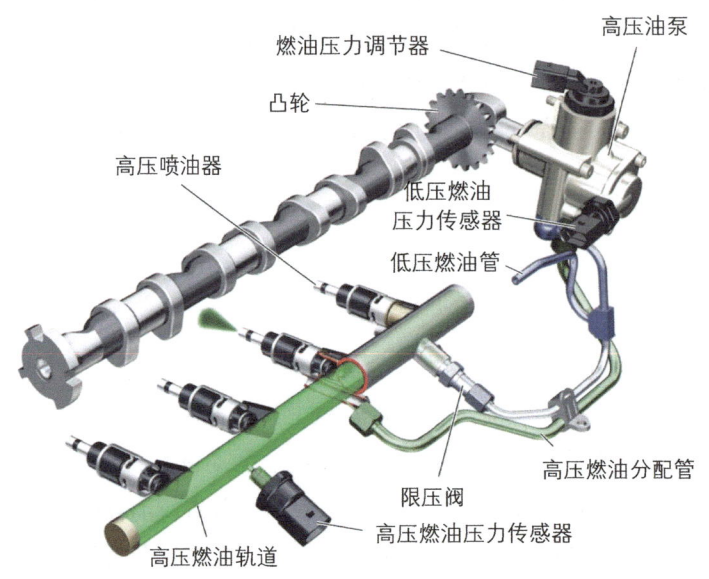

图 5-64 燃油缸内直喷系统燃油供给系统高压部分

以机械方式来驱动，发动机电 ECU 根据发动机负荷和转速，控制高压油泵上的燃油压力调节器，可以使高压油泵输出燃油达到 5~11MPa。限压阀被拧紧在燃油分配器上，它保护部件不因过高燃油压力而热膨胀或损坏。该阀在压力超过 12MPa 时打开，它通过泄漏管路把燃油分配管中的燃油送回至供油管路中。

## 二 缸内喷射系统的燃油压力传感器

缸内喷射发动机燃油压力传感器包括高压燃油压力传感器和低压燃油压力传感器。高压燃油压力传感器能将燃油的压力转换为电信号传给发动机 ECU，发动机 ECU 分析高压燃油压力信号，通过燃油压力调节器来调节燃油轨道内的压力。如果高压燃油压力传感器失灵，发动机 ECU 以一个固定值控制燃油压力调节器。

发动机 ECU 根据低压燃油压力信号控制低压燃油系统中的压力。根据不同的发动机，燃油压力在 50~500kPa 之间。如果低压燃油压力传感器失灵，发动机 ECU 将用固定脉冲宽度调制信号来控制电子燃油泵，低压燃油系统中的压力将会升高。

燃油压力传感器的工作原理如图 5-65 所示，当燃油通过测压口流向燃油压力传感器，传感器内电阻应变片的形状和电阻发生改变，进而引起惠斯通电桥输出端的电压变化，通过集成电路的处理，使信号端输出的电压发生变化，ECU 便根据此电压计算出当前的燃油压力。

高压燃油压力传感器的电路如图 5-66 所示，发动机 ECU 给传感器供电，供电电压 5V，燃油压力升高时电阻降低，于是信号电压升高，可以在不同油压下测量其信号电压。

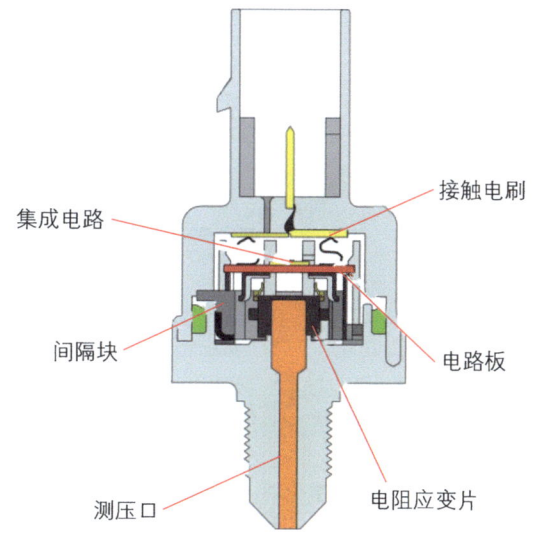

图 5-65 燃油压力传感器工作原理

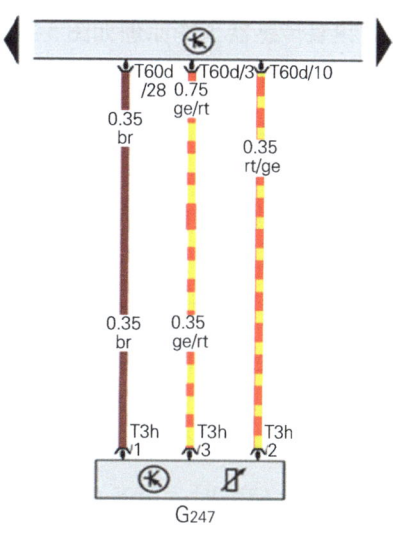

图 5-66 高压燃油压力传感器电路

1—电源线　2—信号　3—搭铁

## 三 宽频氧传感器

缸内直喷发动机采用稀薄燃烧,空燃比可以从 10 直至 20,原有的氧传感器就无法适应了。因此,它必须采用宽频氧传感器。宽频氧传感器装在三元催化转化器前,能使发动机调整空燃比更加精确。

宽频氧传感器也称为宽带氧传感器,它包括单元泵、测量室、加热器等,如图 5-67 所示。宽频氧传感器是在普通氧化锆型传感器基础上发展起来的,它利用了氧化锆的两种特性,一是氧化锆两侧含氧量不同时,氧化锆两侧的电极产生电动势,二是氧化锆两侧的电极加上电压时,可以使氧离子移动。

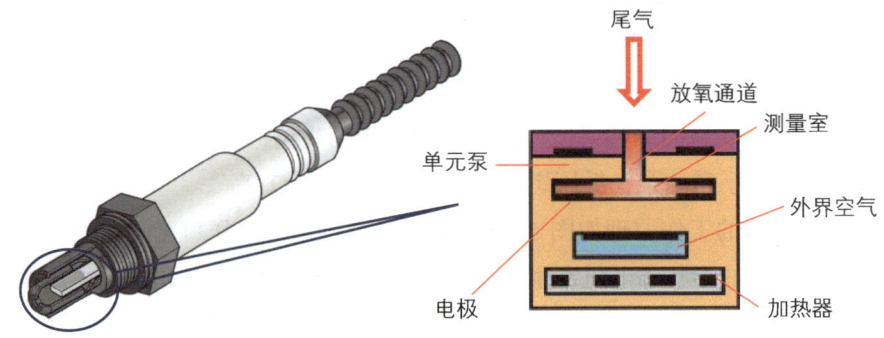

图 5-67 宽频氧传感器的组成

宽频氧传感器工作原理如图 5-68 所示,通过单元泵的工作,可将尾气中的氧吸入测量室。施加在单元泵上变化的电压,即为传递给 ECU 的电信号。氧化锆一面与大气接触,另一面与测量室的尾气接触,两侧氧含量不同会产生一个电动势。一般的氧化锆传感器将此电压作为 ECU 的输入信号来控制空燃比,而采用宽频氧传感器的发动机 ECU 要使氧化锆两侧的氧含量保持一致,让电压值维持在 0.45V。

当混合气偏浓时,单元泵以原来的工作电流工作,测量室的氧存量少,氧传感器电压值超过 0.45V。ECU 增大单元泵的工作电

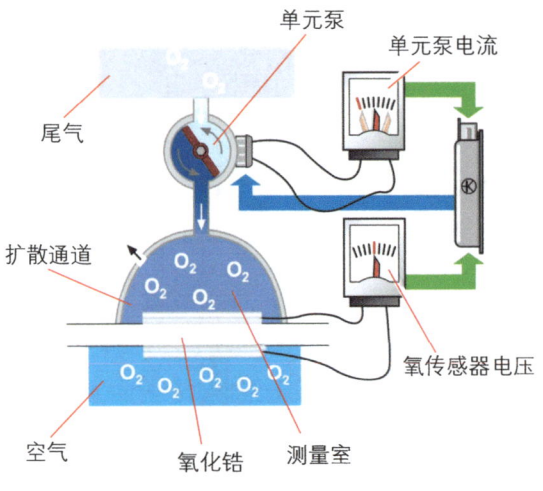

图 5-68 宽频氧传感器工作原理

流，使泵入测量室中的氧存量增加，氧传感器电压值又恢复到 0.45V。当混合气偏稀时，氧传感器电压值低于 0.45V，ECU 减小单元泵的工作电流，使泵入测量室中的氧存量减少，氧传感器电压值又能恢复到 0.45V。

2015 款大众迈腾汽车前氧传感器电路如图 5-69 所示，该前氧传感器为宽频氧传感器，其侧插头的 5 号与 1 号端子之间串联了一个微调电阻，电阻值约 125Ω。端子 3 与 4 为加热器供电，12V 电压由 4 号端子输入，3 号端子由 ECU 控制搭铁。加热器电阻约为 2~5Ω。

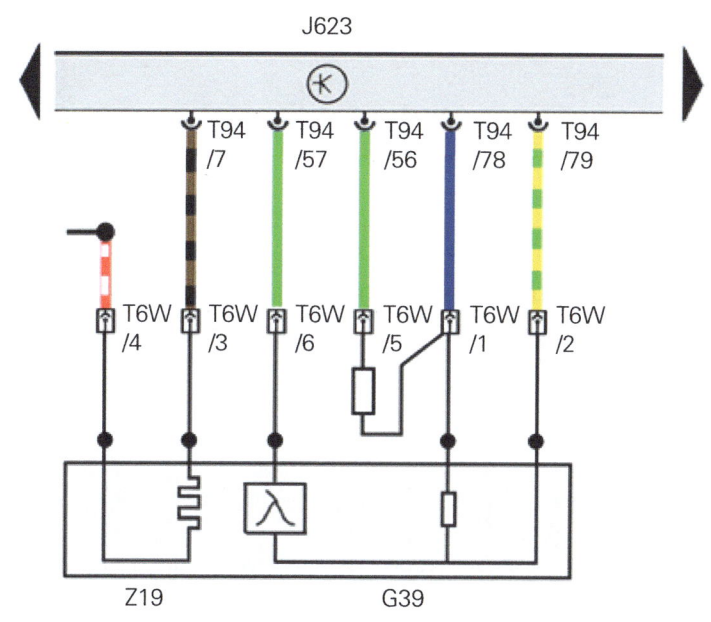

图 5-69 宽频氧传感器的电路

G39—氧传感器  Z19—氧传感器加热器  T94—94 芯插头  T6W—6 芯插头

## 四 缸内喷射系统的喷油器

燃油经过高压油泵加压之后进入高压燃油轨道（油轨），燃油会在高压油轨内稳压。由于高压油轨和燃烧室之间存在压力差，燃油可以直接喷入气缸内。喷油器的任务就是在精确的时刻将精确的燃油量喷入燃烧室。喷油器内部有电磁阀，可以实现对喷油量和正时精度的控制。喷油器外形和结构如图 5-70 和图 5-71 所示，在 ECU 控制电磁线圈通电后，衔铁带动针阀打开。喷油器虽然只有一个喷孔，但是它能在短时间内喷出大量燃油。

喷油器工作电压约为 65V，喷射出的燃油量由喷油器开启时间和燃油压力来决定。喷油器与燃烧室之间由一个聚四氟乙烯密封圈来密封，每次拆卸后必须更换该密封圈。2015 款途安 1.4T 发动机喷油器电路如图 5-72 所示。

图 5-70 喷油器外形

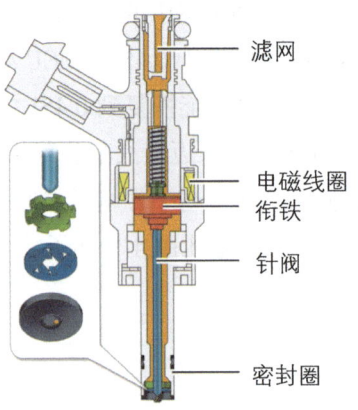

图 5-71 喷油器结构

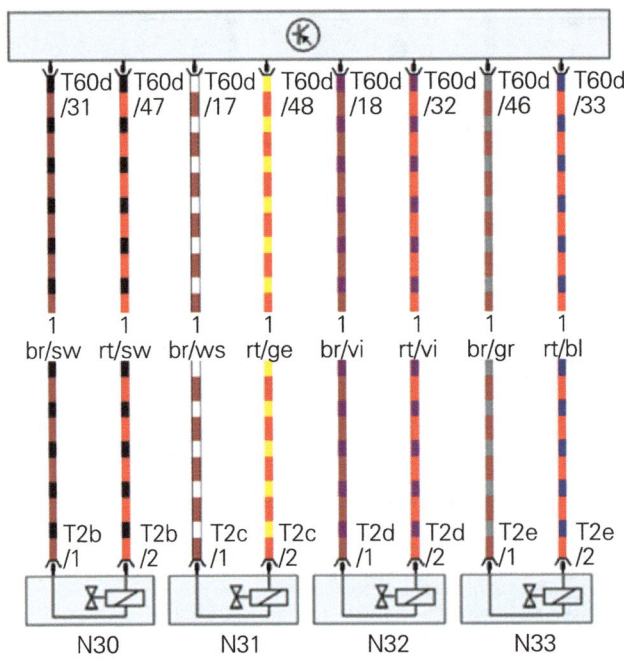

图 5-72 2015 款途安 1.4T 发动机喷油器电路

在拆卸喷油器或其他高压系统部件时，需要卸压，否则高压时流出的燃油可能会严重灼伤皮肤和眼睛。

## 五、缸内喷射系统的燃油压力调节器

如图 5-73 所示，燃油压力调节器集成于高压油泵上。它是一个由 ECU 控制的电磁阀，

ECU 以脉冲宽度调制的方式控制燃油压力调节器。燃油压力调节器结构如图 5-74 所示，它由线圈、针阀和衔铁等组成，它通过控制流入高压油泵的燃油量来调节高压区域的燃油压力，使高压油泵仅产生当前工作状态必需的压力，从而减小功率消耗,避免造成燃油不必要的加热。

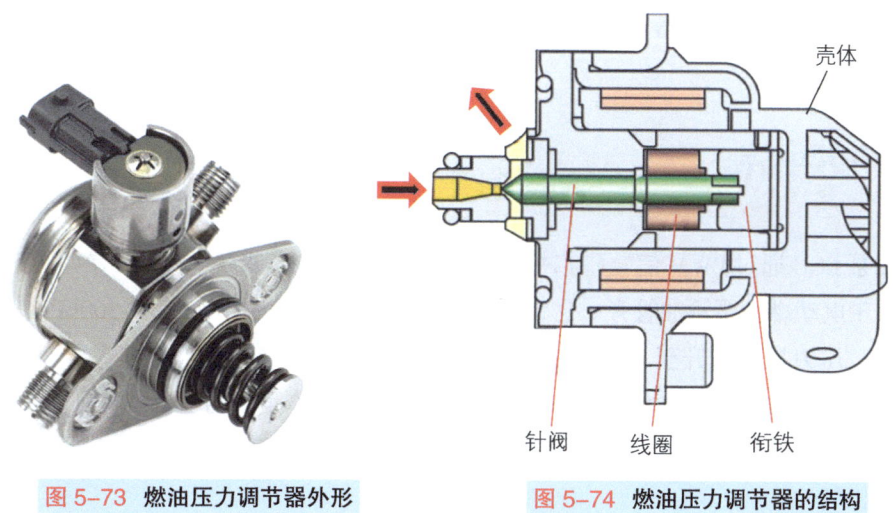

图 5-73 燃油压力调节器外形　　图 5-74 燃油压力调节器的结构

出于安全的考虑，如果不通电，燃油压力调节器是打开的，高压油泵会通过打开的阀座将全部供油量泵回到低压循环回路中。当驱动线路失效时，高压油泵进入低压模式，发动机仍可应急运行。

如图 5-75 所示，高压油泵建立油压时，燃油压力调节器通电产生磁场，使进油口的低压油与泵腔内高压油通道关闭。泵活塞向下运动时，燃油经进油阀进入泵腔。泵活塞向上运

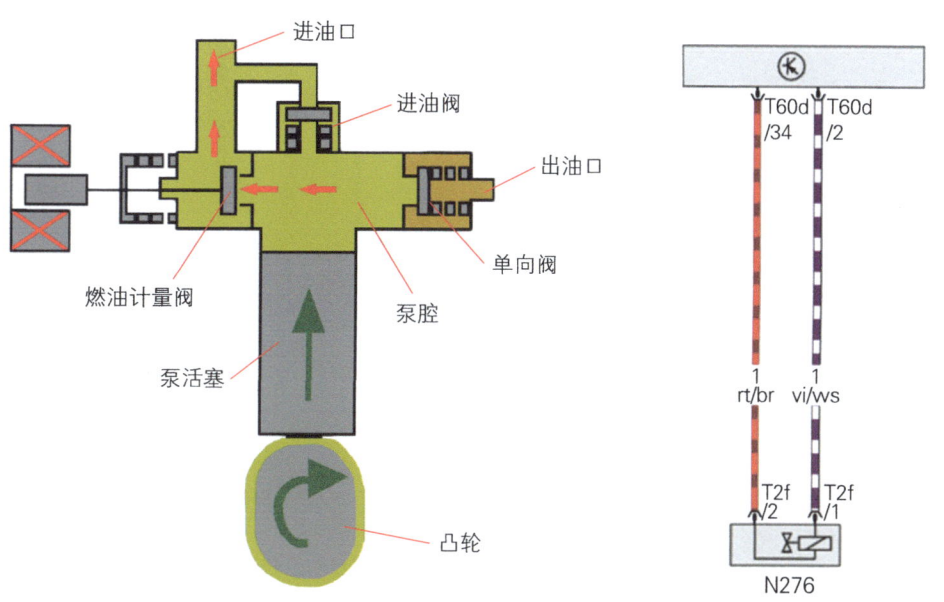

图 5-75 燃油压力调节器工作原理　　图 5-76 燃油压力调节器的电路

动时，燃油被压缩，高压燃油就被输送到燃油轨道内。高压油泵的单向阀用于防止燃油分配管内的压力卸掉。当燃油达到所需压力时，燃油压力调节器在供油升程结束前开启，使进油口的低压油道与泵腔内高压油通道连通，泵腔内的压力就会卸掉，燃油流回高压油泵的进油侧。燃油压力调节器（N276）的电路如图 5-76 所示。

## 六 电动燃油泵

燃油泵 ECU 通过 PWM 信号（脉冲调制宽度）控制电动燃油泵，它的位置如图 5-77 所示。它通常位于电动燃油泵输油管旁。它将低压燃油系统中的压力控制在 50~500kPa。暖机和冷机起动时，压力最高可升至 650kPa，根据系统的不同，该数值可能有所差异。燃油泵 ECU 电路如图 5-78 所示。如果燃油系统燃油耗尽或在装配工作期间打开，则燃油管路中会进入空气导致难以起动，需要对燃油供给系统排气。可以通过连接诊断仪，操作"燃油系统排气"功能完成排气。

图 5-77　燃油泵 ECU 位置

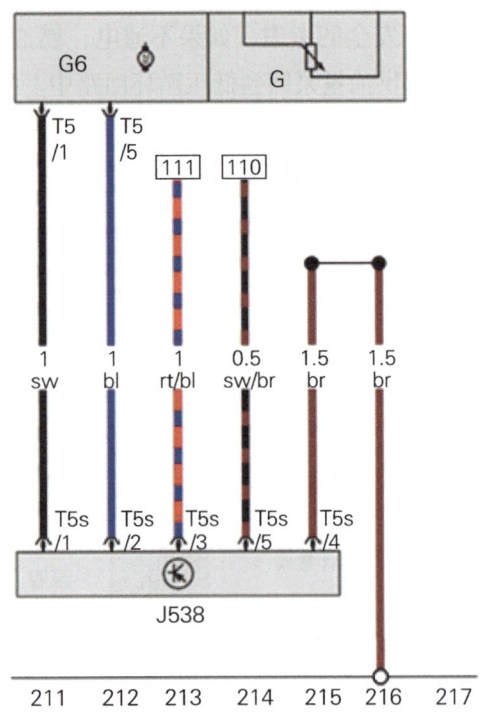

图 5-78　燃油泵 ECU 电路

110—连接发动机 ECU T90/10
111—连接 SB10 熔断器　G—燃油位置传感器
G6—电动燃油泵

## 七、进气歧管翻板电动机

为了增强涡旋效果，改善发动机进气效率，有的直喷发动机采用了进气歧管翻板。如图 5-79 所示，ECU 通过进气歧管翻板电动机控制进气翻板的打开或关闭。当发动机转速和负荷在一定范围时，例如奥迪 3.2I V6 FSI 发动机在转速低于 3750r/min 或发动机负荷低于 40% 时，进气歧管翻板是关闭的，进气翻板关闭并封住下进气道，于是空气运动就加速了，吸入的空气呈旋转状态进入气缸，如图 5-80 所示。在其他转速范围内，进气歧管翻板会保持打开状态，以免产生流动阻力并导致功率降低。当进气歧管翻电动机失灵时，ECU 无法调节进气歧管翻板，进气歧管翻板将处于打开位置。为了更有利于燃油和空气的混合，直喷发动机采用了表面有特殊轮廓形状的活塞，如图 5-81 所示。

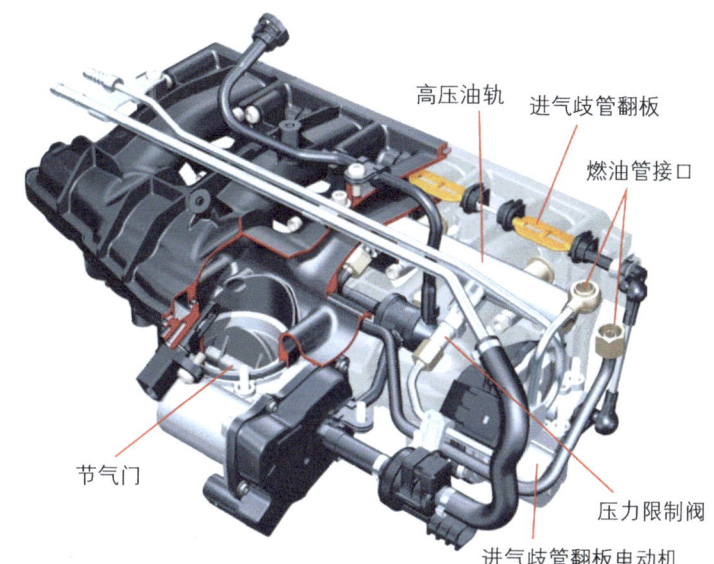

图 5-79 进气歧管翻板位置

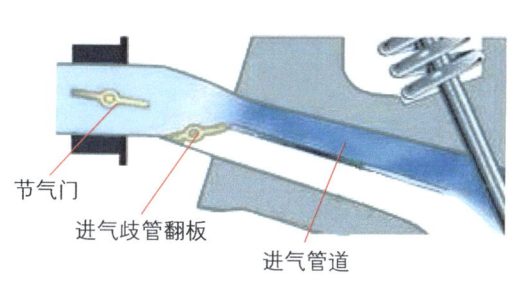

图 5-80 进气歧管翻板（关闭位置）工作原理图

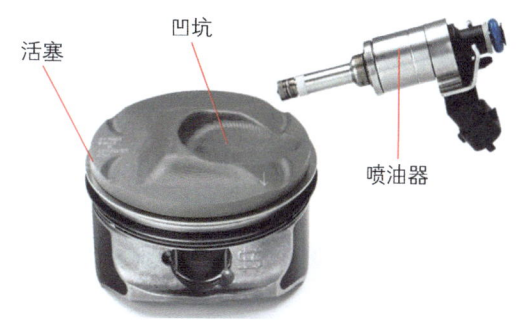

图 5-81 直喷发动机的活塞

## 八 柴油发动机的缸内直喷系统

传统柴油发动机喷油的压力随着发动机转速与喷油量的增加而增加，无法精确地控制喷油量，导致废气排放量大。这种柴油机喷射系统已经无法满足日益严格的排放法规和降低油耗的要求。

目前，电控柴油发动机普遍采用共轨系统，共轨系统是将燃油在高压下储存在高压的油轨中，从本质上克服了传统柴油机喷射系统的缺陷，可根据发动机不同的工况灵活控制喷射压力和喷油量，从而实现低转速高喷射压力，达到低速下高转矩、低排放及优化燃油经济性的目的。

如图 5-82 所示，ECU 根据加速踏板位置传感器、曲轴转速传感器等信号推算出理想的喷油量和喷油时间，控制带有电磁阀的喷油器精确喷油，从而达到更好的排放性能，更低的燃油消耗率。

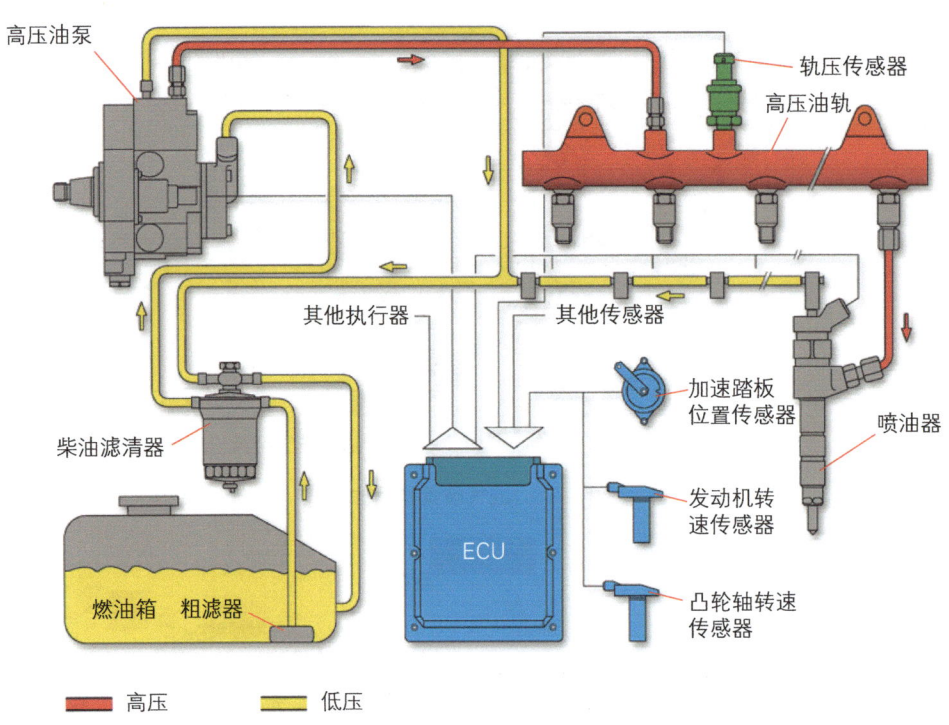

图 5-82 电控柴油发动机燃油喷射控制系统

# 第六章
# 点火系统的结构和原理

## 第一节　点火系统的作用和原理

 点火系统的作用

由于汽油自燃温度高，难以被压燃，因此汽油发动机设置了点火系统，采用电火花点燃可燃混合气，如图 6-1 所示。点火系统的作用是将电源供给的低压电转变为高压电，并按照发动机的做功顺序与点火时间的要求，适时、准确地配送给各缸的火花塞，在其间隙处产生电火花，点燃气缸内的可燃混合气。

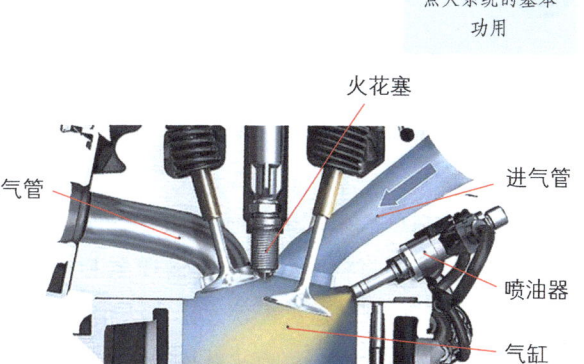

图 6-1　点火系统作用

 传统点火系统的工作原理

点火系统根据工作原理分为传统点火系统、电子点火系统和微机控制点火系统。传统点火系统的工作原理如图 6-2 所示，电流从蓄电池正极到初级绕组、断电器、蓄电池负极。当断电器断开时，初级绕组电路被切断，初级绕组中电流下降为零，在点火线圈次级绕组中产生感应电压，此感应电压称为次级电压，次级电压经高压线传递给火花塞，击穿火花塞间隙后产生火花，点燃混合气。

传统点火系统及后来发展的电子点火系统由于控制精度不高已经被淘汰。

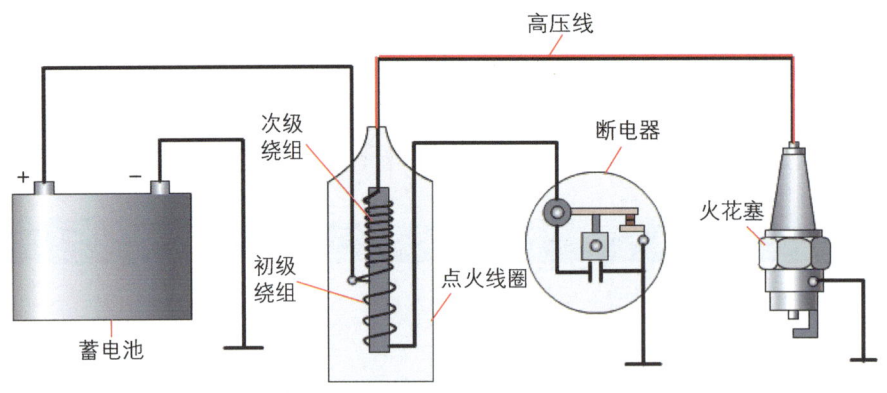

图6-2 传统点火系统的工作原理

## 三　微机控制点火系统的工作原理

微机控制点火系统即电控点火系统，这种点火系统的点火提前角由微机控制，从而使发动机在各种工况下都具备最佳的点火提前角，提高了发动机的动力性和经济性，且保证排放污染物最少。

微机控制点火系统的组成如图6-3所示，发动机工作过程中，曲轴位置传感器、节气门位置传感器等将检测到的信号输送至ECU。ECU根据各传感器信号确定出最佳点火提前角，并在适当时刻向点火模块发出点火信号。点火模块通过其内部的功率晶体管控制点火线圈初级电路周期性通断，点火线圈产生高电压使火花塞跳火，点燃缸内的可燃混合气。

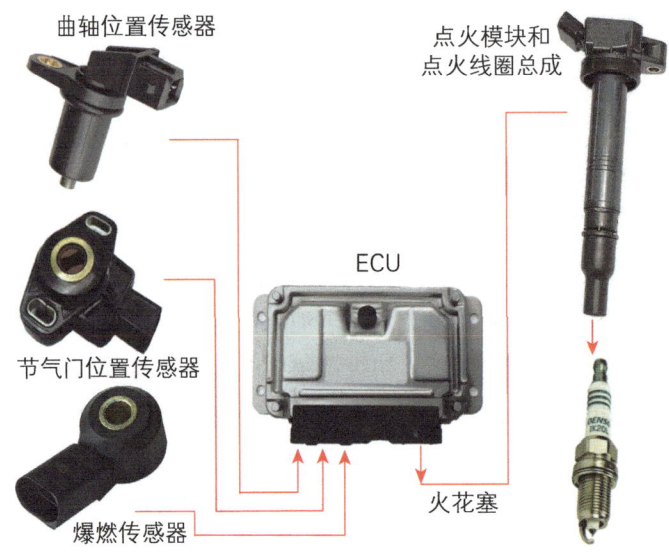

图6-3 微机控制点火系统的组成

## 四 对点火系统工作的要求

点火系统要点燃气缸内的可燃混合气,让发动机正常工作,必须具备足够高的击穿电压、点火能量和适时点火。

如图 6-4 所示,能使火花塞两电极间产生电火花的足够高的电压称为击穿电压,击穿电压一般为 10~20kV。气缸内可燃混合气的压力与温度、火花塞电极的间隙及温度、发动机工况等都会影响击穿电压。发动机正常工作时,点火能量很小就能点燃混合气,而发动机起动、怠速和急加速时,由于低温、混合气浓度等的影响,需要很高的点火能量才能点燃混合气。

图 6-4 电火花的产生

点火系统首先应满足发动机工作顺序的点火要求,例如,一般直列四缸发动机点火顺序为 1-3-4-2。其次,必须在最佳的时刻进行点火。点火时刻用点火提前角来表示,点火提前角是指从火花塞产生电火花到活塞运行至上止点时曲轴转过的角度。通常把发动机发出最大功率和最小油耗时的点火提前角称为最佳点火提前角。最佳点火提前角随发动机转速升高而加大,随负荷增大而减小。汽油辛烷值越高,其抗爆性能越好,不易产生爆燃,故可以增大点火提前角。

## 第二节 点火系统的结构与组成

### 一 火花塞

火花塞的作用是将高压电引入气缸燃烧室,产生电火花来点燃混合气。汽油发动机混合气在压缩以后,需要点燃才能"引爆"。安装在气缸上的火花塞就是扮演"引爆"的角色。火花塞点火的原理类似雷电,其头部有中心电极和侧电极,两个电极之间有个约为 0.9~1.3mm 的间隙,当通电时能产生高达上万伏的电火花,可以瞬间"引爆"气缸内的可燃混合气。

火花塞的结构如图 6-5 所示,它由绝缘体、金属杆、中心电极、侧电极等组成。金属杆上部安装带有螺母的接线螺杆,中间用绝缘瓷管绝缘,下部是中心电极。中心电极与金属杆之间是导体玻璃密封剂,它既要能够导电,也要能承受混合气燃烧的高压,还要抑制无线电干扰,同时又要保证其密封性。

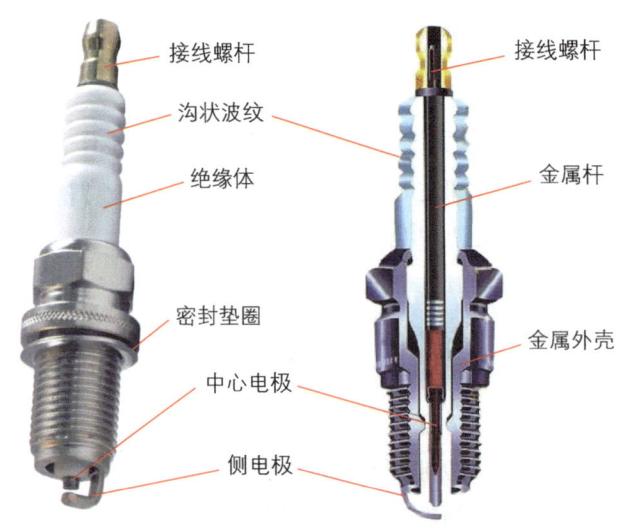

图 6-5 火花塞结构

火花塞的热值表示其散热快慢，数值越大，散热就越快，不同的发动机要求使用的火花塞不同，必须匹配。轿车的行驶速度快，压缩比高，一般需用热值较高的冷型火花塞。如图 6-6 所示，热型火花塞适用于中低速、低压缩比的小功率发动机。能够大量散热的火花塞称为冷型火花塞，也就是高热值火花塞。冷型火花塞的绝缘体裙部相对较短，由于散热途径比较短，散热相对较多，所以不易造成中心电极温度的上升。

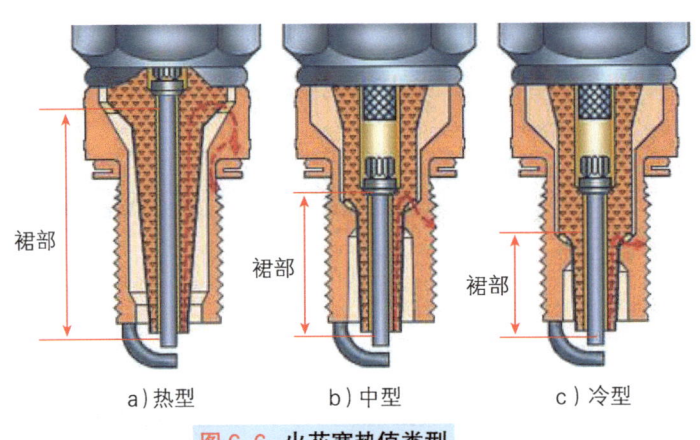

图 6-6 火花塞热值类型

点火线圈的功用是将 12V 的低压电转变成 15~20kV 的高压电。火花塞要点火，就需要为它提供高压电，而蓄电池只能提供 12V 的电压，为此，需要采用点火线圈将 12V 的低压提高到 15~20kV。

点火线圈实际上是一个升压变压器，它由初级绕组、次级绕组和铁心等组成，如图6-7所示，通过绕组自感和互感原理实现电压升高，当初级绕组中的电流被切断时，次级绕组中产生高压。随着点火系统的发展，现在车上使用闭磁路点火线圈，这种点火线圈体积小、重量轻、对无线电的干扰小，其结构如图6-8所示。

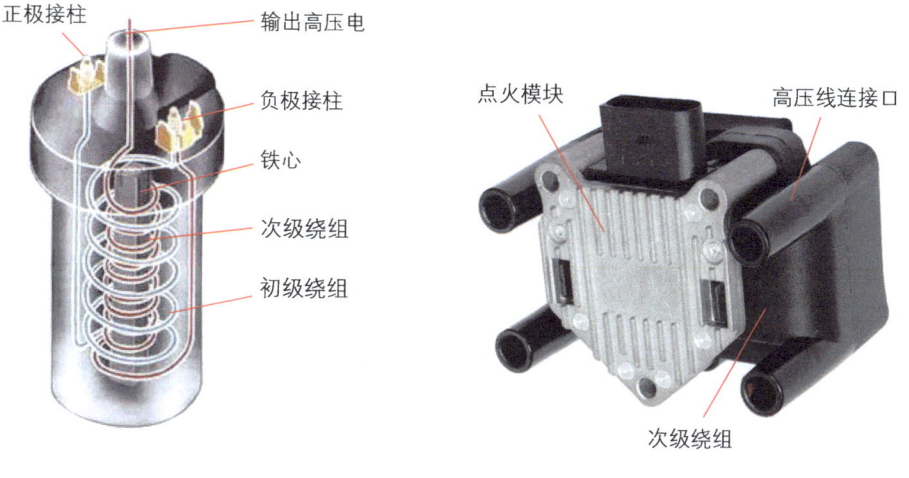

图6-7 点火线圈结构　　　　　　　图6-8 闭磁路点火线圈

控制汽车点火线圈工作的控制器俗称点火模块，点火线圈按发动机ECU的指令，在指定的时刻，产生对应工况所需的能量实现点火。有的点火模块还提供给ECU反馈信号，供ECU判断点火线圈工作是否正常。例如，1ZR发动机ECU如果没有接收到反馈信号，只控制喷油器喷油3s便停止喷油。

目前，普遍使用每缸都有点火线圈的单缸独立点火系统，点火线圈组件上还集成了高压线、点火控制器等功能。如图6-9所示，单缸独立点火系统每个气缸由一个点火线圈点火，

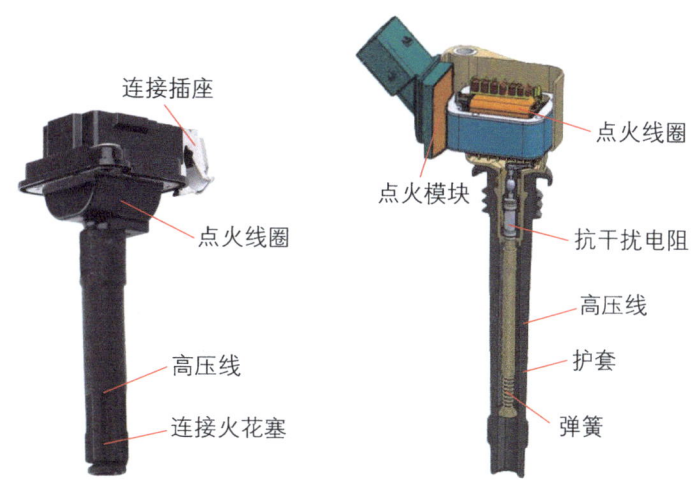

图6-9 点火线圈－点火模块总成

火花塞连接在各个点火线圈次级绕组的末端。点火线圈次级绕组中产生的高电压直接作用到各个火花塞上。

单缸独立点火系统工作原理如图 6-10 所示，电路图如图 6-11 所示。ECU 确定点火正时并向每个气缸发送点火信号 IGT。ECU 根据 IGT 信号接通或关闭点火模块内的功率晶体管的电源。功率晶体管进而接通或断开流向初级绕组的电流。当初级绕组中的电流被切断时，次级绕组中产生高压。此高压被施加到火花塞上并使其在气缸内部产生火花。一旦 ECU 切断初级绕组电流，点火模块会将点火确认 IGF 信号发送回 ECU，用于各气缸点火。初级电

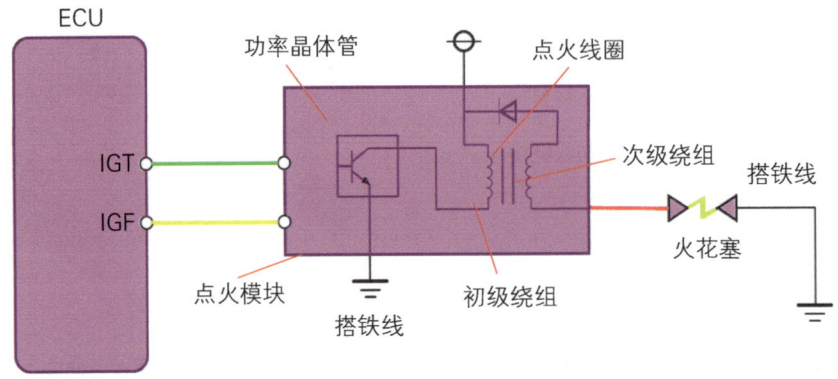

图 6-10 单缸独立点火系统

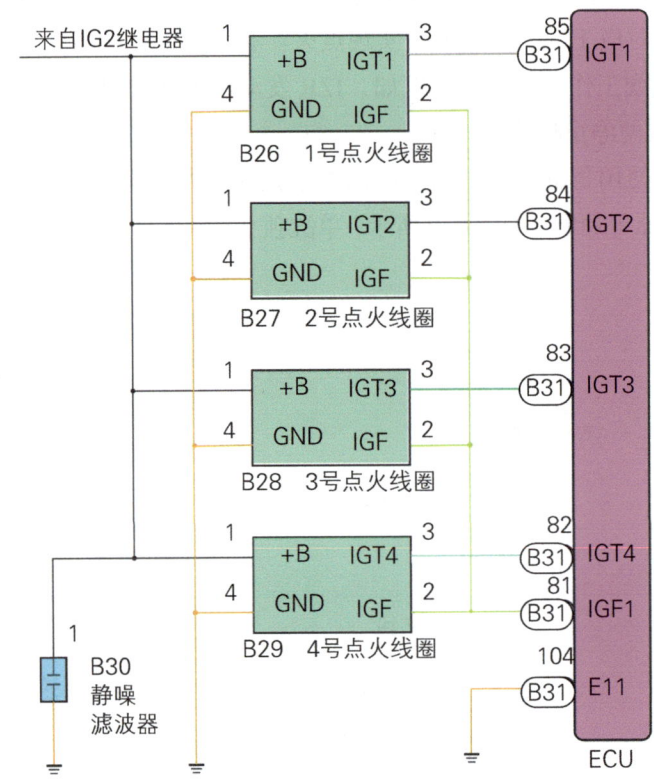

图 6-11 点火系统电路图

流中断产生的反电动势，使这个电路传送一个 IGF 信号至 ECU，ECU 由这个信号检测到点火是否实际发生。这个信号用于诊断和失效保护功能。

## 三 曲轴位置传感器

发动机曲轴位置传感器也称为曲轴转速传感器，它是非常重要的传感器，发生故障后会影响发动机起动。发动机曲轴位置传感器的作用是感应并传输曲轴转速及位置信号给 ECU，作为 ECU 控制点火和喷油的主要依据之一。常见的曲轴位置传感器有电磁式和霍尔式。

### 1. 电磁式曲轴位置传感器

电磁式曲轴位置传感器结构如图 6-12 所示，它主要包括信号轮和传感器本体，信号轮有 N 个齿，其缺齿位置用于判别曲轴的相对位置。信号轮旋转时，随着每个齿经过曲轴位置传感器，便产生一个脉冲信号，ECU 根据此信号计算出曲轴位置和发动机转速。卡罗拉 1ZR 发动机曲轴位置传感器电路如图 6-13 所示，NE+、NE- 分别是该传感器信号的正极、负极。

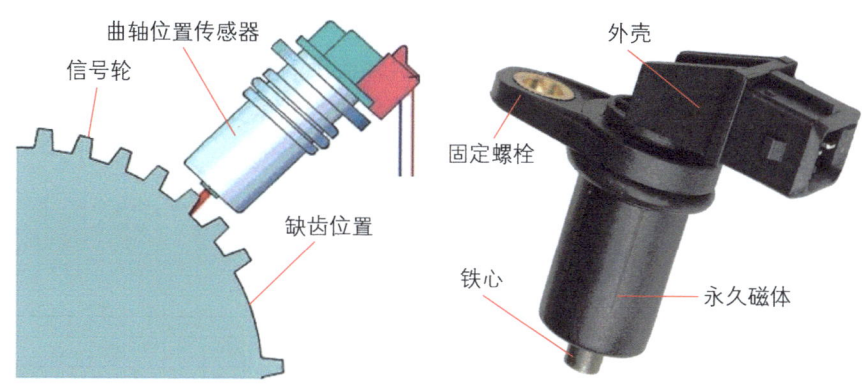

图 6-12 电磁式曲轴位置传感器

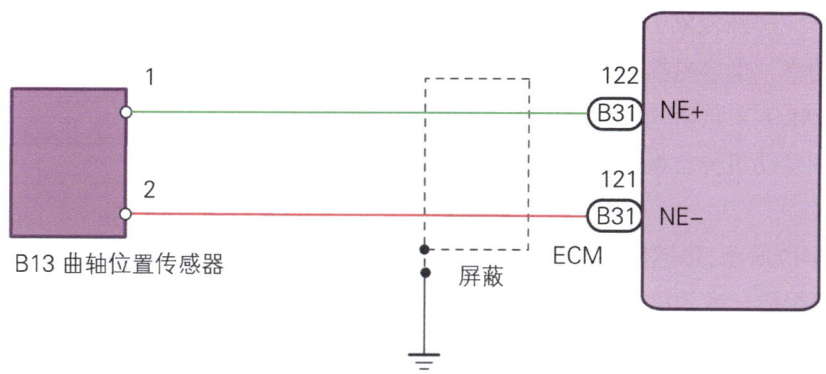

图 6-13 卡罗拉 1ZR 发动机曲轴位置传感器电路

## 2. 霍尔式曲轴位置传感器

如图 6-14 所示，霍尔式和电磁式曲轴位置传感器外形基本相同，它也是包括信号轮和传感器本体。霍尔式曲轴位置传感器应用霍尔效应制成，如图 6-15 所示。当电流垂直于外磁场通过导体时，垂直于电流和磁场的方向会产生附加电场，从而在导体的两端产生电势差，这一现象就是霍尔效应，这个电势差也被称为霍尔电势差。

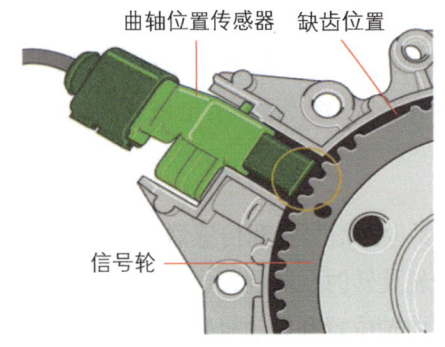

图 6-14 霍尔式曲轴位置传感器

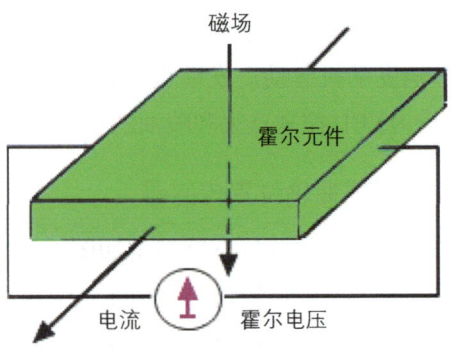

图 6-15 霍尔效应

霍尔式曲轴位置传感器电路如图 6-16 所示，连接端子 1 和端子 3 的两条线分别为霍尔式曲轴位置传感器的正、负极线，连接端子 1 的接线为霍尔式曲轴位置传感器的信号线。

## 四、爆燃传感器

发动机如果点火太迟，燃烧是在活塞下行时进行的，炽热的气体与气缸壁接触面积增加，这会导致发动机过热和功率下降。发动机如果点火太早，混合气在火焰还没有到达之前就自行发火，发动机这时会产生一种高频金属敲击声，这种现象（称为爆燃，俗称爆震）既减小了发动机功率，也容易损坏发动机。发动机采用了爆燃传感器（KNK）来预防这种情况发生，爆燃传感器的作用是检测到发动机异常振动，并将振动转化为电信号，传输给 ECU。

如图 6-17 所示，爆燃传感器（KNK）安装在气缸体上，监测发动机爆燃。发动机发生爆燃时，发动机 ECU 利用 KNK 信号延迟点火正时，以防止爆燃。爆燃传感器有一个压电元件，当由于爆燃使气缸体振动导致压电元件

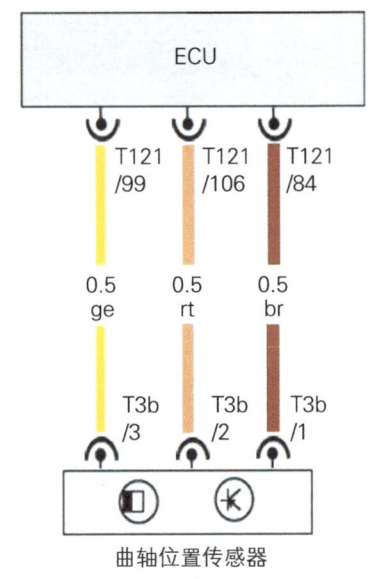

图 6-16 霍尔式曲轴位置传感器电路

变形时，压电元件就产生一个电压，发动机 ECU 据此电压判断是否发生爆燃。若发动机 ECU 判断发动机发生爆燃，就延迟点火正时，若爆燃停止，达到一段预定的时间后，点火正时再次提前。

爆燃传感器结构如图 6-18 所示，发动机振动时，通过外壳带动其内部的铁心振动，铁心产生位移，使通过感应线圈的磁路发生变化，通过线圈的磁通量也随之发生变化，线圈产生感生电动势，这就是传感器输出的电压信号。

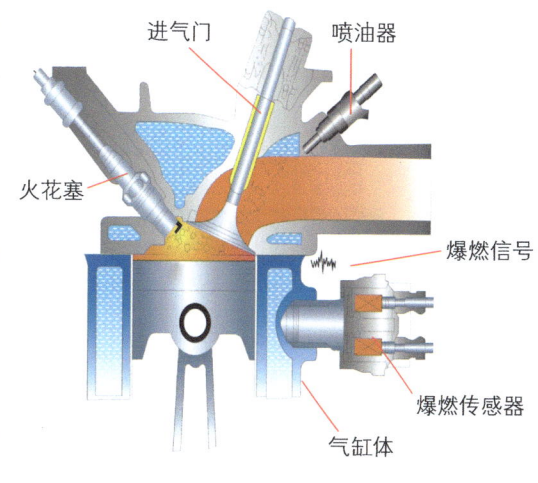

图 6-17 爆燃传感器功能

检查爆燃传感器时，需要检查如图 6-19 所示电路中爆燃传感器和 ECU 之间的线束有无断路，信号线 KNK1-2 有无对地短路。点火开关置于 ON 时，检查两端子之间的电压应为 4.5~5.5V。在 20℃时，检查两端子之间的电阻值，应为 120~280Ω。

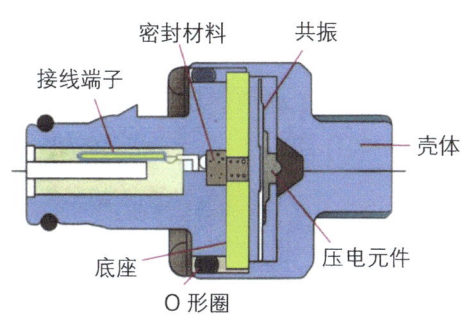

图 6-18 爆燃传感器结构

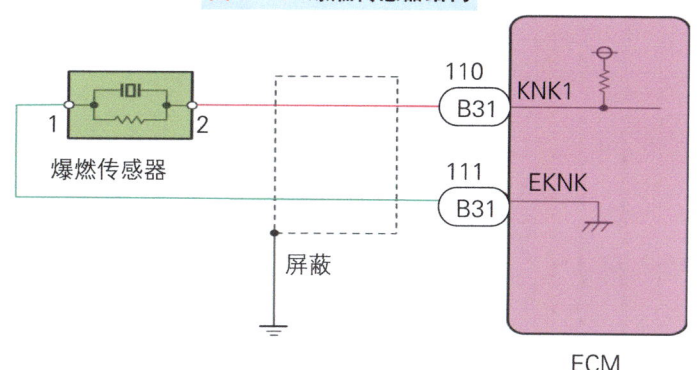

图 6-19 卡罗拉 1ZR 发动机爆燃传感器电路

丰田卡罗拉 1ZR 发动机爆燃传感器产生的信号通过连接其 2 号端子的接线传给 ECM，ECM 通过连接其 1 号端子的接线为其提供搭铁。

# 第七章
# 润滑系统的结构和原理

## 第一节 润滑系统的作用和原理

### 一、润滑系统的作用

润滑系统作用

发动机润滑系统的功能包括润滑、冷却、清洗、密封、防锈等。如图7-1所示，润滑油（也称机油）的润滑作用是在两零件的工作表面之间加入一层润滑油使其形成油膜，将零件完全隔开，处于完全的液体摩擦状态。此外，还可以设置专门的机油喷嘴，如图7-2所示，对活塞进行冷却。机油还可以带走热量，有冲洗零件表面带走金属屑、增强活塞环和气缸壁密封性、防止零件生锈、作为液压介质等作用。

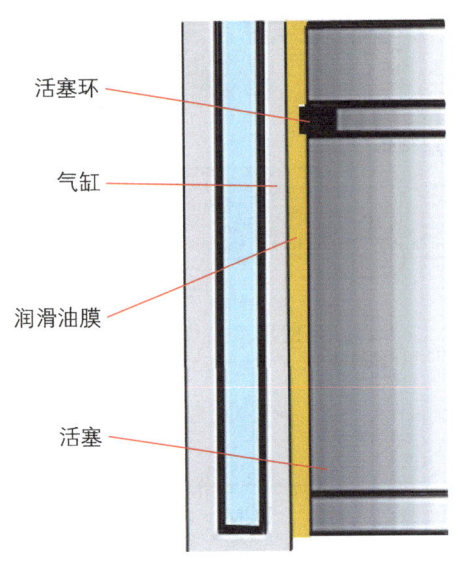

图7-1 机油的润滑作用

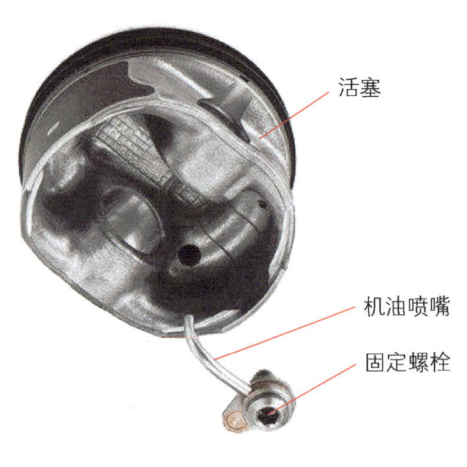

图7-2 机油对活塞的冷却作用

## 二 发动机的润滑方式

发动机零件表面的润滑，按其供油方式可分为压力润滑和飞溅润滑。如图 7-3 所示，压力润滑是用机油泵将机油运送到需要润滑处，机油形成油膜以保证零件的润滑，例如曲轴主轴承、凸轮轴轴承等处承受的载荷及相对运动速度较大，需要采用压力润滑。如图 7-4 所示，飞溅润滑是利用运动零件飞溅起来的油滴或油雾来润滑零件摩擦表面。负荷较轻的气缸壁、活塞环等处采用飞溅润滑。

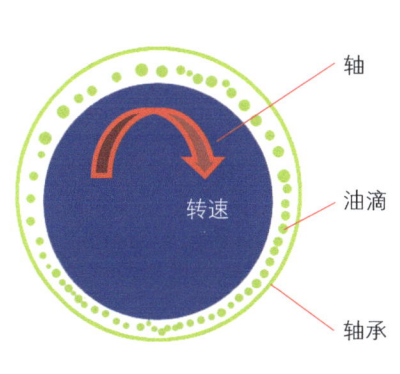

图 7-3　压力润滑

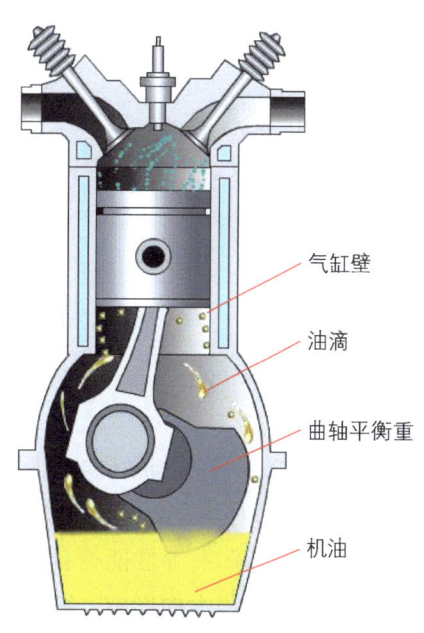

图 7-4　飞溅润滑

## 三 发动机的润滑油路

润滑系统一般由机油、机油泵、旁通阀（未示出）、油底壳、机油滤清器、机油散热器（未示出）等组成，如图 7-5 所示。发动机工作时，机油泵通过集滤器及油道从油底壳吸取机油，被吸取的机油一部分经旁通阀流回油底壳，第二部分机油经过机油滤清器和气缸体主油道，到达曲轴主轴承、连杆轴承等处，第三部分机油经过机油滤清器、气缸体主油道、缸盖油道等，到达凸轮轴、液压挺柱等处，第二、第三部分机油润滑、清洗完零件后流回油底壳。

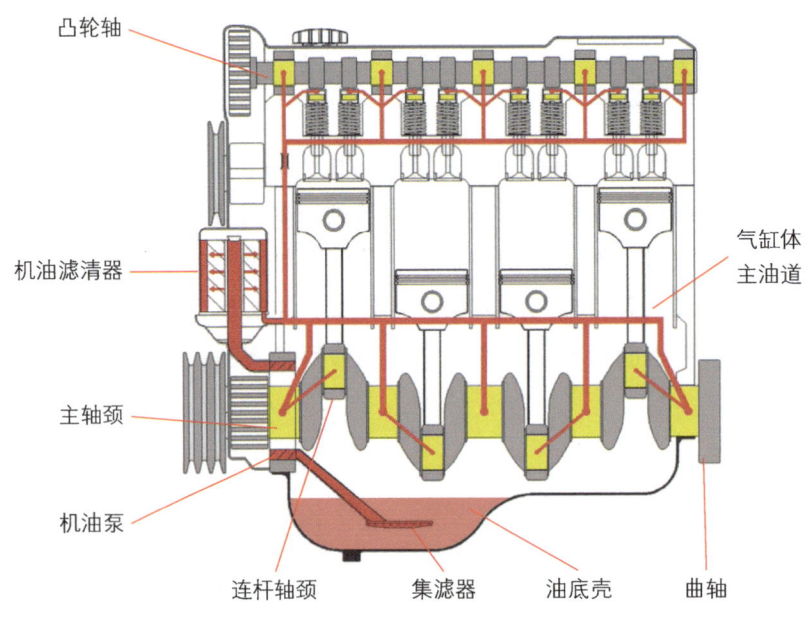

图 7-5 润滑系统组成

## 四　发动机润滑油

发动机润滑油简称机油，机油被喻为"发动机的血液"，发动机特殊的运行环境，要求机油黏度、抗氧化性、防腐性、清净分散性、抗泡沫性等性能符合规定的要求。机油的黏度对发动机性能有很大的影响。黏度过大，冷起动时发动机运行阻力大，起动困难，机油也不容易泵送到摩擦表面；黏度过小，在高温、高压下容易从摩擦表面流失，不能形成足够厚度的油膜。

如图 7-6 所示，正常的机油呈半透明的黄棕色，机油中含水会变成乳白色。机油有很多类型，我国国家标准参照国际通用的 API（美国石油学会）使用分类法和 SAE（美国工程师学会）黏度分类法。

图 7-6　机油

我国机油参照 API 使用分类方法，采用两个字母组合表示发动机机油的工作能力。"S" 开头系列代表汽油机用机油，一般规格依次由 SA 至 SN，每递增一个字母，机油的性能都会优于前一种。如图 7-7 所示，通常机油瓶上有机油型号和级别标示。"C" 开头系列代表柴油机用机油，若 "S" 和 "C" 两个字母同时存在，则表示此机油为汽柴通用型机油。

第七章 润滑系统的结构和原理

机油型号
机油级别
机油量

**小贴士：** 在汽车用户使用手册上有使用和更换机油的相关规定，需选择不低于规定标号的机油。例如手册上规定使用"15W-40 API SL"的机油，选择机油时，机油分级要不低于 SL 级，机油低温指数不大于 15，高温指数不小于 40。

图 7-7 机油型号和级别

我国机油黏度分类法参照 SAE 黏度分类方法，将机油分为冬季用油（W 级）和非冬季用油。为增大机油对季节和气温的适应范围，国家标准还规定了多级油的黏度级别。例如"5W-30"中，"W"表示 Winter（冬季），其前面的数字越小说明机油的低温流动性越好。"W"后面的数字代表机油在 100℃时的运动黏度，数值越高说明黏度越高。

在使用车辆时，需经常检查机油。在平坦地方停机至少 5min 以后，拔出机油尺并擦干净，机油尺位置如图 7-8 所示。重新把机油尺插入导孔后拔出检查，机油量应该位于上限和下限刻度之间，如图 7-9 所示。需注意检查机油尺时，机油尺不宜过平，机油尺两面显示油量不一致时，应以低刻度为准。

机油尺
机油滤清器

图 7-8 机油尺位置

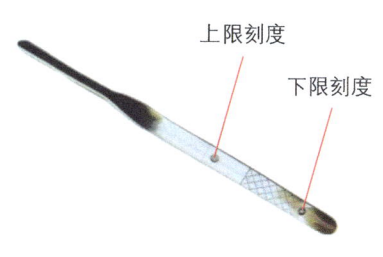

上限刻度
下限刻度

图 7-9 机油量的检查

检查机油质量时：不应出现乳白色，不应有汽油的气味，不应含有金属杂质，用手指感觉其黏度应正常。机油在使用过程中，由于高温氧化及燃烧产物混入等原因，会劣化变质，导致润滑性能下降，因此，通常每行驶5000km后需要更换机油。

## 第二节　润滑系统的结构与组成

### 一、机油泵

机油泵将机油提高到一定压力后，强制地将其压送到发动机各摩擦表面。机油泵一般安装在曲轴箱内，由曲轴、凸轮轴或中间轴驱动。汽车发动机多采用齿轮式机油泵和转子式机油泵。新型发动机多数采用了变排量机油泵。

#### 1. 齿轮式机油泵

齿轮式机油泵有外啮合式和内啮合式。外啮合齿轮式机油泵结构如图7-10所示，主动齿轮轴通过中间轴或凸轮轴、曲轴获得动力，然后将动力传给主动齿轮、从动齿轮。泵壳用螺栓安装在曲轴箱内。

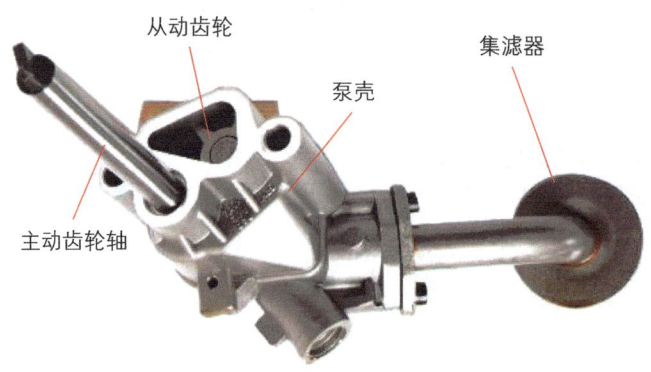

图7-10　外啮合齿轮式机油泵结构

齿轮式机油泵工作时，齿轮按图7-11所示方向转动，进油腔的容积因齿轮脱离啮合的方向而增大，进油腔内因此产生真空度吸进机油。随着齿轮的转动，轮齿间的机油进入出油腔。出油腔的容积因齿轮进入啮合的状态而减小，油压升高，机油便经出油口被压送到润滑油道中。

内啮合齿轮式机油泵和外啮合齿轮式机油泵工作原理基本相同，但它们结构不同，内啮合齿轮式机油泵工作原理如图 7-12 所示，主动小齿轮与内齿圈的中心线不重合，啮合后形成的空腔内安装了月牙形块。月牙形块将小齿轮和内齿圈隔开，形成进油腔和出油腔。

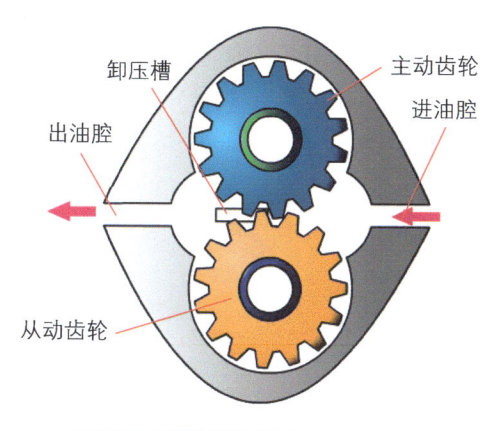

图 7-11 外啮合齿轮式机油泵工作原理

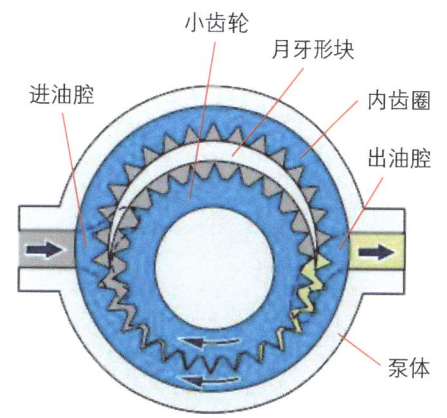

图 7-12 内啮合齿轮式机油泵工作原理

### 2. 转子式机油泵

如图 7-13 所示，转子式机油泵由壳体、内转子、外转子等组成。内转子由曲轴齿轮直接或间接驱动，内转子和外转子有一定的偏心距，使得内、外转子间形成四个工作腔，随着转子的转动，这四个工作腔的容积是不断变化的，从而完成吸油和压油的过程。

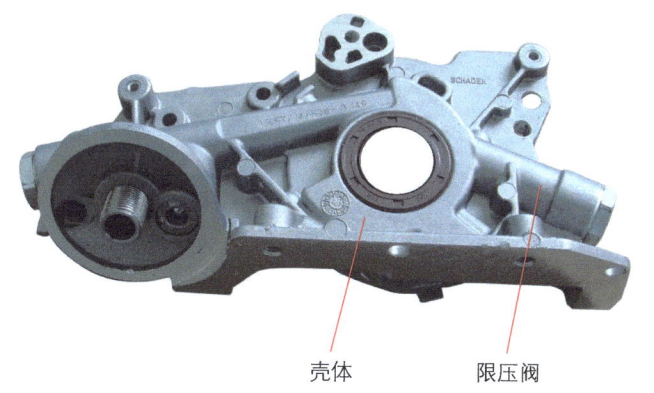

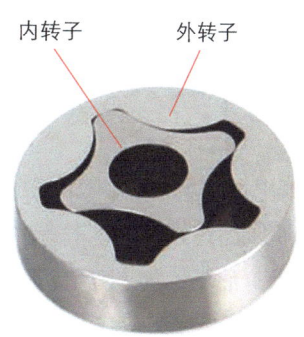

图 7-13 转子式机油泵

### 3. 变排量机油泵

当发动机的转速逐渐上升时，机油泵泵油量和压力会随着转速的增加而增加。因为泵油量和压力满足润滑需要后，继续增加就会多消耗一部分发动机功率，所以需要采用变排量机油泵。采用变排量机油泵一般能降低乘用车发动机 1%~2% 的燃油消耗。如图 7-14 所示，变排量机油泵采用叶片泵，由转子、滑阀、叶片、调节油室、机油压力控制电磁阀等组成。机油压力控制电磁阀安装在主油路上，由 ECU 控制。

如图 7-15 所示，当发动机低速工作时，ECU 控制机油压力控制电磁阀使调节油室的油压降低，此时，弹簧推动滑阀向左移动，进油腔容积大，机油泵排量大，满足发动机润滑的需求。当发动机高转速工作时，ECU 控制机油压力控制电磁阀使调节油室的油压增加，滑阀向右移动，进油腔容积小，机油泵排量小，避免回流，减少能耗。

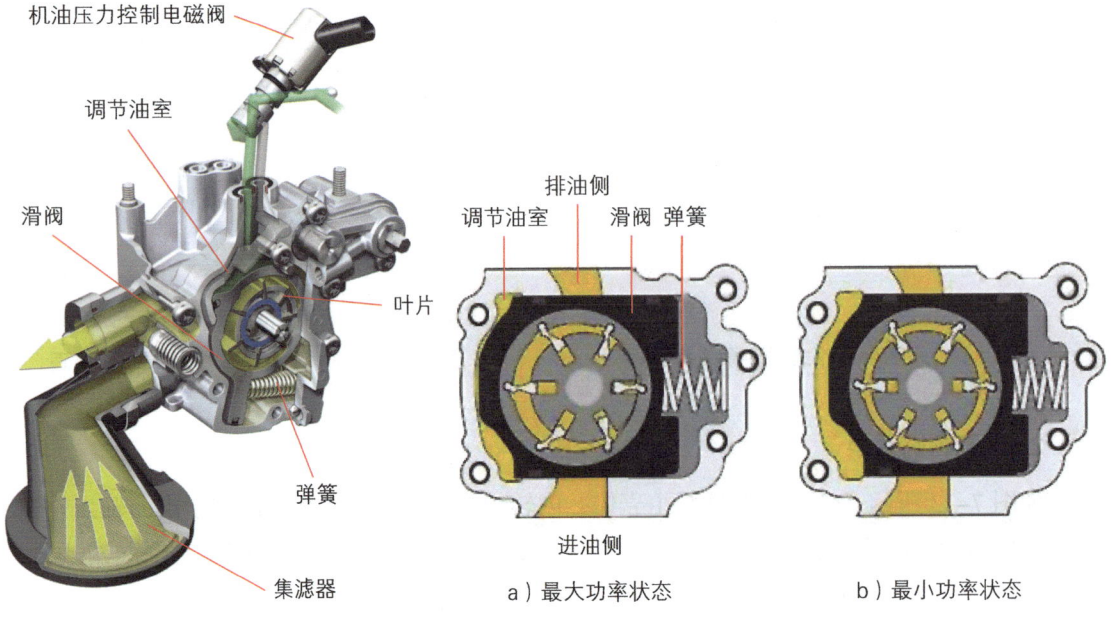

图 7-14 变排量机油泵　　　　　　　　图 7-15 变排量机油泵工作原理

## 二　限压阀

如图 7-16 所示，限压阀一般安装在机油泵上，限压阀包括柱塞（或球阀）、弹簧和螺塞。当主油压超过规定时，柱塞克服弹簧压力被顶开，限压阀打开，泄去部分压力以维持主油道内的正常油压，如图 7-17 所示。

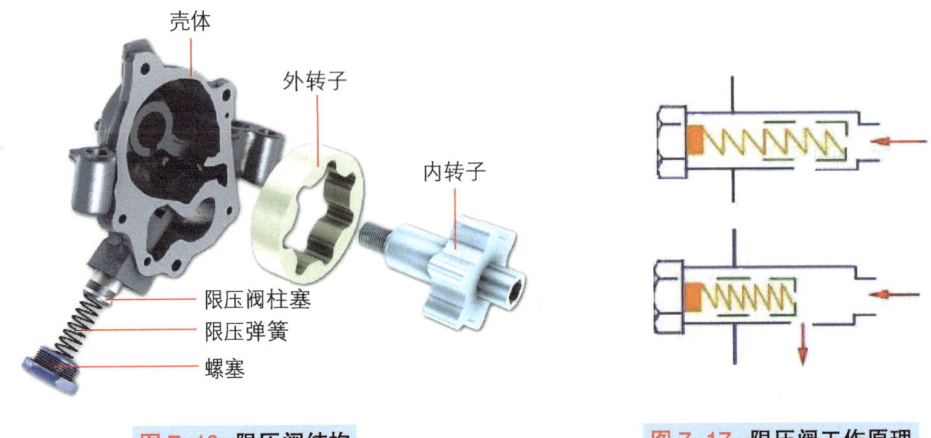

图 7-16 限压阀结构　　　　　　　　图 7-17 限压阀工作原理

## 三、机油滤清器

为使机油泵很好地工作,在机油泵前端安装了机油集滤器,以便过滤较大的杂质,其结构如图 7-18 所示。发动机工作过程中,金属磨屑和积炭等杂质不断混入机油。为了保证润滑作用,机油在送到摩擦表面前,必须经过严格地滤清。

机油滤清器结构如图 7-19 所示,它包括外壳、滤芯、旁通阀等构件,可以滤掉机械杂质和胶质等杂质,保持机油的清洁,延长其使用期限。在机油滤清器内部设置有旁通阀,滤芯堵塞后,机油可以经过旁通阀直接送出。通常,机油和机油滤清器需要在行驶 5000~10000km 后更换。

图 7-18 机油集滤器

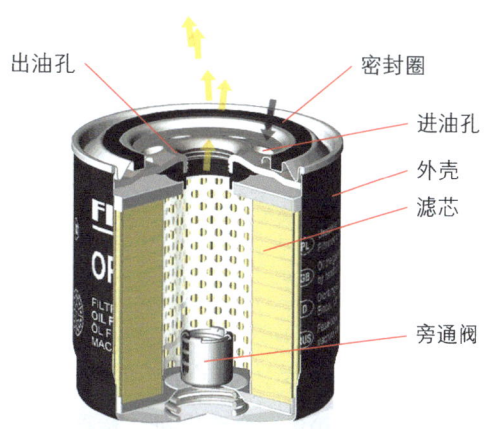

图 7-19 机油滤清器结构

## 四、油底壳

油底壳用来容纳和冷却机油。如图 7-20 所示,油底壳多由薄钢板冲压而成,内部装有稳油挡板,有利于机油杂质的沉淀。放油螺塞的拧紧力矩不能过大,否则容易造成油底壳损坏,1ZR 发动机油底壳放油螺塞拧紧力矩为 37 N·m。

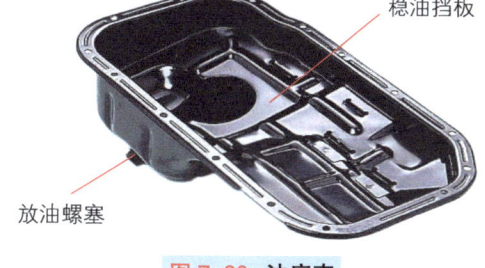

图 7-20 油底壳

发动机运转时,由于机油黏度随温度升高而变低,降低了润滑能力。在大功率发动机上,由于热负荷大,必须装有机油冷却器。如图 7-21 所示,机油冷却器通常采用水冷式,它的作用是冷却机油,以保持油温在正常工作范围之内,保持机油正常的黏度。

直喷发动机的工作温度更高，有的发动机气缸体下部装有机油冷却喷管（图7–22），通过向活塞内腔喷射机油以帮助活塞冷却散热，这对减轻发动机爆燃倾向有明显作用。如果机油冷却喷管堵塞，活塞就会积热升温，也易导致活塞烧顶损坏。

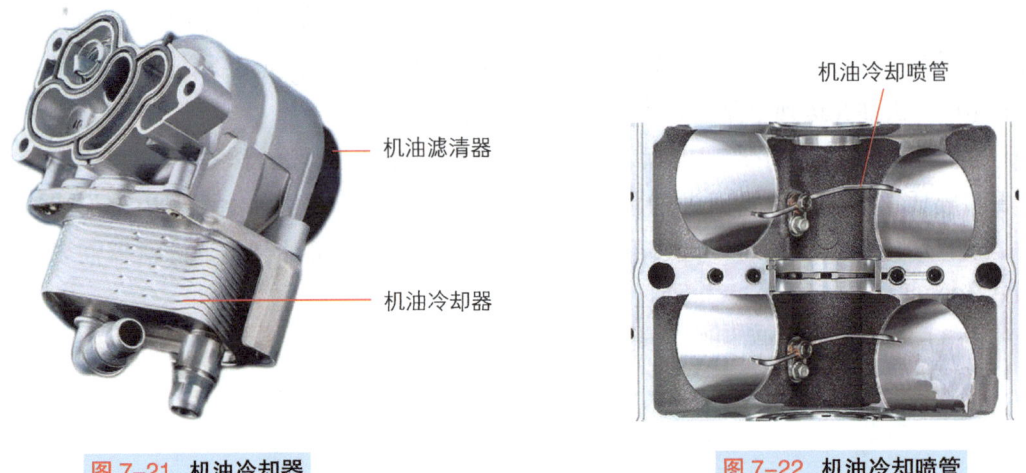

图7–21　机油冷却器

图7–22　机油冷却喷管

## 五　曲轴箱通风装置

在发动机工作时，燃烧室内的高压可燃混合气和已燃气体，或多或少会通过活塞与气缸壁之间的间隙窜入曲轴箱内，会造成机油稀释，降低机油的使用性能，形成油泥而阻塞油路，使曲轴箱的压力过高而破坏曲轴箱的密封等危害。为此，发动机上设置了曲轴箱通风装置。

目前发动机上普遍采用强制式曲轴箱通风装置，如图7–23所示，曲轴箱内的混合气通过曲轴箱强制通风阀（PCV阀）及通风软管导向进气管，返回气缸重新燃烧，这样既可以减少排气污染，又提高了发动机的经济性。

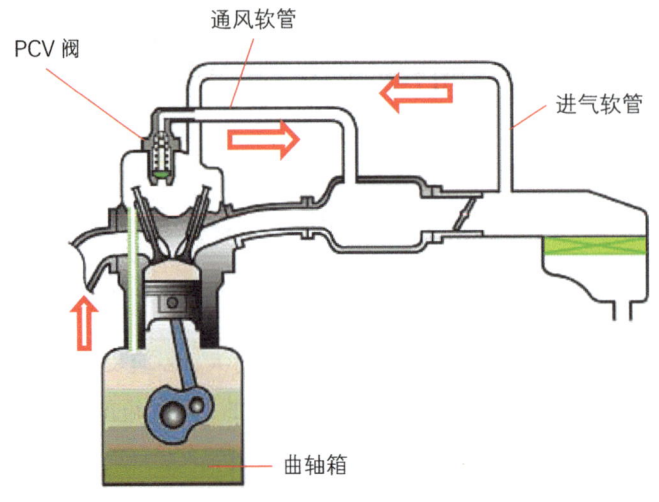

图7–23　曲轴箱通风装置

PCV 阀属于单向计量阀，它可以控制通气量的大小，还可以防止气体或火焰反向流动。如图 7-24 所示，PCV 阀安装在气门室盖上。如图 7-25 所示，在发动机不工作时，PCV 阀在弹簧作用下保持截止状态。在发动机工作时，进气管的真空度作用在 PCV 阀上，怠速时真空度大，通流面积小，大负荷时真空度小，通流面积大。

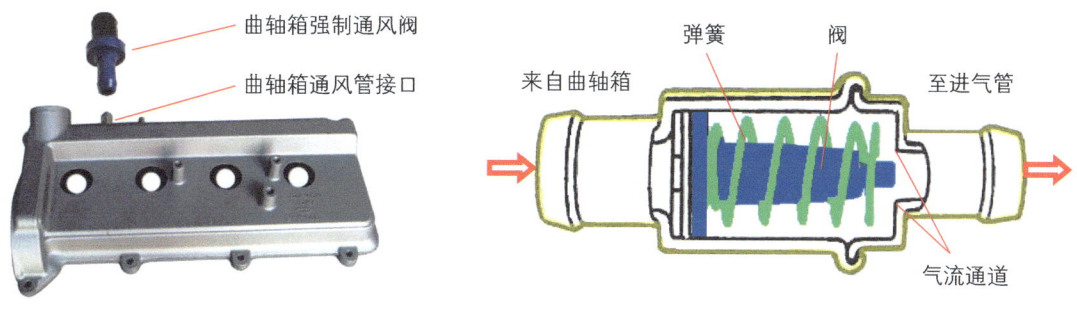

图 7-24　曲轴箱强制通风阀位置　　　　图 7-25　曲轴箱强制通风阀工作原理

曲轴箱排放物经过油气分离器后，机油从混合气体中分离出来，回到油底壳，气体进入进气管。如图 7-26 所示，有的油气分离器设置在气门室盖内部，让油雾撞击在其迷宫板上，渐渐汇集成比较重的机油油滴。如图 7-27 所示，有的油气分离器安装在气门室盖外，便于清理和更换。

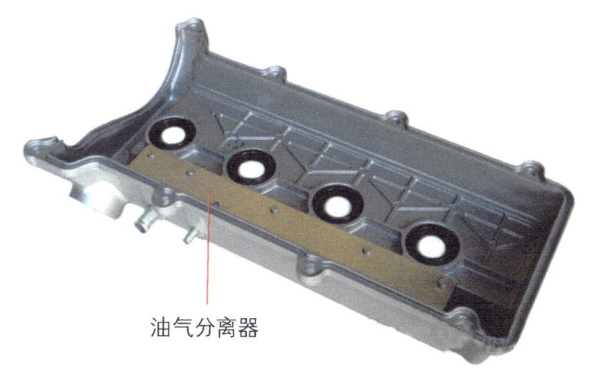 

图 7-26　气门室盖内部的油气分离器　　　　图 7-27　外置的油气分离器

# 第八章
# 冷却系统的结构和原理

## 第一节 冷却系统的作用和原理

### 一、冷却系统的作用

混合气在气缸中燃烧后产生大量热能,大量的热能不会全部转化成动能,一部分热能随废气排出,另一部分传到发动机机体上。发动机机体、一部分零部件、润滑系统和燃料在正常温度(一般为 80~90℃)时,才能发挥出最佳状态。冷却系统可以保持发动机在正常的温度下工作,如图 8-1 所示。

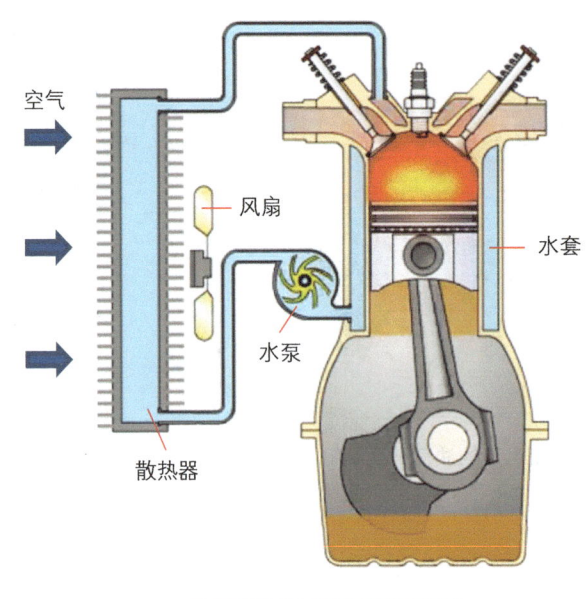

图 8-1 冷却系统的作用

冷却系统的作用

根据所用的冷却介质不同,发动机冷却方式可以分为风冷式和水冷式。水冷系统是把热量先传给冷却液,然后再散入大气而进行冷却的装置,目前汽车发动机上广泛采用的是水冷系统。

## 二 冷却液的循环路线

如图 8-2 所示，发动机冷却液的循环路径受节温器的控制，并且随着发动机工作温度的变化而改变。当冷却液温度低于 84℃时，发动机没有达到正常的工作温度，节温器主阀门关闭，副阀门开启，冷却液进行小循环。

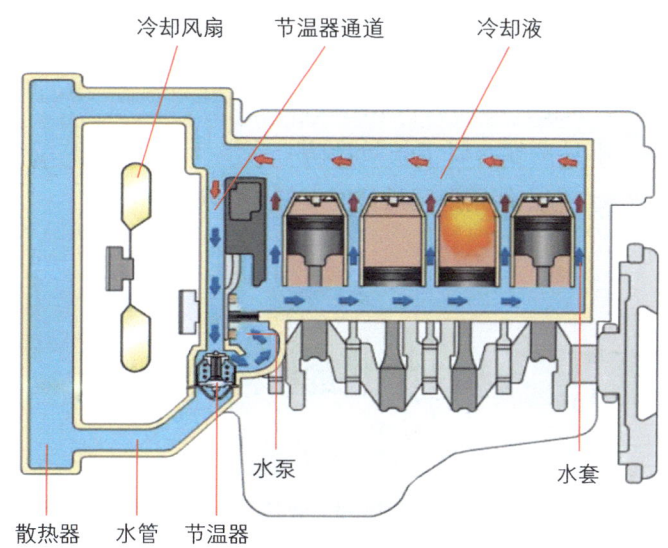

冷却液的循环路径

图 8-2 冷却液小循环

如图 8-3 所示，当发动机温度升高到约 84~95℃时，节温器主阀门部分打开，冷却液进行混合循环。如图 8-4 所示，当发动机温度过高，达到 95℃时，节温器主阀门完全打开，副阀门完全关闭，冷却液进行大循环，即全部进入散热器散热。

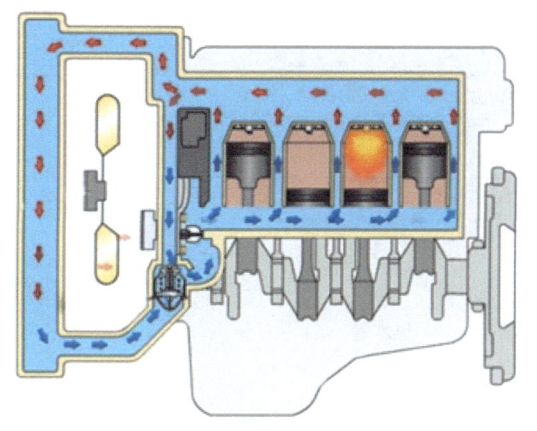

图 8-3 冷却液混合循环

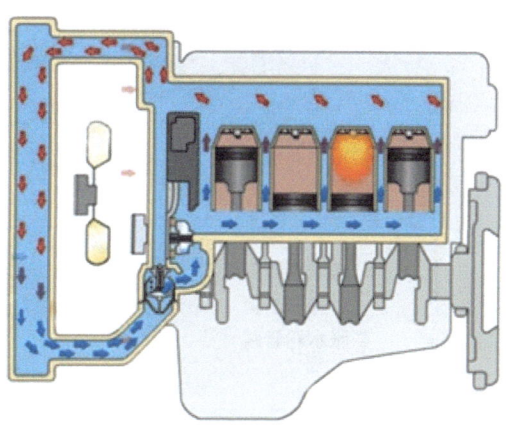

图 8-4 冷却液大循环

## 三、冷却液的作用

冷却液除了作为冷却介质以外，还可以起到以下作用：寒冷季节停车时防止冷却液结冰而胀裂散热器，防止零部件生锈，抑制泡沫，减少水垢的形成，提高沸点等。冷却液一般呈蓝色、绿色或黄色，如图 8-5 所示，目前常用的冷却液主要是乙二醇型的，它由乙二醇、防腐蚀添加剂、抗泡沫添加剂和水组成，其冰点较低，沸点较高，不易蒸发，属于长效型防冻冷却液。选用的冷却液冰点应比使用地区最低温度低 5℃以上。

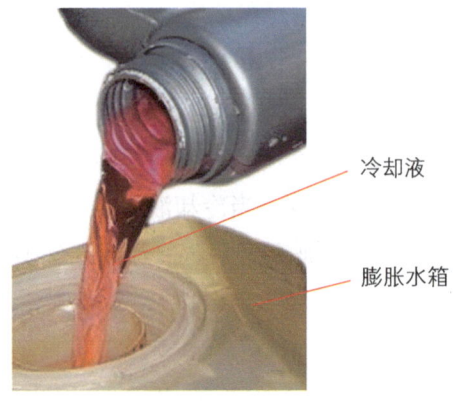

图 8-5　冷却液

## 第二节　冷却系统的结构与组成

如图 8-6 所示，发动机冷却系统主要由散热器、散热风扇、节温器、水泵、水管、冷却液，以及气缸体和气缸盖中的水套等组成。

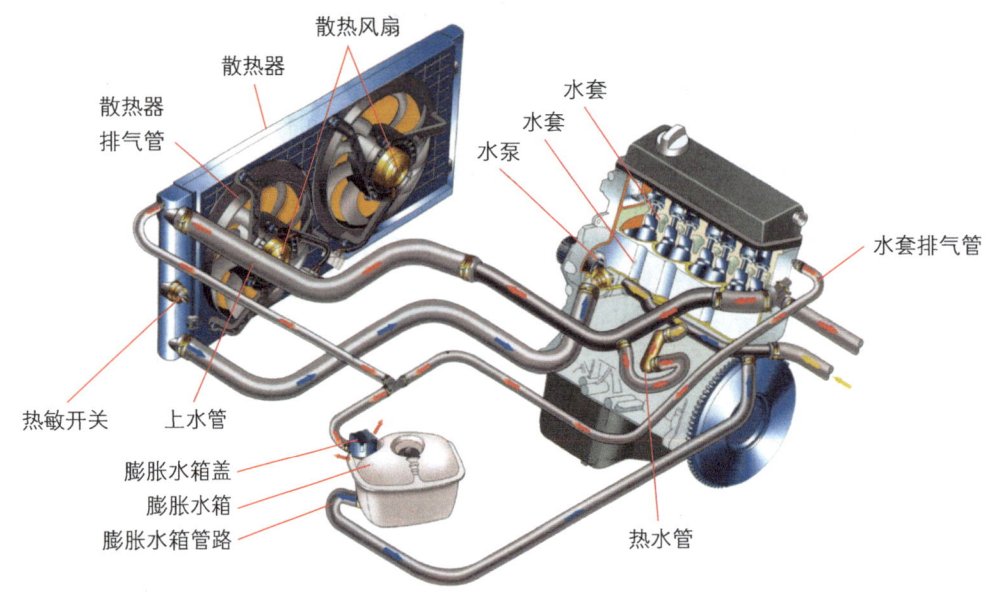

图 8-6　冷却系统的组成

## 一 冷却液泵

冷却液泵也称为水泵，它把从散热器或从旁通道来的冷却液压入缸体水套中，强制冷却液循环。如图8-7所示，冷却液泵由壳体、泵轴、叶轮、传动带轮、水封等组成。有的水泵用V带传动，有的水泵由正时带传动，在更换正时带时，水泵也要求一并更换（或按规定周期更换）。

图8-7 冷却液泵

有的发动机采用了电动冷却液泵。电动冷却液泵起动条件如下：在发动机起动后不久；发动机转矩过大；进气管中增压空气温度超过50℃；增压空气冷却器前后的温差低于8℃；在发动机运行时，每120s运行10s，以避免废气涡轮增压器出现热量积蓄现象；根据特性曲线不同，在关闭发动机后运行0~480s，以避免废气涡轮增压器过热形成冷却液蒸汽泡。

## 二 散热器

散热器俗称水箱，一般都安装在汽车前方，它可以增大散热面积，加速冷却液的冷却。散热器由上水室、散热器芯和下水室组成，如图8-8所示。如图8-9所示，散热器芯按结构可以分为管片式和管带式，它是由水管和散热片组成的，多用铝材制成。铝制水管做成扁平形状，散热片做成波纹状，以提高散热的性能。有的散热器底部有防水塞，方便排放冷却液。

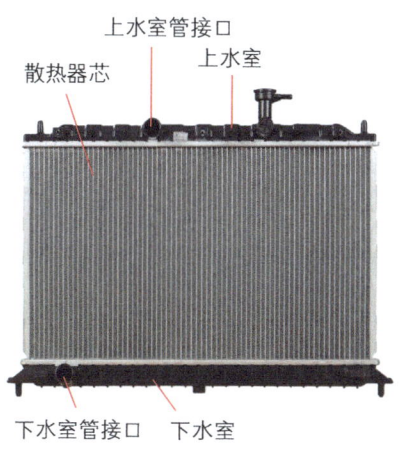

图8-8 散热器

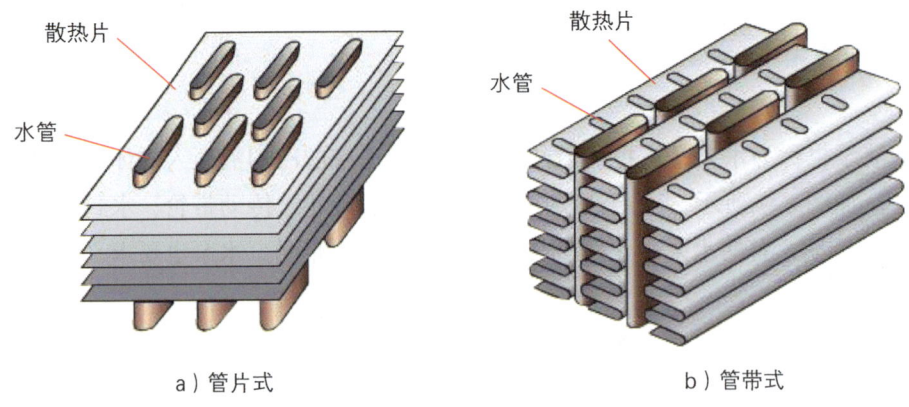

图 8-9　散热器芯结构

## 三　散热器开关

散热器开关俗称水箱盖，或水箱开关，它可以增加散热器压力，提高冷却液沸点。如图 8-10 所示，散热器开关有压力阀和真空阀，可自动调节冷却系统内部压力，提高冷却效果。在发动机热态正常时，压力阀和真空阀关闭，将冷却液与大气隔开。散热器压力大于 126~137kPa 时，压力阀打开，冷却液从溢流管流出，防止水管胀破。当发动机熄火，散热器压力低于大气压力 10~20kPa 时，真空阀打开，使膨胀水箱中的冷却液流回散热器内，或者使空气从通气孔进入冷却系统，以防散热器及芯管被大气压力压瘪。

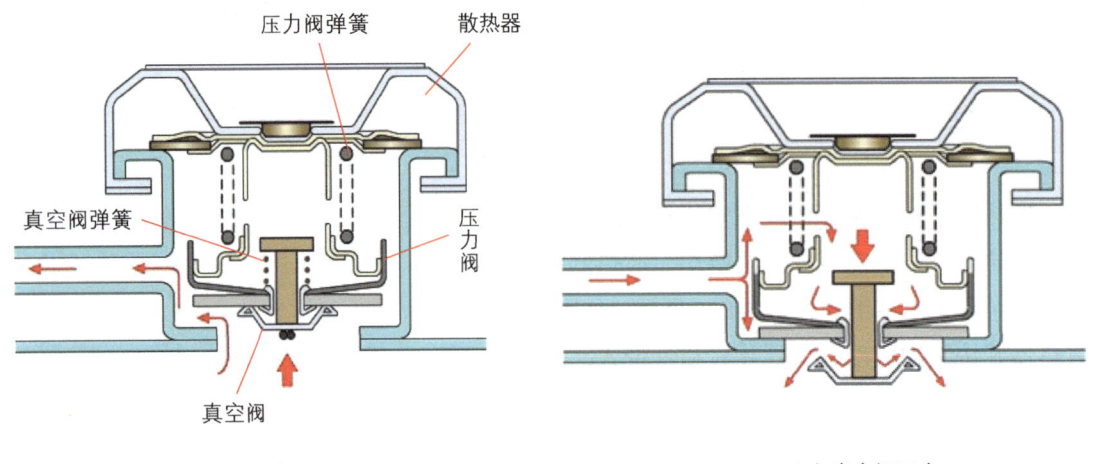

图 8-10　散热器开关

## 四 散热风扇

散热风扇装在散热器后面，它将空气吸入，空气经过散热器，改善低速和怠速时的冷却效果。目前常用的散热风扇为电动风扇，通常由电动机、风扇、风扇架等组成，如图8-11所示。电动风扇的运转通常受冷却液温控开关的控制。例如，当冷却液温度高于设定的温度（如92~97℃）时，温控开关接通风扇电动机的低速档；当冷却液温度升高至更高设定值时（如99~105℃）时，温控开关接通风扇电动机的高速档；当冷却液温度降到设定的温度（如84~91℃）时，温控开关切断电源，风扇停止工作。

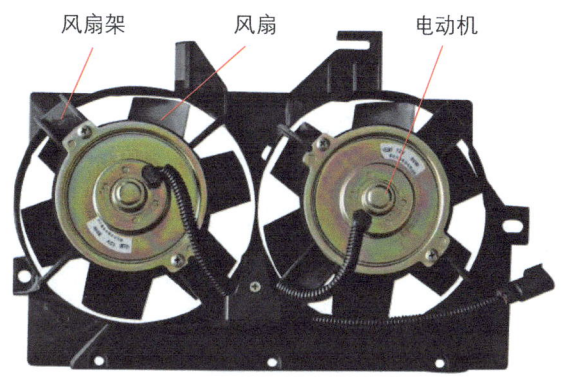

图 8-11 散热风扇

## 五 节温器

冷却系统通常利用节温器来控制通过散热器的冷却液的流量。节温器装在冷却液循环的通路中，根据发动机负荷大小和冷却液温度的高低自动改变冷却液的循环流动路线，以达到调节冷却系冷却强度的目的。

如图8-12所示，冷却系统一般采用蜡式节温器。低温时，石蜡体积小，节温器关闭；高温时，石蜡体积膨胀，克服弹簧压力，将阀门打开。有的发动机采用控制更加准确的电子节温器，它是在蜡式节温器上加装了一个电子加热器，以达到提前开启节温器的目的。

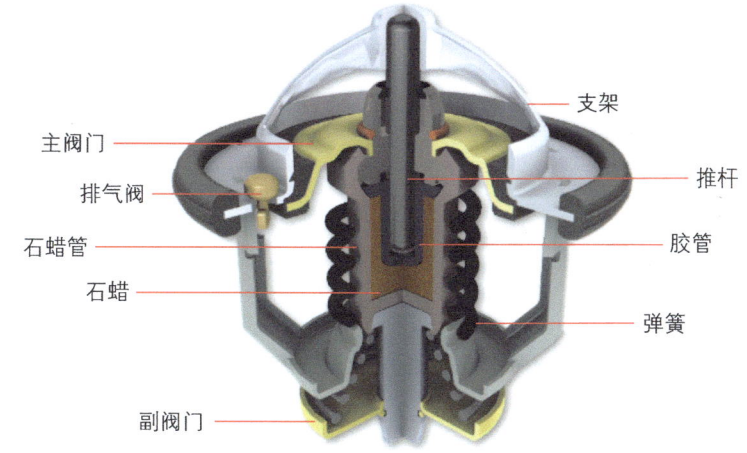

图 8-12 蜡式节温器

## 六 膨胀水箱

膨胀水箱可以吸收和补偿发动机冷却系统工作时的冷却液和水汽。如图 8-13 所示，膨胀水箱上有上限标线（max）和下限标线（min），添加或检查冷却液位时，冷却液应位于两个标线之间。不能混用不同品牌的冷却液。膨胀水箱开关上面有安全警告，提示需要待冷却系统基本冷却后，才能拆下膨胀水箱开关，并清洁膨胀水箱开关密封处。膨胀水箱开关上面有真空阀和压力阀，所以其密封圈必须良好，如图 8-14 所示。

图 8-13 膨胀水箱

图 8-14 膨胀水箱开关的安全警告标志和密封圈

# 第九章
# 底盘传动系统的结构和原理

## 第一节 离合器的结构和原理

传动系统的基本功用是将发动机产生的动力传给驱动车轮，产生驱动力，使汽车能以一定的速度行驶。传动系统包括离合器、变速器、驱动桥和传动轴等，离合器位于发动机和手动变速器之间，如图 9-1 所示，使用自动变速器的车辆没有需要驾驶员操控的离合器。

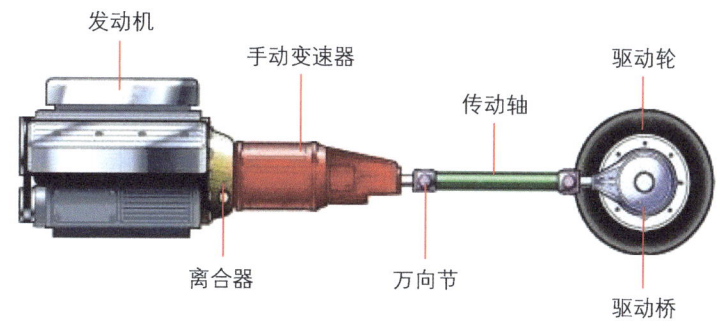

图 9-1 离合器的位置

离合器作用和要求

### 一、离合器的作用

如图 9-2 所示，离合器主动部分连接发动机，离合器从动部分连接底盘传动系统手动变速器。汽车起步时，在变速器挂上档起步之前，先使离合器分离，切断发动机与变速器的联系。当挂上档后，缓慢放松离合器踏板使离合器逐渐结合，保证汽车平稳起步。

手动变速器换档前先使离合器分离，暂时切断动力传递，以保证换档操作过程的顺利进行，减轻或消除换档时的冲击。

离合器还能防止传动系统过载。当传动系统承受载荷超过离合器所能传递的最大转矩时，离合器会自动打滑消除这一危险，从而起到过载保护的作用，即避免发动机损坏。

113

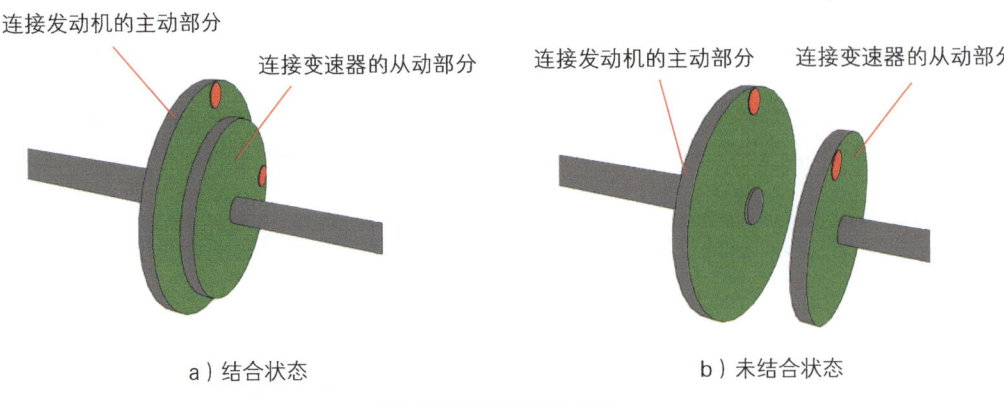

a) 结合状态　　　　　　　b) 未结合状态

图9-2 离合器示意图

## 二　离合器的工作原理

按压紧弹簧的型式及布置型式的不同，可以将离合器分为膜片弹簧离合器和周布弹簧离合器。周布弹簧离合器中起压紧作用的螺旋弹簧沿圆周均匀分布，如图9-3所示，周布弹簧离合器主要应用在大型汽车上。如图9-4所示，周布弹簧离合器结构简单，制造方便，但其弹簧直接与压盘接触，易受热退火。当发动机的转速很高时，弹簧将受离心力的作用而严重鼓出，使压紧力降低，同时造成接触部位严重磨损，甚至使弹簧断裂。

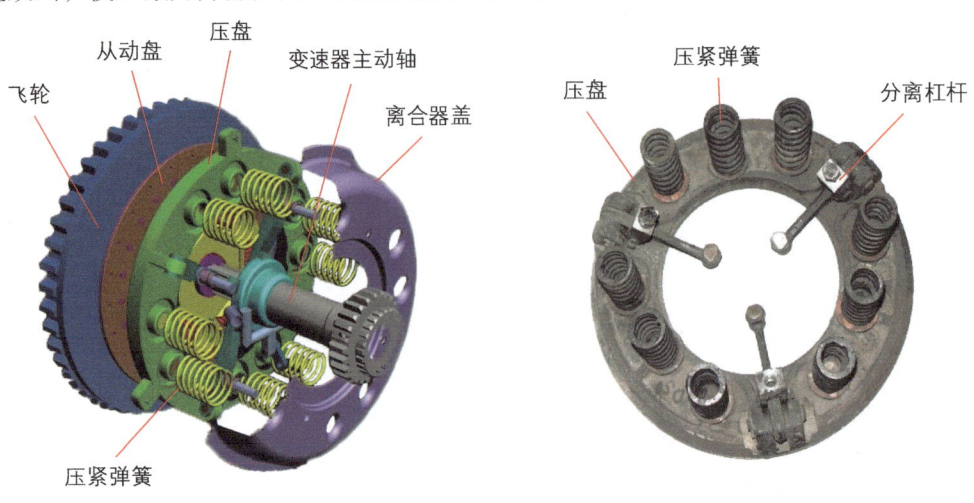

图9-3 周布弹簧离合器　　　　　图9-4 周布弹簧离合器的压紧弹簧

目前轿车上普遍使用的是膜片弹簧离合器，这种离合器由主动部分、从动部分、压紧装置及操纵机构四个部分组成。如图9-5所示，离合器主动部分包括飞轮和离合器盖－压盘总成，飞轮通过螺栓将发动机动力传递给离合器盖—压盘总成，飞轮和压盘通过摩擦表面

第九章 底盘传动系统的结构和原理

将动力传递给离合器从动盘。离合器从动部分是安装在飞轮和压盘之间的从动盘,从动盘两面带摩擦片,从动盘中间的内花键孔和变速器主动轴连接。

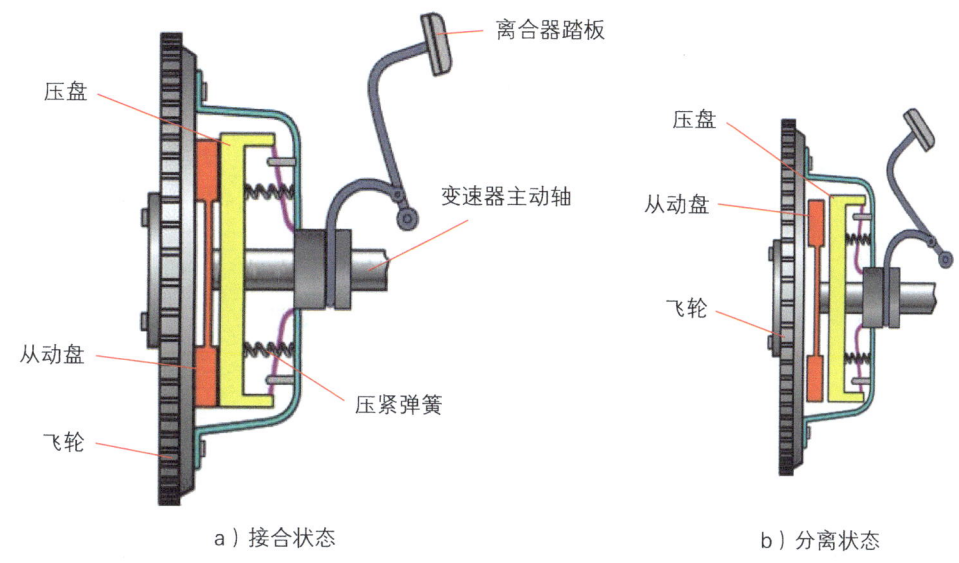

a)接合状态　　　　　　　　　　b)分离状态

图 9-5　离合器工作原理

离合器压紧装置安装在压盘和离合器盖之间,将压盘压向飞轮,并将从动盘夹紧在压盘和飞轮中间,对压盘产生轴向压紧力。

 离合器的结构

### 1. 主动部分

飞轮也是离合器的主动部分,如图 9-6 所示,它有一个平整的摩擦表面,可以将发动机传递过来的动力传给从动盘的前面。离合器盖通过螺栓与飞轮固定,并用定位销定位以保证飞轮和离合器盖同轴,从而保证离合器的平衡。

离合器盖和压盘制成一个总成,离合器盖接收飞轮动力后,通过四组沿圆周切向均匀分布的传动钢片,把动力传递给压盘。在此过程中,传动片除具有将离合器盖的动力传给压盘的作用外,还对压盘起

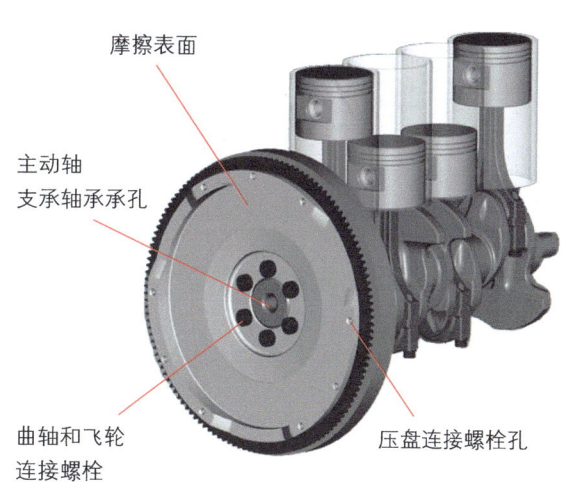

图 9-6　离合器主动部分——飞轮

115

导向和定心作用。压盘也有一个平整光洁的平面,它通过摩擦力将动力传给从动盘的后端面(图 9-7)。

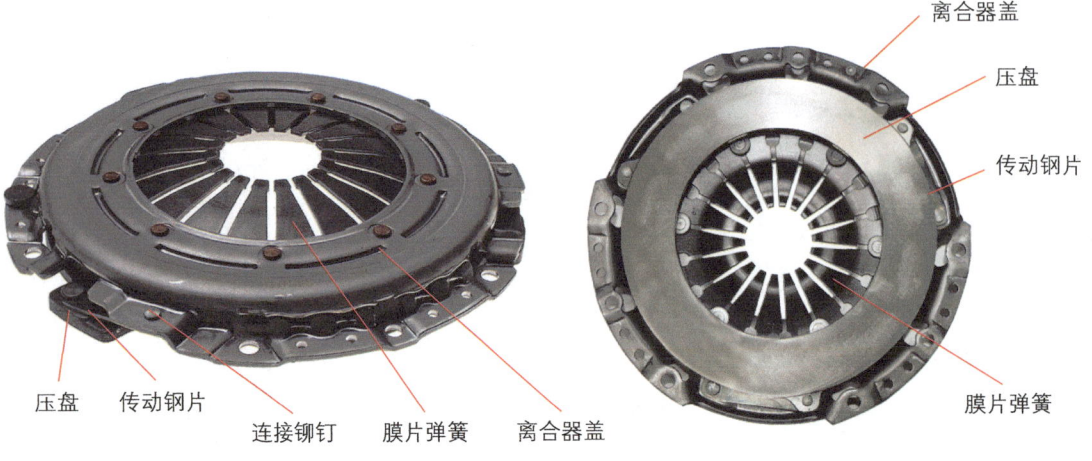

图 9-7 离合器的压盘

## 2. 从动部分

离合器从动部分包括带有扭转减振器的从动盘和从动轴(即变速器输入轴)。小型汽车发动机的最大转矩一般不是很大,常采用一个从动盘,即单片离合器(图 9-8),而中型以上的货车需要传递的转矩较大,有时采用两个从动盘,即双片离合器(图 9-9)。

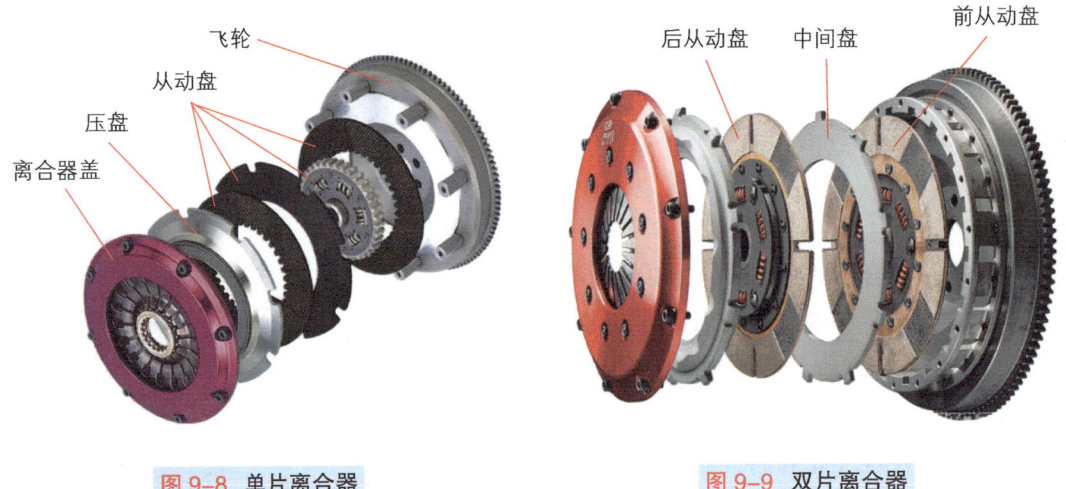

图 9-8 单片离合器　　　　图 9-9 双片离合器

如图 9-10 所示,离合器从动盘位于飞轮和压盘之间,从动盘两面都是摩擦衬片,通过铆接连接从动盘中间的钢片,从动盘摩擦衬片通过摩擦力可以从飞轮和压盘处获得动力。从动盘中间部分是花键毂,它连接手动变速器输入轴,如图 9-11 所示,变速器输入轴花键部分具有一定的长度,从动盘可沿花键轴向移动。

第九章 底盘传动系统的结构和原理

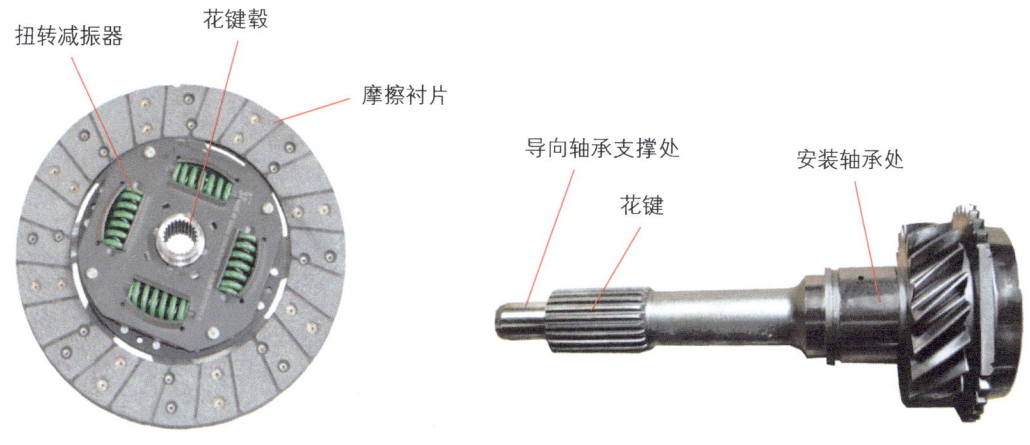

图 9-10 离合器从动盘　　　　图 9-11 变速器输入轴

从动盘中间部分是可以衰减振动的扭转减振器（图 9-12），它由波形弹簧片、减振阻尼片、弹簧、花键毂等组成。当从动盘受到转矩作用时，转矩从摩擦衬片传到从动盘钢片，再经减振器弹簧传给从动盘花键毂，此时弹簧将被压缩，吸收发动机传来的扭转振动。

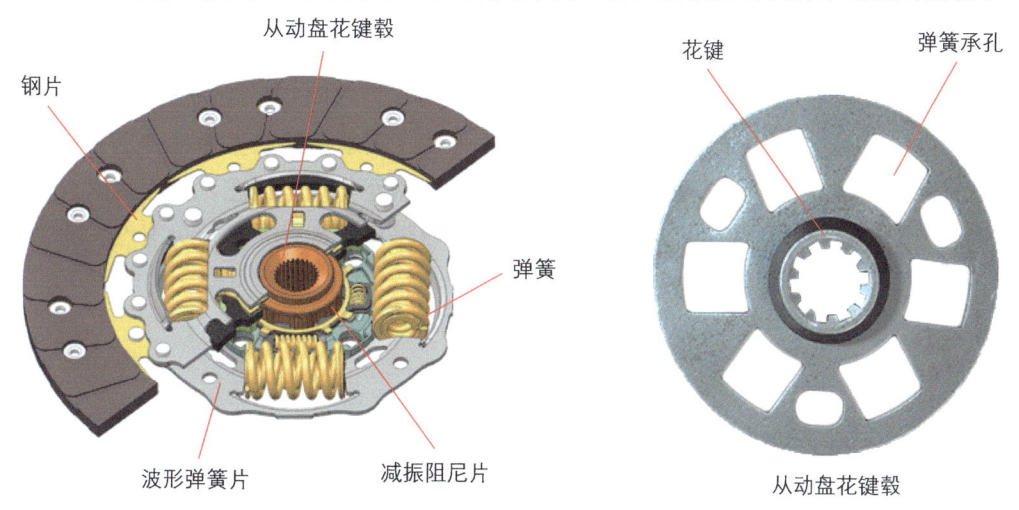

图 9-12 扭转减振器

### 3. 压紧装置

膜片弹簧的安装位置和结构如图 9-13 和图 9-14 所示，膜片弹簧离合器的压紧装置是膜片弹簧，它既用于压紧从动盘，还能起到杠杆的作用。膜片弹簧径向开有几个切槽，形成弹性杠杆。切槽末端有圆孔，用固定铆钉穿过圆孔，将其固定在离合器盖上。膜片弹簧两侧装有钢丝支承环，这两个支承环是膜片弹簧工作时的支点。

117

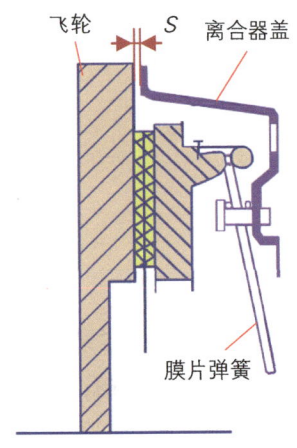

图 9-13 膜片弹簧的结构

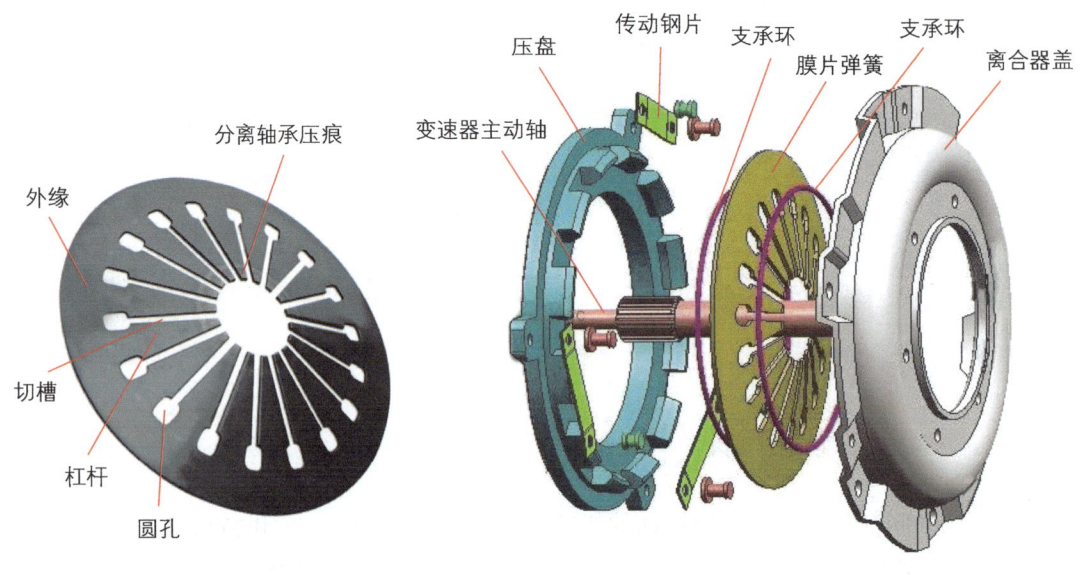

图 9-14 膜片弹簧的安装位置

膜片弹簧离合器工作原理如图 9-15 所示,当膜片弹簧不受力处于自由状态时,将其靠近飞轮,离合器盖与飞轮之间有一距离 $S$。当将离合器用固定螺栓固定到飞轮上时,膜片弹簧在支承环处产生弹性变形,此时膜片弹簧的外缘对压盘产生压紧力使离合器处于接合状态。当踩下离合器踏板时,分离轴承推动膜片弹簧小端,使膜片弹簧以支承环为支点,通过分离钩拉动压盘使离合器分离。

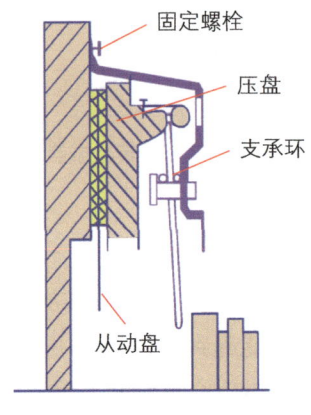
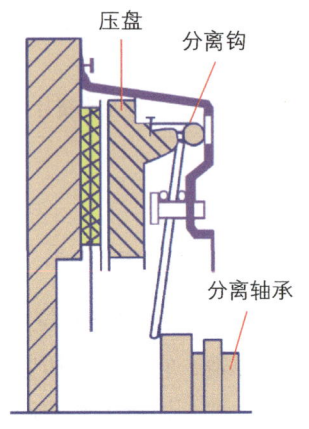

a) 安装前的位置　　　　b) 接合位置　　　　c) 分离位置

图 9-15 膜片弹簧离合器工作原理

## 四 离合器的操纵机构

离合器操纵机构的作用是将驾驶员施加离合器踏板（其位置如图9-16所示）上的力，传递到离合器压盘上，使压盘后移，让飞轮、从动盘、压盘之间产生间隙，从而中断动力传递。离合器操纵机构有液压式和机械式（杆式和绳索式），两种型式的操纵机构都有离合器踏板、回位弹簧、分离拨叉、分离轴承等。

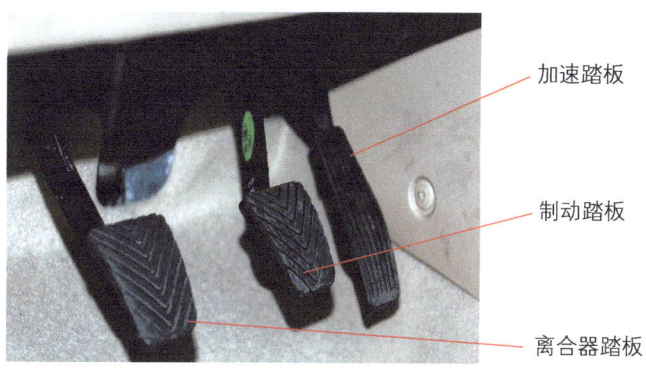

图9-16 离合器踏板

### 1. 机械式离合器操纵机构

机械式操纵机构用传动杆或拉索传动。杆式操纵机构结构简单，工作可靠，但杆件铰接点较多，摩擦损失大，主要应用于大型汽车上。拉索式操纵机构可以消除杆式操纵机构缺点，其主要结构如图9-17所示，拉索两端分别连接踏板和传动臂，这种传动方式适合轻型和微型汽车。

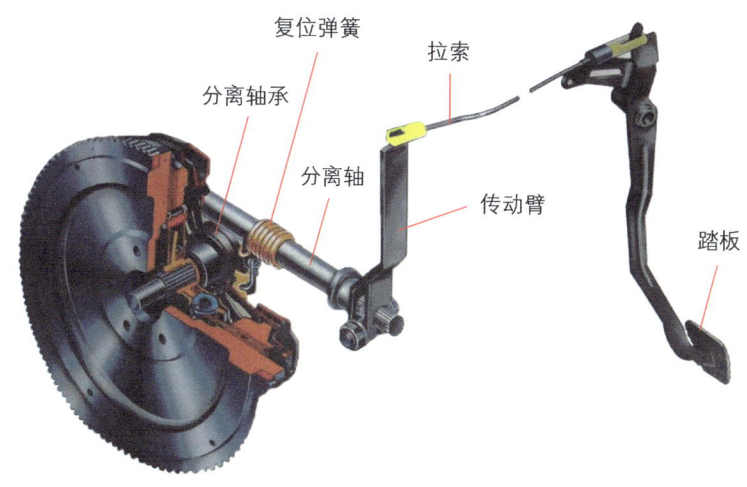

图9-17 离合器拉索式操纵机构

## 2. 液压式离合器操纵机构

液压式操纵机构一般以制动液为传力介质，动力逐步经过离合器踏板、离合器主缸、油管、离合器工作缸、拨叉、分离轴承、压盘等，如图 9-18 所示。液压式操纵机构摩擦阻力小、重量轻、布置方便、接合柔和，应用较为广泛。

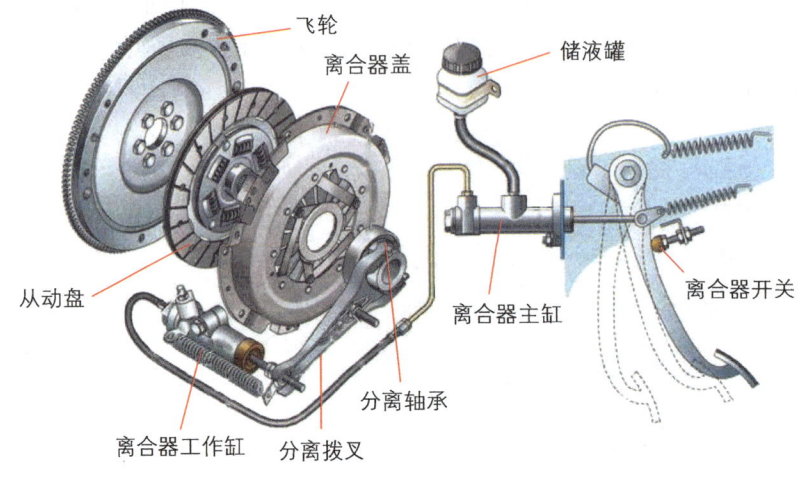

图 9-18 液压式离合器操纵机构

离合器主缸结构和原理如图 9-19 所示，离合器主缸（俗称总泵）在离合器踏板的推力下，产生油压。储液罐有两个出油孔，分别把制动液供给制动主缸和离合器主缸。当离合器踏板处于初始位置时，活塞左端皮碗位于补偿孔与进油孔之间，两孔均开放。在迅速放松离合器踏板时，主缸活塞回位速度快，但由于油液回位慢容易形成真空，此时储液罐内的部分油液便经进油孔、主缸活塞头部的小孔推开皮碗进入工作腔弥补真空。待主缸活塞完全回位后，多余的油液便经补偿孔流回储液罐。

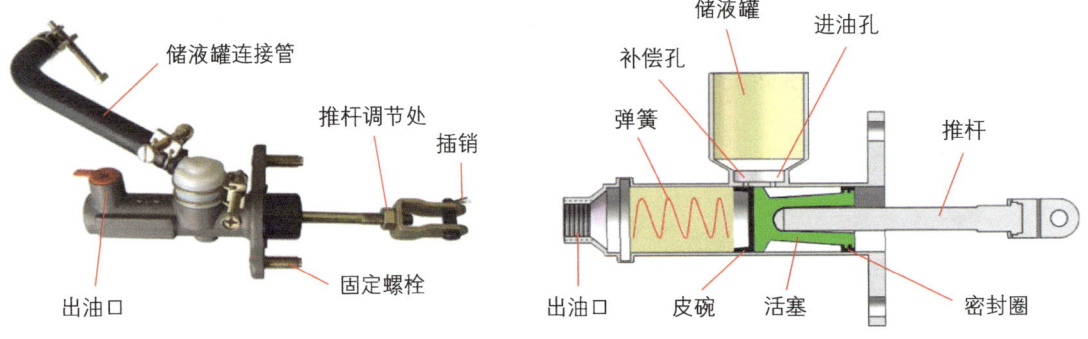

图 9-19 离合器主缸结构和原理

如图 9-20 所示，离合器工作缸俗称分泵，主缸产生的油压通过进油口进入，油压通过活塞能推动推杆移动。离合器工作缸上有排气螺塞，用来排放油液中的空气。工作缸活塞直径略大于主缸活塞直径，故液压系统稍有增力作用，以补偿液流通道的压力损失。

第九章 底盘传动系统的结构和原理

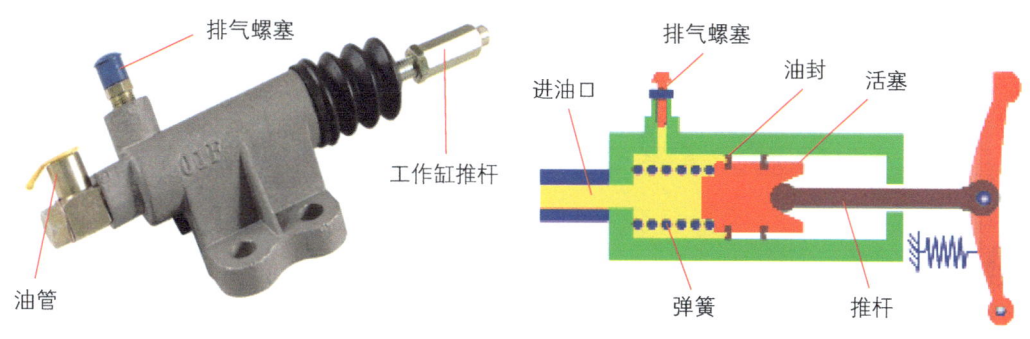

图 9-20 离合器工作缸的结构和原理

### 3. 分离拨叉和分离轴承

如图 9-21 所示，分离拨叉相当于一个杠杆，中间位置支承相当于支点，大端连接分离轴承，小端连接工作缸推杆。如图 9-22 所示，分离轴承座松套在变速器第一轴轴承盖上，通过复位弹簧使分离轴承的凸肩始终抵住分离叉。

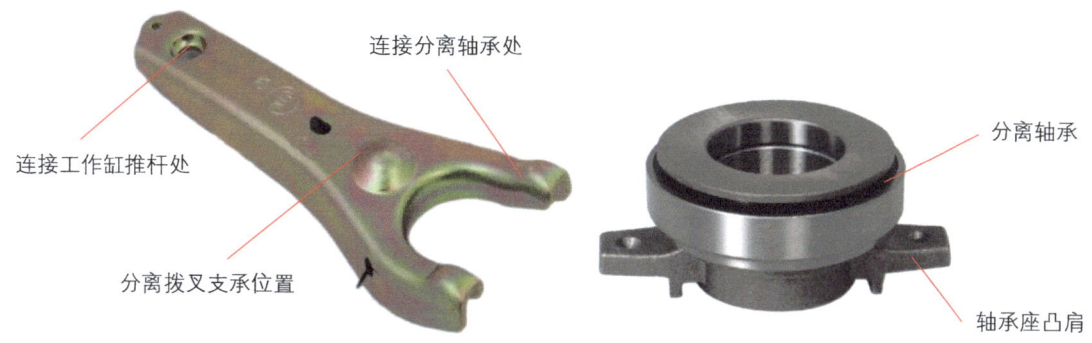

图 9-21 离合器分离拨叉　　　　图 9-22 分离轴承总成

如图 9-23 所示，分离轴承与分离杠杆端部保持 3~4mm 左右的间隙，该间隙反映到离合器踏板上即自由行程。离合器的自由行程可以防止从动盘摩擦片磨损变薄后，压盘不能向前移动而造成离合器打滑。离合器自由行程可以在离合器主缸推杆上调整。

换档时，当想脱开原来的档位时，需要迅速踩下离合器踏板，以便切断发动机传递给变速器的动力，否则，会加速离合器的磨损。当挂入需要的档位后，需要缓慢松开离合器踏板，使车辆起步或行驶平稳。

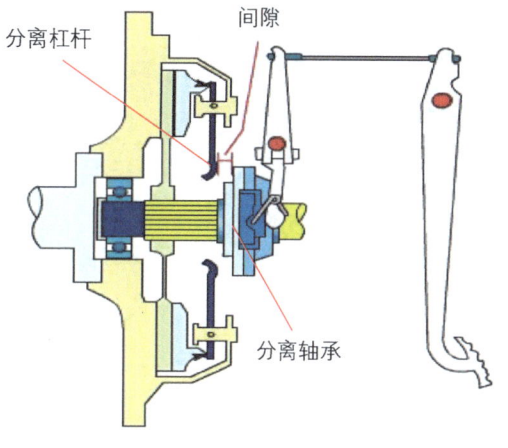

图 9-23 离合器自由行程

121

## 第二节 变速器和分动器的结构和原理

### 一、变速器的作用

汽车发动机的转矩和转速变化范围较小，而道路变化非常复杂，这就要求汽车配置变速器来实现汽车牵引力和行驶速度在相当大的范围内变化。变速器前进档主要用于改变发动机转速，实现路况对转矩的需要，变速器空档可以中断动力，变速器倒档用于倒退行驶。

变速器按操纵方式可以分为手动变速器和自动变速器，有的自动变速器带有手动换档模式。

如图9-24所示，一对直径不同、齿数不等的齿轮啮合传动时，可以实现变速、变矩。大齿轮将动力传递给小齿轮，在相同的时间内转动时，小齿轮比大齿轮转速快，但转动力矩小。前进档中的超速档（一般为5档）就是应用此原理。

发动机转矩变化很小，而复杂的使用条件要求汽车的牵引力和车速能在较大的范围内变化。小齿轮将动力传递给大齿轮，大齿轮比小齿轮转速慢，转矩增加。前进档中的降速档（一般为1、2、3档）和倒档都需要增大力矩，就是应用此原理。

惰轮的作用只是改变转向并不能改变传动比，所以称之为惰轮（图9-25）。惰轮在两个不互相接触的传动齿轮中间传递动力，用来改变被动齿轮的转动方向，使之与主动齿轮转动方向相同。汽车变速器中倒档多采用惰轮来改变旋转方向。

主动齿轮　从动齿轮

图 9-24　齿轮传动原理

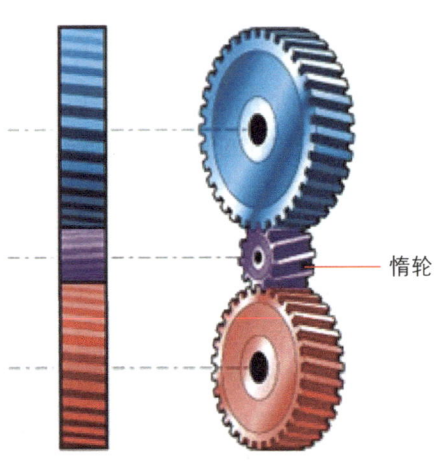

惰轮

图 9-25　惰轮

## 二 手动变速器

### 1. 手动变速器的特点

手动变速器换档时需要驾驶员踩下离合器，拨动如图 9-26 所示的变速杆，抬起离合器完成换档。对于新手来说，换档过程比较复杂，容易熄火，换档过早会挂不上档或抖动，换档过晚会费油。如果可以熟练运用手动变速器，手动变速器不仅省油，操控感强，还具有驾驶乐趣。

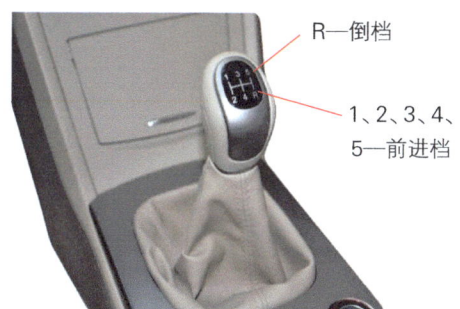

R—倒档
1、2、3、4、5—前进档

小贴士：不能长距离空档滑行，否则会有安全隐患。因为空档滑行时，车轮会失去发动机的制动作用，而且万一发动机熄火，制动会失去真空助力作用

图 9-26 手动变速器变速杆

### 2. 手动变速器的变速传动机构

如图 9-27 所示，手动变速器一般包括齿轮传动机构、操纵机构、壳体等，齿轮传动机构包括齿轮、输入轴、输出轴等，通过齿轮传动机构可以实现档位传递路线的变换。操纵机构包括变速杆、拨叉、锁止装置等，通过移动变速杆，可以实现档位切换。

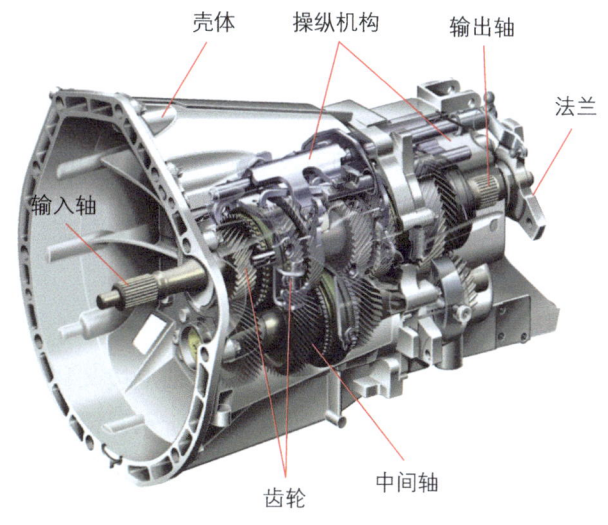

图 9-27 手动变速器的组成

手动变速器分为二轴式和三轴式变速器,二轴式手动变速器用在发动机前置前轮驱动汽车上。二轴式手动变速器齿轮传动机构如图9-28所示,变速器包括输入轴和输出轴,输入轴连接离合器,其上包括各个档位的主动齿轮;输出轴上各从动齿轮通过轴承与输出轴连接,只有挂入相应档位时,它们才能传递动力;主减速器的主动齿轮也安装在变速器输出轴的输出端。

二轴式变速器挂入3档时,变速器动力传递情况如下:输入轴—输入轴3档齿轮—输出轴3档齿轮—输出轴3档同步器—输出轴,如图9-29所示。

图9-28 二轴式手动变速器齿轮传动机构　　　图9-29 3档动力传递路线

三轴式手动变速器齿轮传动机构如图9-30所示,它包括输入轴、中间轴和输出轴。输入轴和输出轴同轴,中间有滚针轴承支承,中间轴上齿轮基本上和轴是一体的,个别通过花键连接。三轴式变速器直接档通常为4档,其传递路线为:输入轴—输入轴常啮合齿轮接合齿—3、4档同步器—输出轴。

三轴式变速器除了直接档外,其他档位动力传递都需要通过中间轴,其3档动力传递路线为:输入轴及常啮合主动齿轮—中间轴常啮合从动齿轮—中间轴—中间轴3档主动齿轮—输出轴3档从动齿轮—3、4档同步器—输出轴。

### 3. 手动变速器的操纵机构

变速器换档时,驾驶员操纵变速杆,变速杆带动拨叉轴上拨叉移动,拨叉带动同步器接合套移动,完成换档动作,如图9-31所示。如图9-32所示,锁止装置包括自锁装置、互锁装置和倒档锁止装置,锁止装置是采用弹簧和定位钢球对拨叉轴进行定位和锁止。如图9-33所示,当钢球对准拨叉轴上有相应的凹槽时,拨叉轴被锁止,这样可以防止脱档,也可以防止同时挂入两个档,以及误挂倒档。

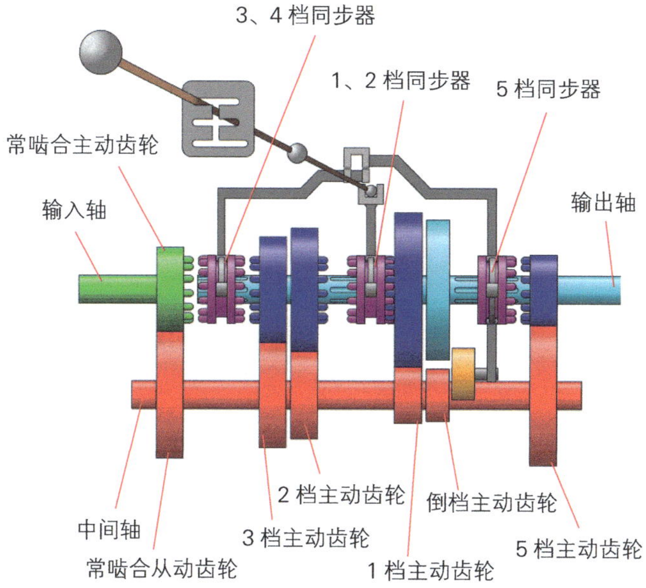

图 9-30 三轴式手动变速器齿轮传动机构

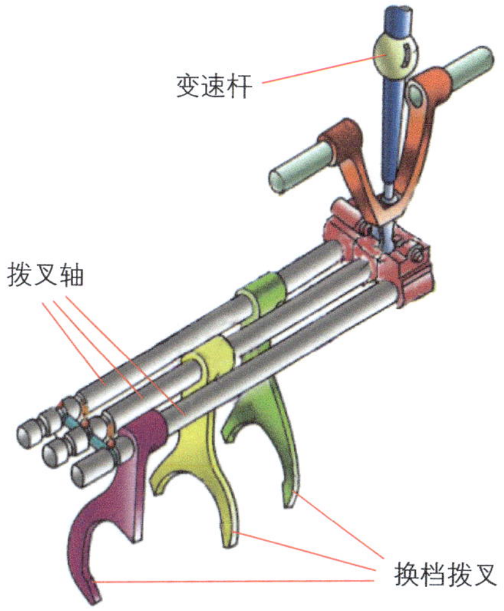

图 9-31 操纵机构

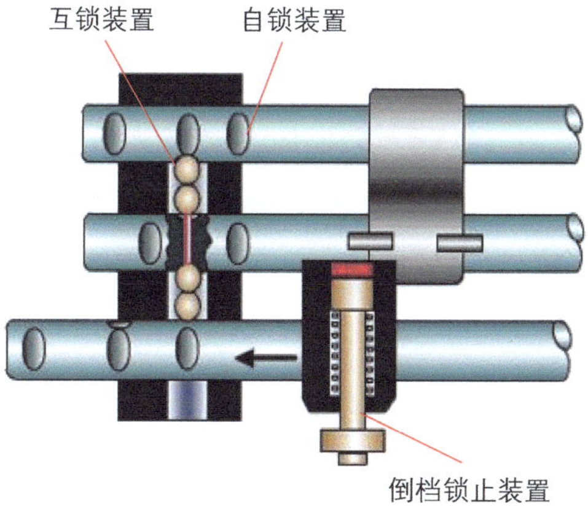

图 9-32 锁止装置

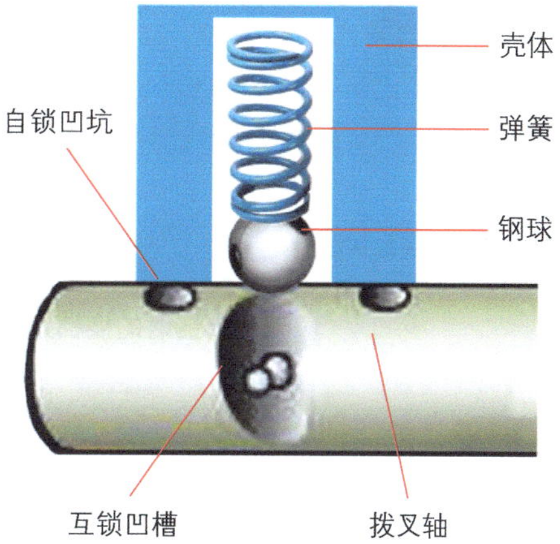

图 9-33 自锁装置

**4. 变速器换档过程**

手动变速器齿轮和轴连接形式包括以下三种（图9-34）：齿轮通过滚针轴承和滑动轴承（图9-35）与轴连接，这种连接形式中齿轮与轴之间没有动力传递；齿轮通过花键和轴连接，这种连接形式中齿轮与轴之间可以传递动力；齿轮和轴制成一体。

汽车如果没有同步器，换档容易冲击，换档操纵过程还相当复杂。如图9-36所示，齿轮空套在轴上，齿轮前端有接合齿，花键毂通过花键与轴连接，接合套套在花键毂上。驾驶员需要通过加速踏板及离合器控制接合齿和花键毂同速，才能让接合套可以左右移动与齿轮前的接合齿啮合，实现齿轮与轴之间的动力传递，如图9-37所示。

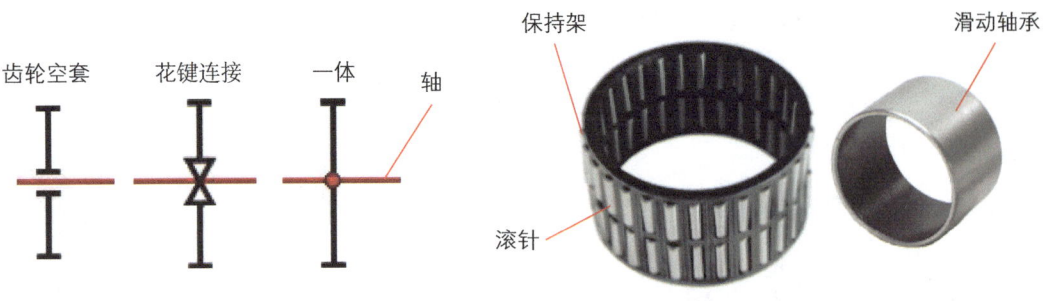

图 9-34 无同步器时齿轮和轴的连接形式

图 9-35 滚针轴承和滑动轴承

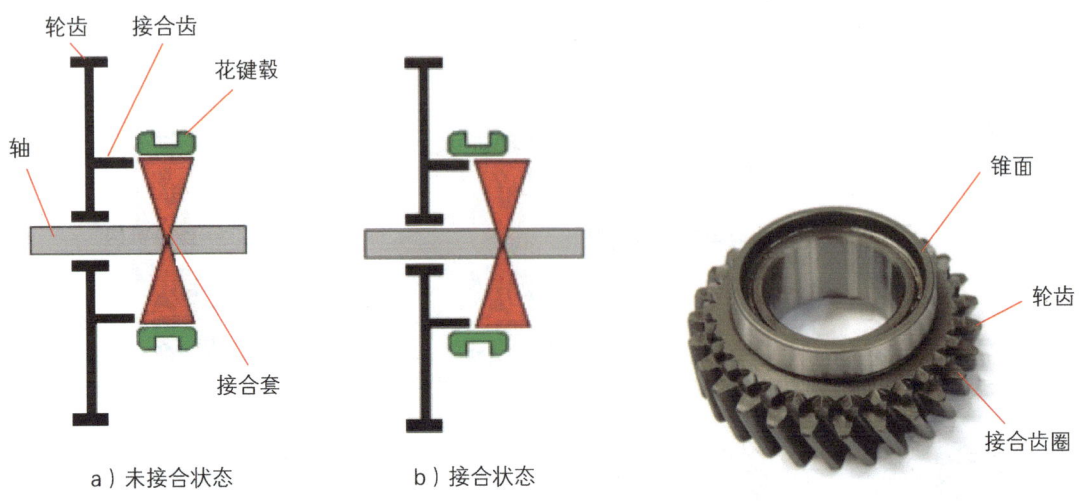

a) 未接合状态　　b) 接合状态

图 9-36 无同步器时的换档过程

图 9-37 与同步器连接的齿轮

同步器是一种换档辅助装置，如图 9-38 所示，由同步环、花键毂、定位滑块、接合套等组成。同步环内锥面和齿轮锥面接触后，它上面细密的螺纹可以破坏油膜，使与同步环相连的接合套和齿轮上的接合齿圈迅速达到相同转速，从而消除换档冲击，缩短换档时间，简化换档过程，使换档操作简捷而轻便。

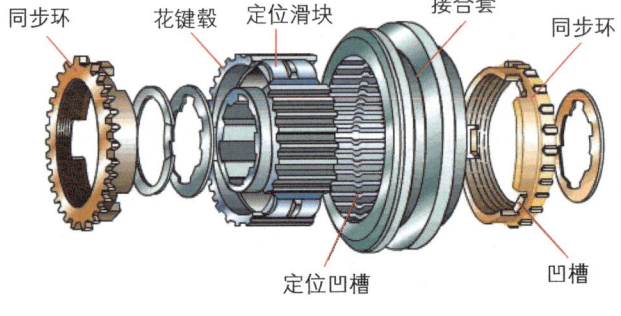

图 9-38 同步器结构

## 三 自动变速器

使用自动变速器的车辆没有离合器,换档自动进行,不需要踩离合器,操作便捷,但自动变速器传动效率比手动变速器低,因此油耗通常会高于手动变速器。常用的自动变速器主要有电控液力自动变速器(AT)、电控机械式自动变速器(AMT)、无级自动变速器(CVT)、双离合变速器(DCT)。

平行轴自动变速器结构与工作原理

自动变速器虽然操作简便,但也使驾驶员失去了操纵乐趣。手自一体变速器的出现,让驾驶员可以自由选择自己认为合适的档位和换档时机,大大提高了驾驶乐趣。手自一体变速器是在传统的自动变速器基础上,增加了一套手动换档模式以及电子保护程序,结构并没有很大变化。若不能满足汽车ECU预先设定的换档条件,ECU会阻止换档或自动纠正档位。

变速器变速杆(图9-39)上的锁止开关可以有效防止高速行驶中误操作,例如,防止误挂入R档。自动变速器变速杆操作面板上通常有P、R、N、D、M档位,P档是驻车档,用于停车时使用,可用于起动;R代表倒档;N代表空档,临时停车用,可用于起动;D代表前进档,用于正常行车;M代表手动模式。

有的变速杆还有S(或2)和L(或1)档位,S(或2)代表2档——低速前进档,用于湿滑路面起步,或者慢速前进时作为限制档使用,防止频繁跳档。L(或1)-1档——低速档,用于爬坡,长距离下坡。

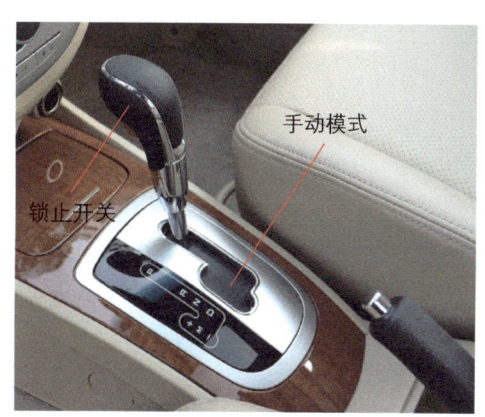

图9-39 自动变速器变速杆

> **知识拓展**:汽车自动变速器变速杆旁有"S"标识,位置不同,含义不同,如图9-40a中的"S"表示运动模式,而图9-40b中的"S"表示低速前进档。如果车辆没有完全停下来就直接推到P档再熄火,那么路面不平整时车辆会小小挪动一下,会对变速齿轮造成冲击。长此以往,会缩短变速器寿命。

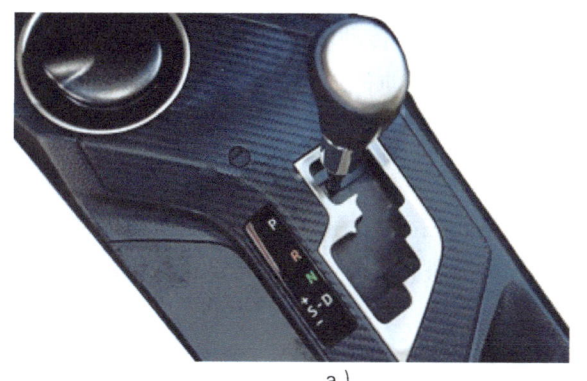

a)

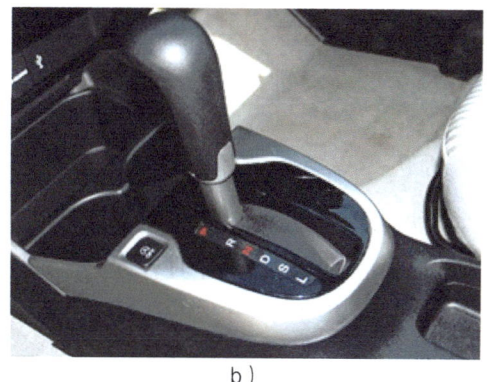

b)

图9-40 变速杆显示面板"S"档的位置

### 1. 无级变速器（CVT）的结构和原理

无级变速器（CVT）结构比传统变速器简单，体积更小，它既没有手动变速器那么多齿轮，也没有自动变速器复杂的行星齿轮组，它主要靠主、从动轮和金属带来实现速比的无级变化。CVT 能实现良好的经济性、动力性和驾驶平顺性，而且降低了排放和成本。但 CVT 承受转矩的能力较差，对于速度变化反应较慢。CVT 变速杆和普通 AT 变速杆相同。

如图 9-41 所示，无级变速器（CVT）由行星齿轮机构、无级变速机构、控制系统等组成，行星齿轮机构用于实现前进档和倒档之间的切换操作。无级变速机构主要包括主动锥盘、从动锥盘和传动钢带。

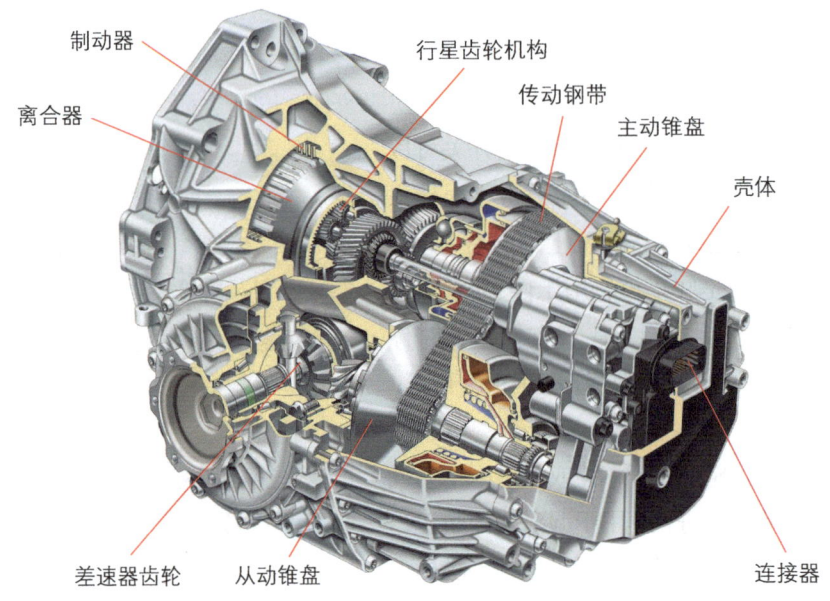

图 9-41 无级变速器

如图 9-42 所示，发动机输出的动力传递到 CVT 变速器的主动锥盘后，主动锥盘依靠摩擦力带动传动带，然后传动带同样依靠摩擦力驱动从动锥盘，最后再由从动锥盘将动力输出。CVT 变速器通过改变主、从动锥盘的旋转半径，就能实现对传动比的改变。

主动、从动锥盘对传动带增大或减小压紧力，可以促使传动带向内或向外移动。主动固定锥盘上带有感应齿环，输出轴上也有感应环，用于 ECU 检测其转速。

CVT 也有行星轮机构，它和离合器、制动器一起用来实现前进档和倒档的功能。当倒档制动器工作时，行星轮机构的行星架被固定，太阳轮主动，齿圈从动，从而实现倒档反向传动。当前进离合器工作时，行星轮机构行星架和齿圈被连接在一起，行星轮机构作为一个整体运转，传动比为 1，转向相同。

## 第九章 底盘传动系统的结构和原理

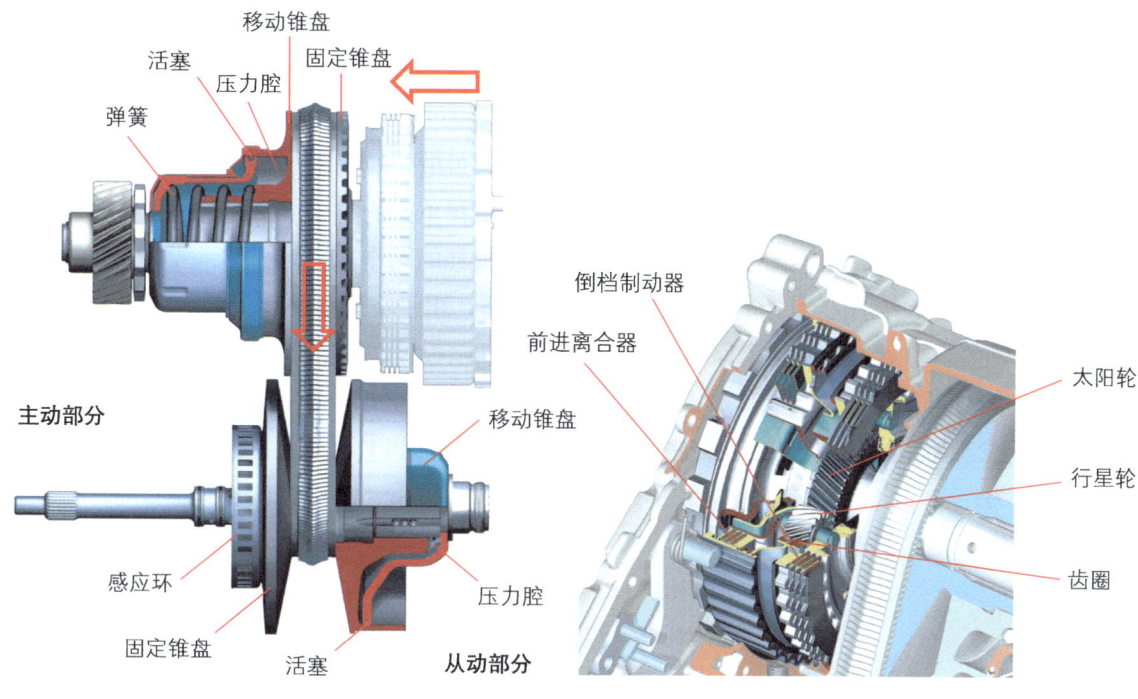

图 9-42 无级变速器的传动机构

### 2. 电控机械式自动变速器（AMT）的结构和原理

如图 9-43 所示，电控机械式自动变速器（AMT）是在手动式变速器、离合器的结构基本不变动的情况下，增加离合器控制装置、换档机构（包括换档位置传感器、选档位置传感器、选档电动机、换挡电动机）、变速器ECU等电子控制系统，通过电子控制系统来实现自动换档。

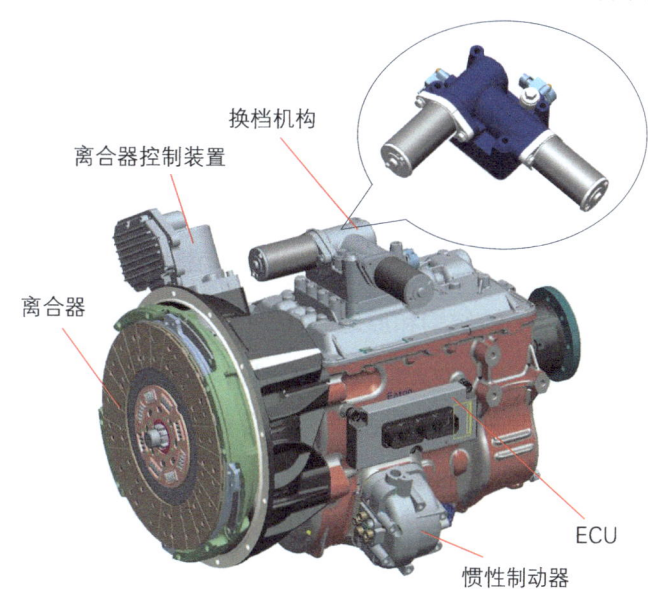

图 9-43 AMT 变速器

129

AMT 没有 P 档，它比手动变速器操作简单，操控类似于自动档。相对于自动档，它又有着较高的传动效率，跑起来比较省油。AMT 的缺点是行驶中顿挫感强烈，舒适性较低。

AMT 采用电动执行器或电控液压执行器，AMT 电控单元通过执行器实现选档、换档和离合器的分离接合。离合器由离合器控制装置控制，通过电控液压执行器或电动机推动离合器拨叉完成离合器的分离和结合。换档执行机构执行电控单元的指令，完成变速器中档位的变换，包括选档和换档两个电动机，分别执行选档和换档的动作。

AMT 惯性制动器用于升档时对变速器轴进行减速，用于坡道辅助起步功能，用于选档时对输入轴的制动。例如，在坡道停车起步时，松开制动踏板后，控制系统会通过惯性制动器，保持对整车 3s 的制动，给驾驶员足够的时间转换到加速踏板，防止车辆在坡道上溜车。

AMT 变速器齿轮传动机构如图 9-44 所示，其基本结构和手动变速器类似，例如，1 档传递路线为：输入轴—输入轴常啮合齿轮—中间轴常啮合齿轮—中间轴—中间轴上 1 档主动齿轮—输出轴上 1 档从动齿轮—输出轴上 1 档接合套及花键毂—输出轴。

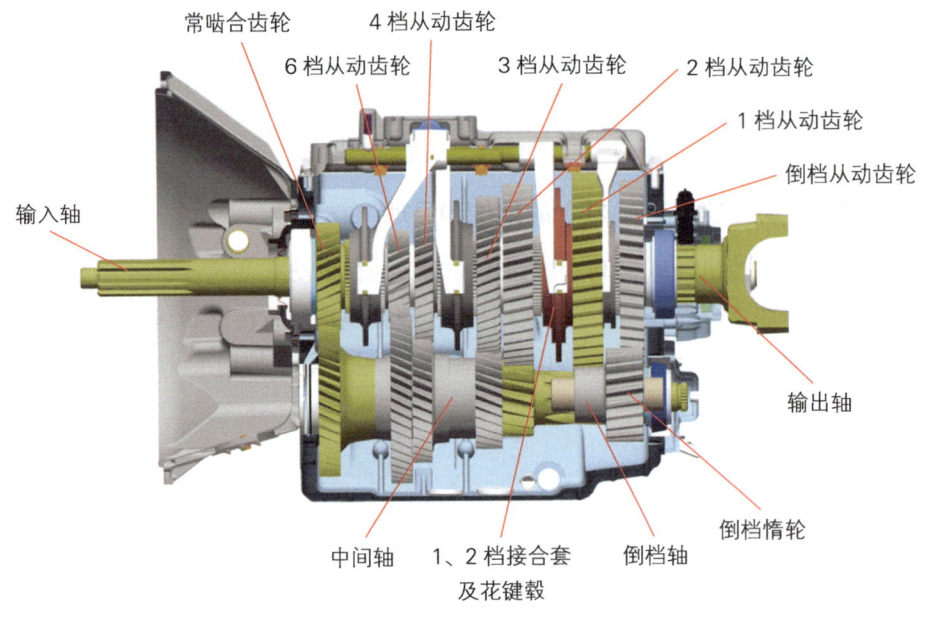

图 9-44 AMT 变速器齿轮传动机构

### 3. 双离合变速器（DCT）的结构和原理

双离合变速器可以媲美手动变速器的高效率和极快的换档速度，燃油经济性高，能承受较大转矩，但操作时可能会出现顿挫等现象。双离合器变速器现在已经广泛用于汽车领域，它主要适合更加看重运动和驾驶乐趣的顾客。很多双离合器变速器变速杆，在装饰板上字母"D"旁有"+""-"符号，操纵变速杆可以切换到手动模式。

如图 9-45 所示，双离合变速器与手动变速器不同，它有两个离合器，离合器有干式和湿式两种。干式离合器摩擦片相互接合可以带来最直接的传递效率，但它也更容易发热，适合功率小的发动机。湿式双离合器有很好的调节能力，能够传递较大的转矩。双离合变速器少了液力变矩器，简化了系统结构，提高了传动效率，油温更低。双离合变速器内部省略了多个换档用的制动器和离合器，减少了密封件和漏油点。

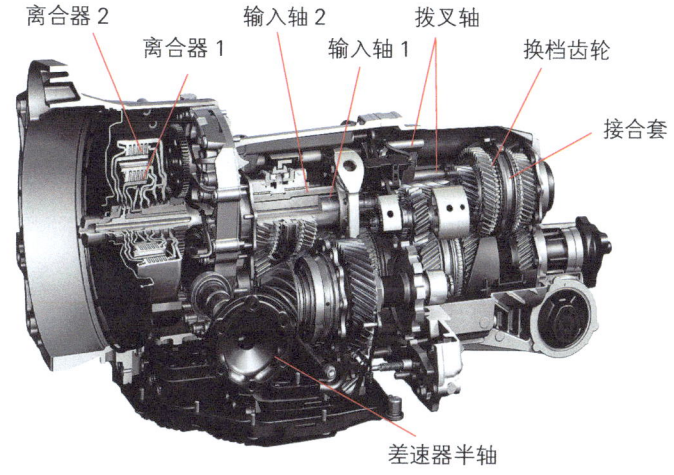

图9-45 双离合变速器（DCT）的结构

如图9-46和图9-47所示，双离合变速器的两个离合器分别连接一个输入轴，一个输入轴负责1、3、5、7奇数档，另一个输入轴负责2、4、6偶数档和倒档。双离合变速器换档和离合器操作都是通过ECU控制实现的。ECU进行自动换档逻辑控制，并发令使换档电磁阀动作，完成档位的自动转换。双离合变速器液压部分包括油泵、油路板、液压换档滑阀、双离合器和3个同步器的液压缸。

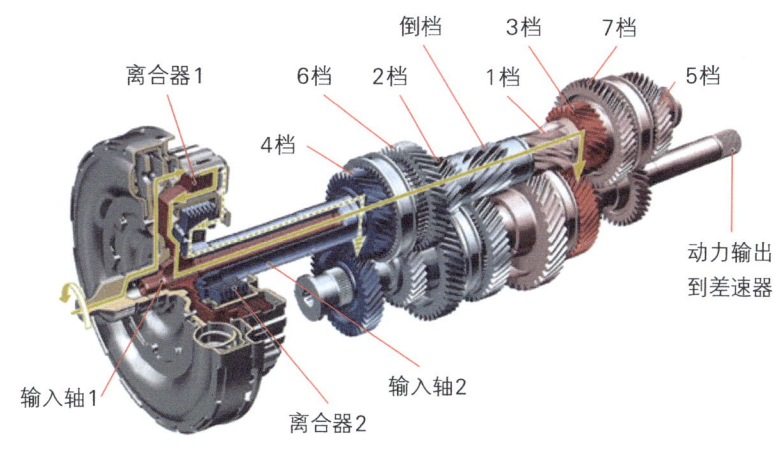

图9-46 双离合变速器动力传递方式

双离合变速器的换档过程省去了挂入档位的时间，这种换档方式就像接力赛一样，当一个档位运作时，另一个档位已经在等待了，所以它的换档速度很快。例如，变速器处于1档时，连接 1 档的离合器与变速器接合，ECU 根据汽车速度和发动机转速，对换档意图做出判断，预见性地控制另一个离合器与 2 档齿轮组相连，但仅处于准备状态，尚未与发动机动力相连。1 档升 2 档时，连接 1 档的离合器断开，连接 2 档的离合器与发动机接合。

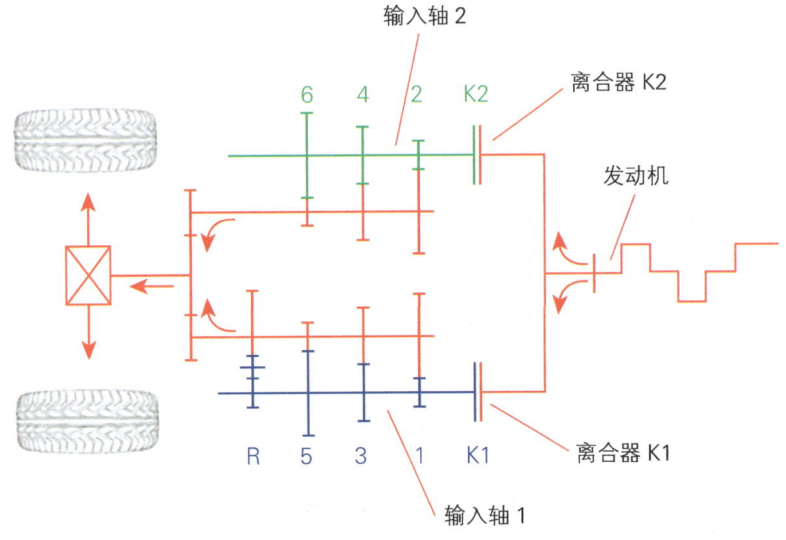

图 9-47　双离合变速器（DCT）原理图

## 四　电控液力自动变速器（AT）的工作原理

如图 9-48 所示，电控液力自动变速器（AT）由液力变矩器、行星齿轮机构、液压控制系统、电子控制系统、ATF 冷却滤清装置等组成。液力变矩器位于变速器前端，它将发动机的动力传给行星齿轮机构，并起到控制动力接合、改变转矩及转速的作用。行星齿轮机构可以改变转矩和转速，它包括输入轴、输出轴、行星齿轮组等部分。液压控制系统包括离合器、制动器、油泵等元件。

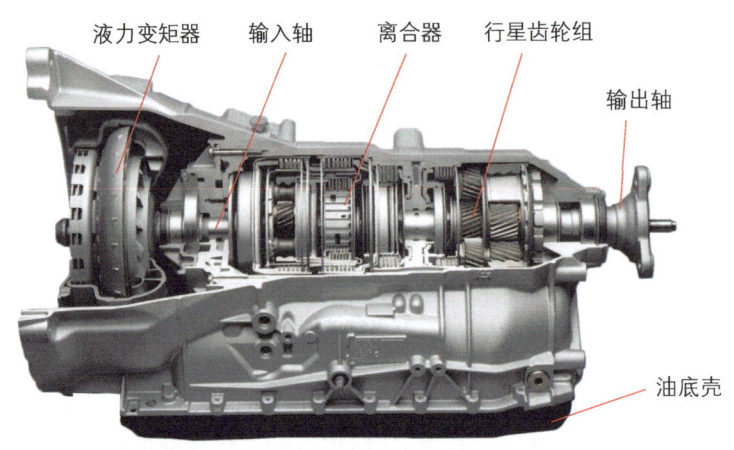

图 9-48　自动变速器的组成

## 1. 液力变矩器的结构和原理

液力变矩器除了具有离合器的作用外，还可以利用液体流速传递转矩，在一定范围内实现无级变速，液力变矩器壳体还可以驱动油泵。如图9-49所示，液力变矩器由泵轮、导轮、涡轮和锁止离合器等组成。锁止离合器主动部分与变矩器壳体相连，从动部分与涡轮相连，当高速时，锁止离合器主动、从动部分接合，液力变矩器变为机械传动，传动效率等于1。液力变矩器壳体连接发动机飞轮，并从飞轮处获得动力。如图9-50a所示，变矩器的工作原理类似两个利用空气管道连接的风扇，右边未连接电源的风扇其叶片力矩会增加。

图9-49　液力变矩器的结构和组成

在泵轮和涡轮的转速差较大的情况下，由涡轮甩出的ATF以逆时针方向冲击导轮（图9-50b）叶片，此时导轮被单向离合器固定不动，导轮上特殊形状的叶片使得ATF改变为顺时针方向流回泵轮，泵轮再将来自发动机和涡轮回流的能量一起传递给涡轮，使涡轮输出转矩增大。

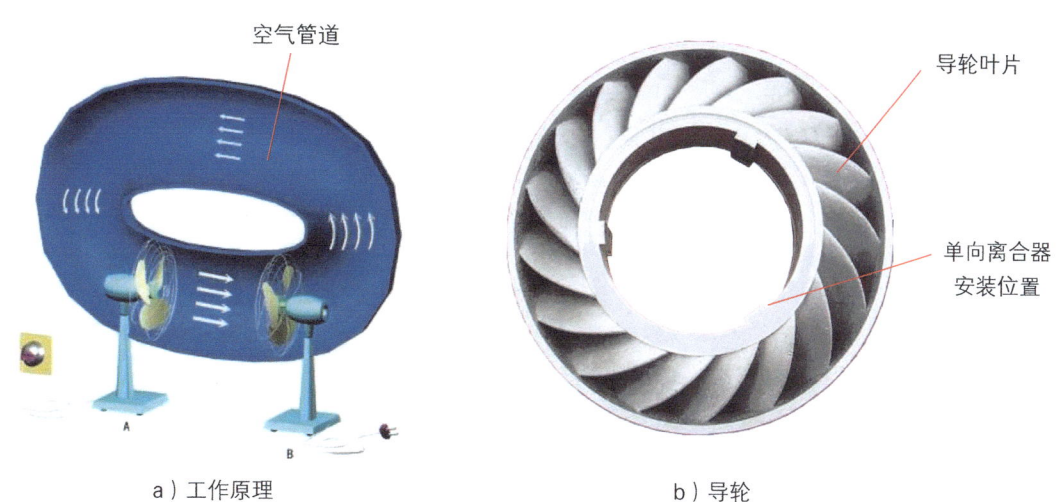

a）工作原理　　　　　　　　　　b）导轮

图9-50　液力变矩器工作原理

## 2. 行星齿轮变速机构

液力变矩器变矩作用小，不能满足车辆行驶要求。行星齿轮机构能实现传动比的进一步变化，以提高变速、变矩作用。变速器内有几组行星齿轮来构成不同的档位。一组行星齿轮机构由太阳轮、齿圈、行星架和行星轮组成，其结构和原理如图9-51所示。

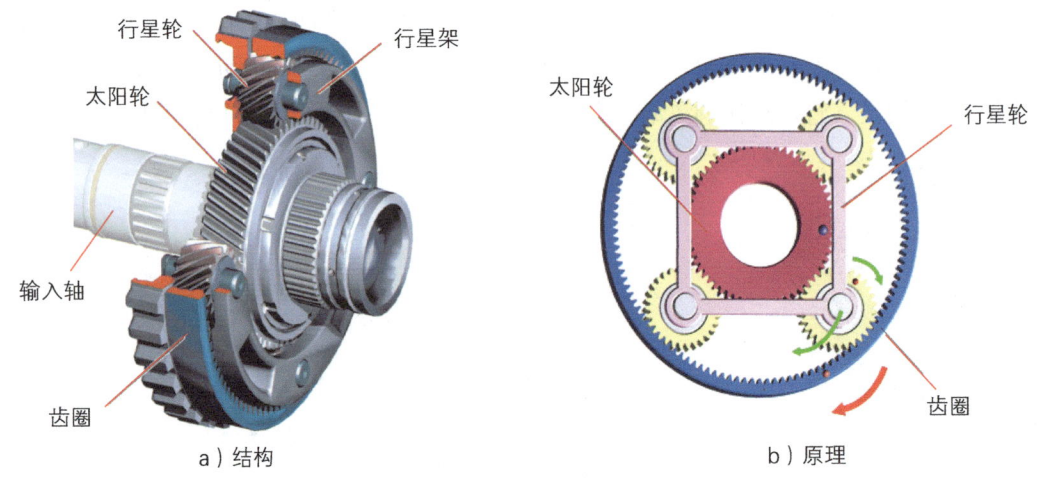

图9-51 行星齿轮机构的结构和原理

行星齿轮机构有多种传动方式，例如，齿圈固定，太阳轮主动，行星架从动，此种组合为降速传动，传动比一般为2.5~5，转向相同。行星齿轮机构还可以把3个元件中任意两个元件通过离合器接合为一体，例如，把行星架和齿圈接合为一体作为主动件，太阳轮为从动件，或者把太阳轮和行星架接合为一体作为主动件，齿圈作为从动件，这种情况行星轮间没有相对运动，作为一个整体运转，传动比为1，转向相同。汽车上常用此种组合方式组成直接档。

自动变速器通常有多排行星齿轮机构，如图9-52所示，丰田A341E自动变速器采用了3排行星齿轮机构，分别是超速（O/D）档行星排、前行星排和后行星排，其中前行星排和后行星排共用一个太阳轮。

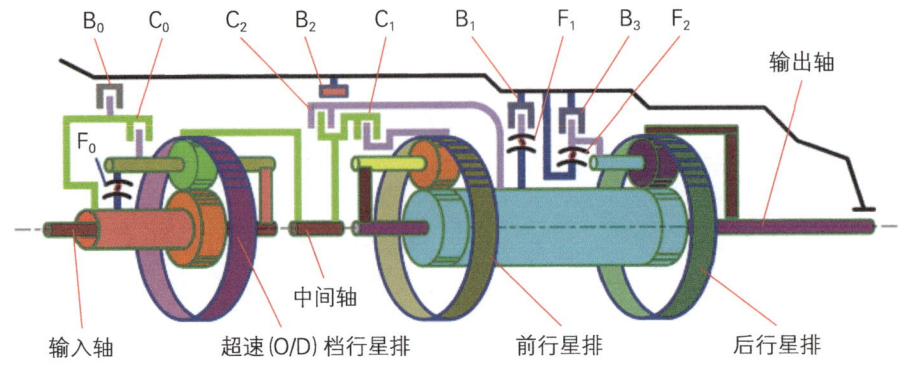

图9-52 丰田A341E自动变速器动力传动示意图

丰田 A341E 有 4 个前进档，1 个倒档，4 档是超速（O/D）档。丰田 A341E 自动变速器各执行元件功能如表 9-1 所示。

表 9-1 丰田 A341E 自动变速器各执行元件功能表

| 零部件名称 | | 功能 |
| --- | --- | --- |
| $C_1$ | 前进档离合器 | 连接输入轴和前行星排齿圈 |
| $C_2$ | 直接档离合器 | 连接输入轴和前、后太阳轮 |
| $C_0$ | O/D 档—直接档离合器 | 连接 O/D 档（超速档）太阳轮和超速档行星架 |
| $B_1$ | 2 档惯性制动器 | 防止前、后太阳轮转动 |
| $B_2$ | 2 档制动器 | 防止 $F_1$ 的外圈转动，以防止前、后太阳轮逆时针方向转动 |
| $B_3$ | 1 档、倒档制动器 | 防止后行星架转动 |
| $B_0$ | O/D 档制动器 | 防止 O/D 档太阳轮转动 |
| $F_1$ | 1 号单向离合器 | 当 $B_2$ 工作时，此单向离合器防止前、后太阳轮逆时针转动 |
| $F_2$ | 2 号单向离合器 | 防止后行星架逆时针方向转动 |
| $F_0$ | O/D 档单向离合器 | 当变速器开始被发动机驱动时，该离合器连接 O/D 档（超速档）太阳轮和 O/D 档（超速档）行星架 |

① 在 D1 档时，1 号电磁阀接通，2 号电磁阀不接通，以下执行器工作：$C_1$，$C_0$，$F_2$，$F_0$，其传动路线如图 9-53 所示。$C_0$ 和 $F_0$ 工作将超速档行星排的太阳轮和行星架相连，此时超速档行星排成为一个整体，输入轴的动力顺时针传给超速档行星排齿圈。前进档离合器 $C_1$ 工作，它将动力传给前行星排齿圈，驱动前行星轮顺时针转动。前行星轮驱动公共太阳轮逆时针转动，前行星架输出。

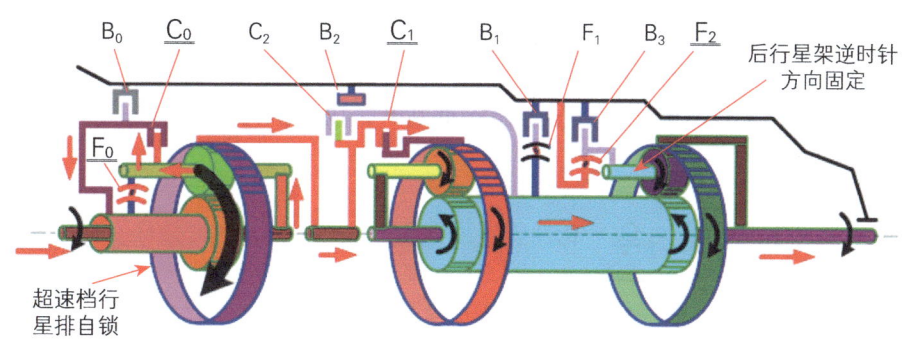

图 9-53 丰田 A341E 自动变速器 D1 档动力传动示意图

由于前后行星排共用一个太阳轮，此时公用太阳轮驱动后行星轮顺时针转动。汽车在起步时，由于后行星架有逆时针转动趋势，所以单向离合器 $F_2$ 工作，单向固定后行星架，后行星轮驱动后齿圈顺时针转动，输出动力。

② 在 D2 档时，1 号电磁阀接通，2 号电磁阀也接通，以下执行器工作：$C_1$，$C_0$，$B_2$，

$F_1$，$F_0$，其传动路线如图9-54所示。

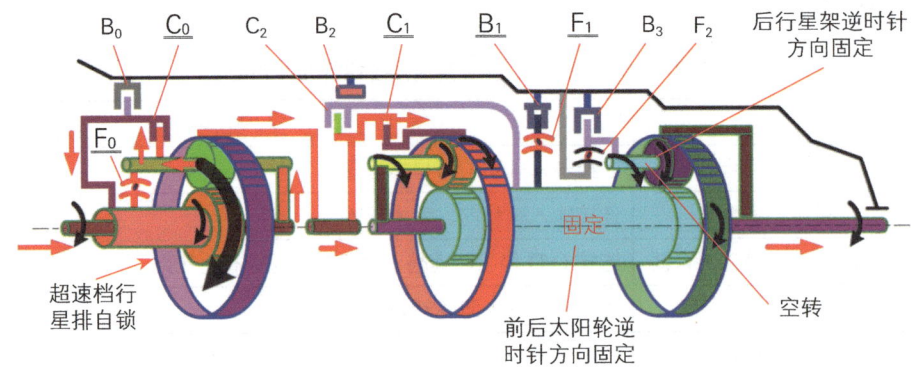

图9-54 丰田A341E自动变速器D2档动力传动示意图

③在D3档时，1号电磁阀不接通，2号电磁阀接通，以下执行器工作：$C_1$，$C_2$，$C_0$，$B_2$，$F_0$，其传动路线如图9-55所示。

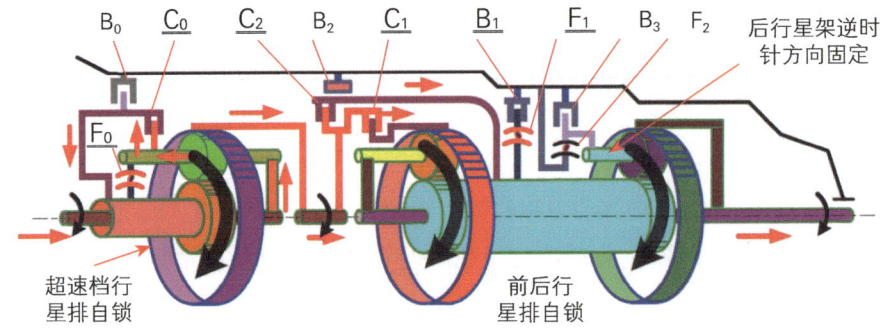

图9-55 丰田A341E自动变速器D3档动力传动示意图

④在O/D档时，1号电磁阀和2号电磁阀都断开，以下执行器工作：$C_1$，$C_2$，$B_2$，$B_0$，其传动路线如图9-56所示。

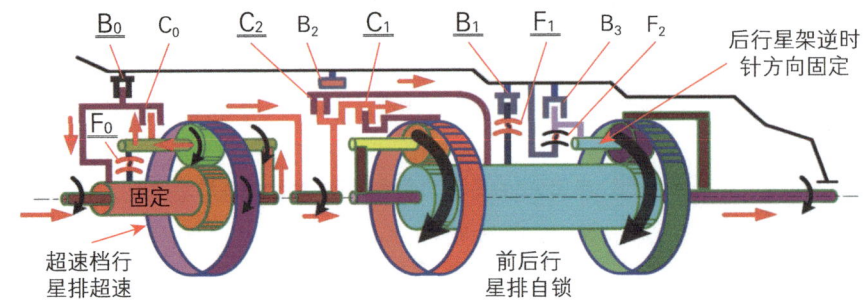

图9-56 丰田A341E自动变速器D4档动力传动示意图

⑤当变速杆位于 P 档时，自动变速器将机械地锁止输出轴，使驱动轮不能转动，防止汽车移动，如图 9-57 所示，同时换档执行机构使自动变速器处于空档状态，该位置可以起动发动机。当变速杆移开该位置时，停车锁止机构即被释放。当变速杆位于 N 位置时，自动变速器处于空档状态，此位置可以起动发动机，此时发动机的动力虽输入自动变速器，但只能使之空转，输出轴无动力输出。

图 9-57  P 档锁止齿轮和锁爪

**3. 液压控制系统**

自动变速器的自动控制是靠液压控制系统来完成的，液压控制系统由动力源、执行机构和控制机构三个部分组成。

自动变速器电子控制系统收集发动机节气门、车速等信号对液压系统电磁阀进行控制，进而控制液压系统的离合器和制动器，实现对档位的控制。自动变速器离合器、制动器、单向离合器属于换档执行机构，离合器用于接合或分离两个元件，制动器用于固定某个元件。

如图 9-58 和图 9-59 所示，自动变速器中所用的离合器为湿式多片离合器，它通常由活塞、回位弹簧、钢片、摩擦片离合器毂等组成。当活塞左腔有油压时，活塞克服回位弹簧力的作用左移，将摩擦片与钢片压紧，离合器接合产生摩擦力，动力从输入轴传递到输出轴。变速器控制油压就能对离合器和制动器进行控制，离合器和制动器工作实现换位变换。

制动器的作用是将行星排中的某一元件加以固定，使之不能转动。目前常见的是带式制动器和片式制动器。片式制动器的工作原理

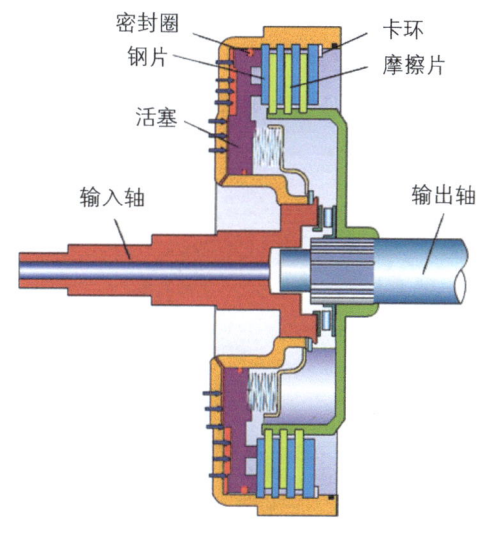

图 9-58  湿式多片离合器工作原理

和湿式多片离合器基本相同,但片式制动器鼓是固定在自动变速器壳体上的,当制动器工作时,与制动器鼓相连的行星排某一元件被固定住而不能转动。

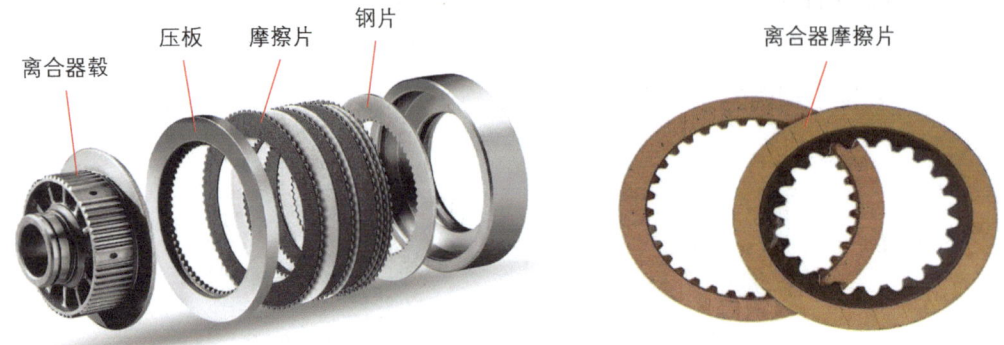

图9-59 湿式多片离合器的组成

带式制动器由制动带、制动鼓、活塞、推杆等组成,如图9-60所示。制动鼓与行星排的某一基本元件连接,并随之一起转动。当液压油压力推动活塞时,活塞克服弹簧弹力使推杆伸出,将制动带压紧在制动鼓上,于是制动鼓被固定住而不能旋转,此时,制动器处于制动状态。

单向离合器是依靠单向锁止原理来发挥固定或连接作用,其固定和连接也只能是单方向。当与之相连接的元件受力方向与锁止方向相同时,该元件即被固定或连接;当受力方向与锁止方向相反时,该元件即被释放或脱离连接。单向离合器结构原理如图9-61所示,单向离合器内的楔块可以保证导轮的单向锁止,即让导轮只能顺时针转动。

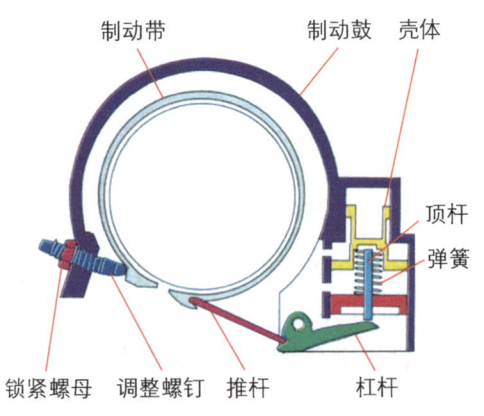

图9-60 带式制动器工作原理

图9-61 单向离合器结构和原理

自动变速器除了向控制机构、执行机构供给压力油以实现换档外，还给液力变矩器提供冷却补偿用油，向行星轮变速器供给润滑用油。常见的自动变速器油泵为内啮合齿轮泵，其结构如图9-62所示，发动机运转时，变矩器壳体后端轴套驱动主动齿轮顺时针运转，主动齿轮带动从动齿轮顺时针方向旋转。在吸油腔，因齿轮不断退出啮合，容积增大，形成真空吸油；在压油腔，因齿轮不断进入啮合，容积减小，将液压油压出。

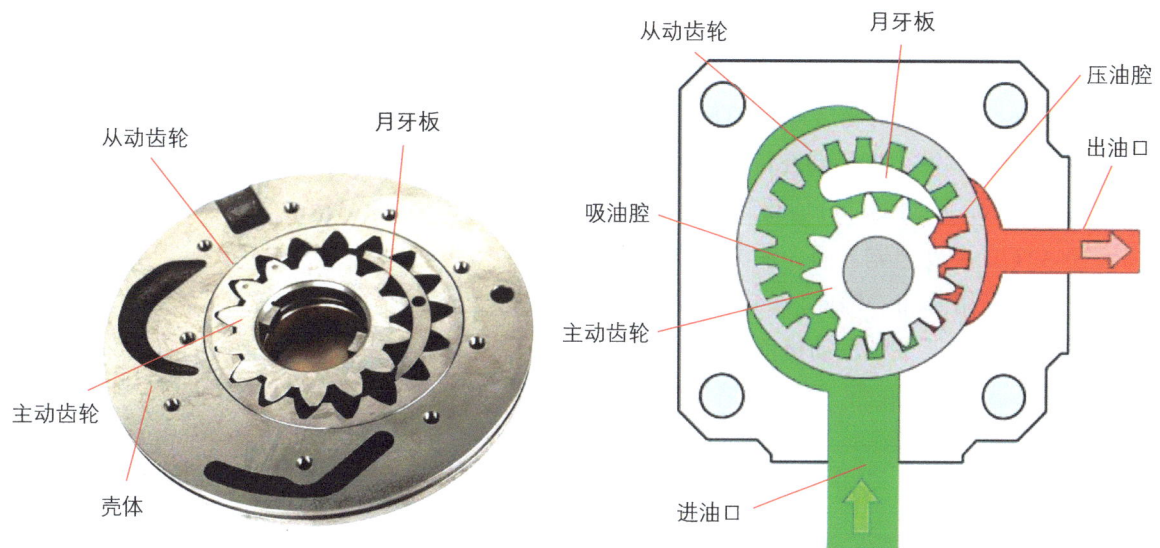

图9-62 内啮合齿轮油泵结构和原理

如图9-63所示，控制机构包括主油路调压阀、手动阀、换档阀等，这些阀基本都安装在自动变速器下方的油底壳内阀板上。如图9-64所示，调速阀根据车速来调节油压，节气门开度越大油压越高。变速杆连接到手动阀，根据所选的档位，手动阀接通相应档位的液压回路，换档阀将液压油供应到离合器和制动器，以达到换档的目的。

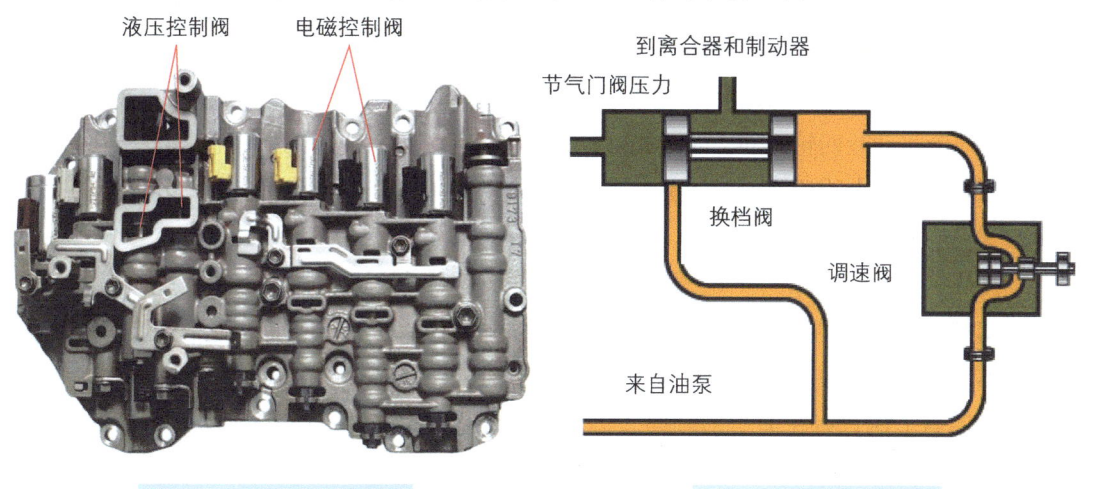

图9-63 自动变速器阀板

图9-64 简单换档回路

### 4. 电子控制系统

自动变速器电子控制系统包括电子控制单元、节气门位置传感器、冷却液温度传感器、车速传感器、电磁控制阀等。电子控制系统根据车速和发动机负荷，自动控制变速器换档时机和液力变矩器锁止时机，使汽车获得良好的动力性和燃油经济性。除此以外，电子控制系统还有失效保护功能和故障自诊断功能。

### 5. ATF 的冷却、滤清装置

自动变速器油简称 ATF，ATF 一般为红色，如图 9-65 所示。液力变矩器在传递动力的过程中，因传动效率低，从而使部分能量转换为 ATF 的热能，会使 ATF 的温度急剧升高。油温过高，会使油液变质，缩短使用寿命。因此，ATF 需要冷却，自动变速器 ATF 冷却器位于发动机前端散热器的附近。自动变速器滤网在油底壳，可以滤清油液中的杂质。

图 9-65　自动变速器油（ATF）

## 五　分动器的工作原理

### 1. 四轮驱动（4WD）的类型

四轮驱动车辆安装了分动器，分动器可以将变速器输出的动力分配到前、后驱动桥，因此，四轮驱动车辆 4 个车轮都有独立驱动力，操控及抓地力均衡良好，更易在泥潭和崎岖不平的路面脱困。四轮驱动车辆可以提高汽车的操控性，增强越野车的通过性，但是，由于每个车轮都会承担动力输出，所以费油。同时，四轮驱动系统结构复杂，保养和维修费用较高。汽车四轮驱动方式可以分为分时四驱、全时四驱和适时四驱三种类型。

分时四驱是驾驶员根据路面情况，通过操作 2WD 和 4WD 选择器来接通或断开分动器，进而选择两轮驱动或四轮驱动，如图 9-66 所示。分时四驱平常只利用前轮或是后轮来行驶，在积雪或砾石路面上能切换成四轮驱动来行驶，也叫选择四轮驱动，这也是越野车或是四驱 SUV 最常见的驱动模式。

全时四驱车辆结构如图 9-67 所示，这种车辆在整个行驶过程中一直保持四轮驱动，发动机输出转矩以固定的比例分配到前后轮，这种驱动模式能随时拥有较好的越野和操控性能，但不能够根据路面情况做出转矩分配的调整，并且油耗较高。

适时四驱车辆只有在适当的时候才会转换为四轮驱动，而在其他情况下仍然是两轮驱动，控制系统会根据车辆的行驶路况自动切换为两驱或四驱模式。

第九章 底盘传动系统的结构和原理

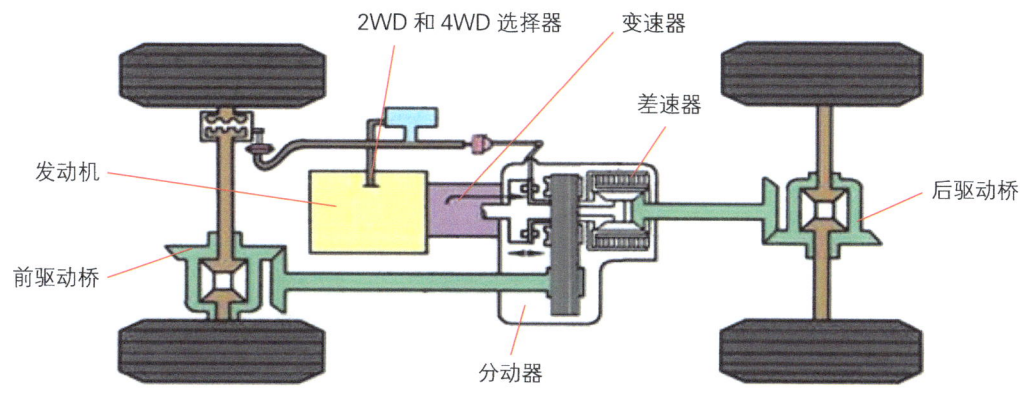

图9-66 分时四驱车辆结构

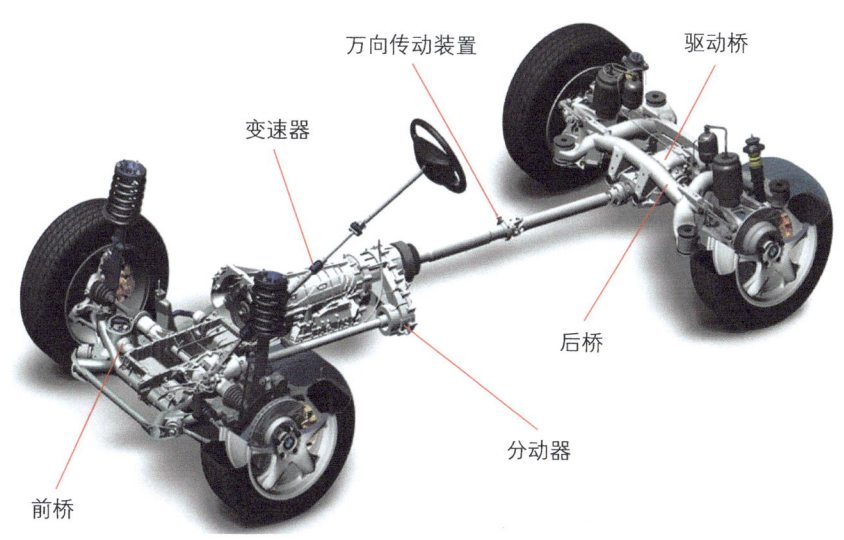

图9-67 全时四驱车辆结构

## 2. 分动器的工作原理

分动器将变速器输出的动力分配到前、后驱动桥，并且进一步增大转矩。分动器可以采用链条传动，也可以采用齿轮传动，如图9-68和图9-69所示。分动器输入轴与变速器的输出轴相连，分动器通常有两个输出轴，分别与前、后驱动桥连接。

很多车辆四轮驱动系统是采用多片离合器来控制动力分配的。如图9-70所示，分动器由ECU通过电控机构控制动力分配到前后轴的比例，这种多片离合器反应速度极快，使得操控性能得到很大提升。正常情况下，系统按照40∶60的比例分配动力，当遇到复杂路况时，ECU控制液压机构压合多片离合器，进而改变前后轴的动力输出分配。

141

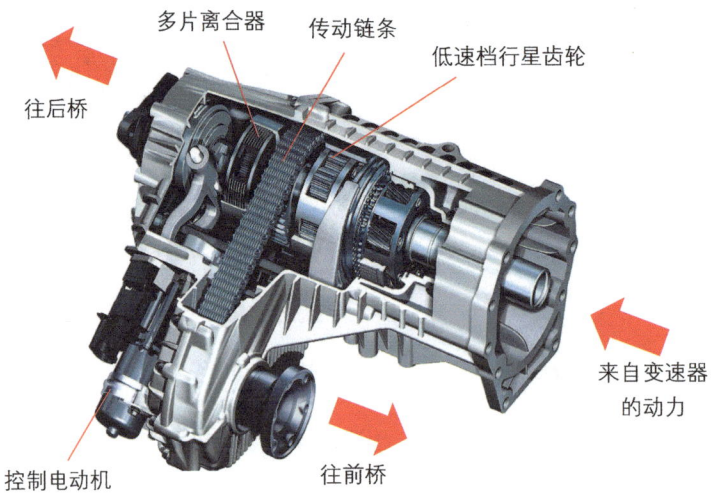

图 9-68 链条传动的分动器

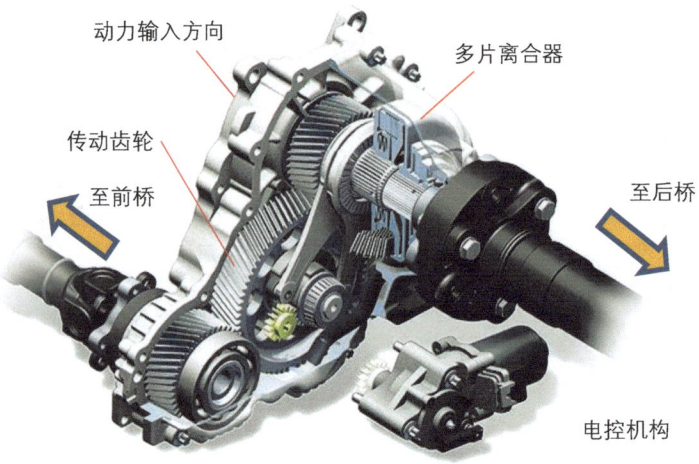

图 9-69 齿轮传动的分动器

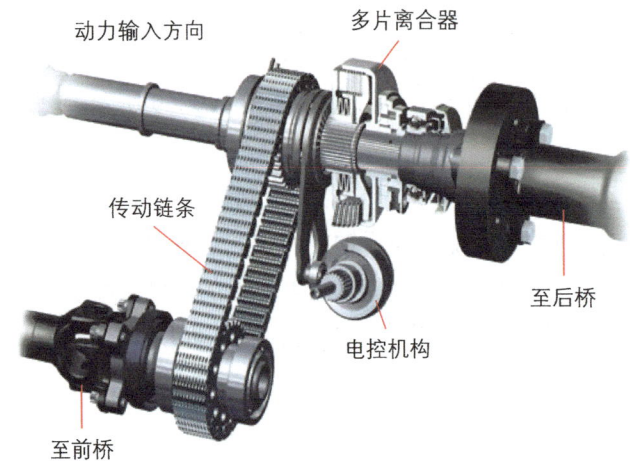

图 9-70 分动器原理

## 第三节　万向传动装置的结构和原理

### 一　万向传动装置的作用

在汽车传动系统中，为了实现一些轴线相交或相对位置经常变化的转轴之间的动力传递，必须采用万向传动装置。例如，图9-71中主动轴的动力传到与其成一定角度的从动轴上。在传动系统中，万向传动装置主要应用在以下场合：变速器与驱动桥之间，变速器与分动器之间，转向驱动桥中的主减速器与转向驱动轮之间。

万向传动装置一般由万向节和传动轴组成，当传动路线较长时，万向传动装置有时还要有中间支承装置，如图9-72所示。常见的轿车通常采用前置前驱方式，这种车辆没有中间支承装置，也不需要传动轴。

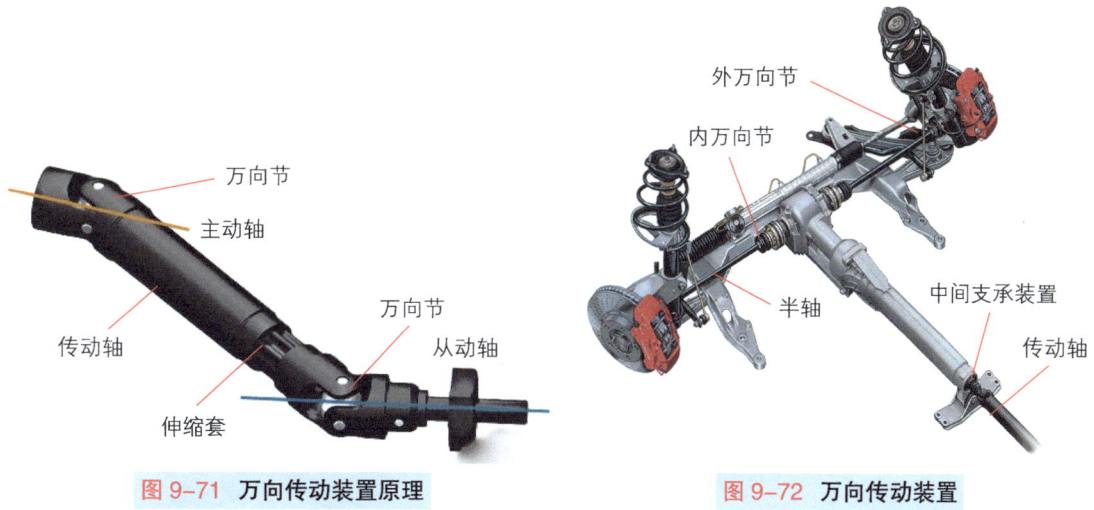

图9-71　万向传动装置原理　　　　图9-72　万向传动装置

### 二　万向节

万向节能在不同轴线的轴之间传递动力，按万向节刚性大小，可分为刚性万向节和柔性万向节。柔性万向节结构如图9-73所示，它依靠橡胶等弹性元件的弹性变形，来保证在相交的两轴之间传动时不发生机械干涉。常用的刚性万向节主要有十字轴式、球笼式和三枢轴式等。十字轴式刚性万向节用于发动机前置后驱的变速器与驱动桥之间，球笼式和三枢轴式万向节主要用于发动机前置前轮驱动的内、外半轴之间。

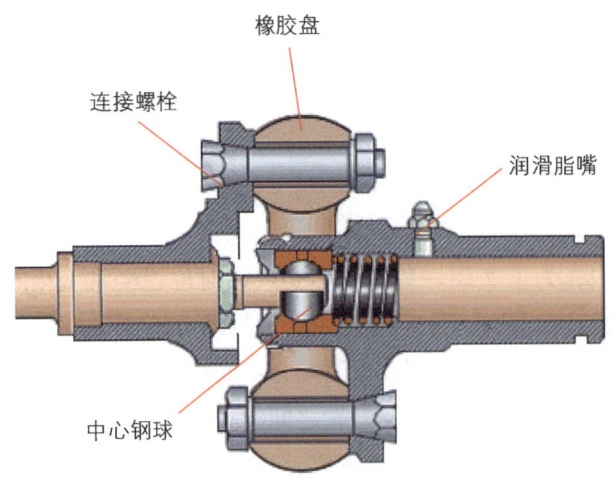

图 9-73 柔性万向节结构

如图 9-74 所示,十字轴式刚性万向节由万向节叉、十字轴、滚针轴承、油封、套筒、轴承盖等组成。转动过程中滚针轴承中的滚针可自转,以便减轻摩擦。与输入动力连接的轴称为输入轴,经万向节输出的轴称为输出轴。

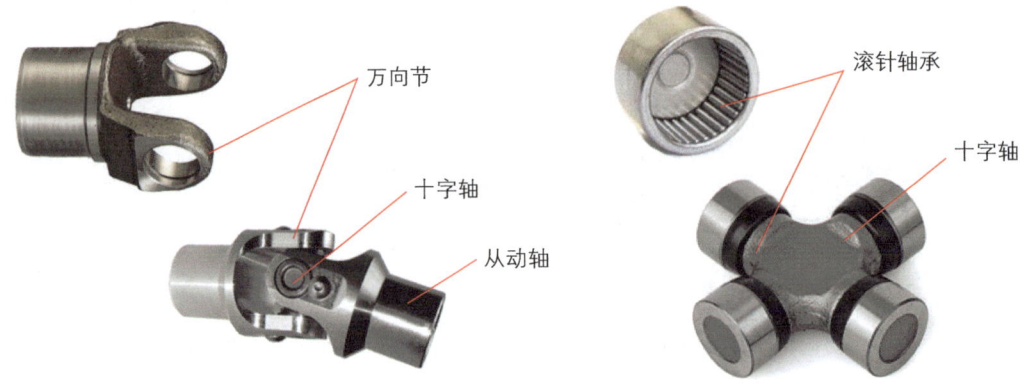

图 9-74 十字轴式刚性万向节

球笼式万向节根据内、外滚道结构不同,分为伸缩式和固定式。伸缩式球笼式万向节一般用于内万向节,固定式球笼万向节一般用于外万向节。如图 9-75 所示,球笼式万向节主要由球形壳(外行星轮)、保持架(球笼)、钢球(滚珠)、星形套(内行星轮)等组成。球形壳是钢球的外滚道,星形套是钢球的内滚道。动力传递途径:半轴(主动轴)→星形套→钢球→球形壳→车轮中心轴(从动轴)。

如图 9-76 所示,球笼万向节结构类似球轴承,都是由钢球、保持架、内外滚道等组成的,只是万向节内星形套连接的轴可以摆动和伸缩。

第九章 底盘传动系统的结构和原理

图 9-75 球笼式万向节　　　　图 9-76 球轴承结构

如图 9-77 所示，伸缩式球笼万向节是内万向节，它用螺栓与差速器传动轴凸缘相连接，这种万向节内外滚道是圆筒形的，在传递转矩的过程中，内外滚道可以沿轴向相对移动，故在轴向有一定的伸缩量，可以使前轮跳动时轴向长度的变化得到补偿。万向节是通过钢球传递转矩的，轴向移动阻力较小。

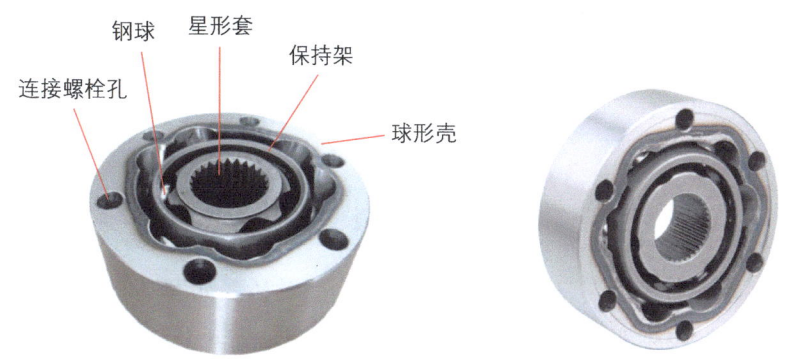

图 9-77 伸缩式球笼万向节

如图 9-78 所示，固定式球笼万向节是外万向节，它在轴向不可以伸缩，但它的摆动角度大，可以适应独立悬架前轮的跳动，球形壳端部为花键轴，花键轴与前轮毂配合。

三枢轴式万向节允许相邻两轴间有较大的夹角，它具有结构简单、体积小、重量轻等优点，因而广泛应用于越野车的转向驱动桥。如图 9-79 所示，三枢轴式万向节由筒形壳、枢轴、滚轮等组成。当筒形壳转动时，球形滚轮将带动三枢轴随其转动，而三枢轴与从动轴以花键

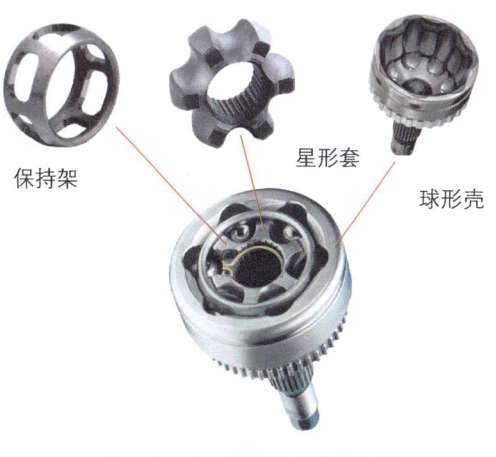

图 9-78 固定式球笼万向节

145

连接，进而带动从动轴转动，实现动力的传递。

如图 9-80 所示，防尘套由卡箍固定在球形壳和半轴上，它可以防止灰尘、泥沙溅入万向节破坏其润滑。万向节需要使用润滑脂润滑，需要定期对万向节进行维护，更换润滑脂，检查防尘套是否破裂，卡箍是否松动。

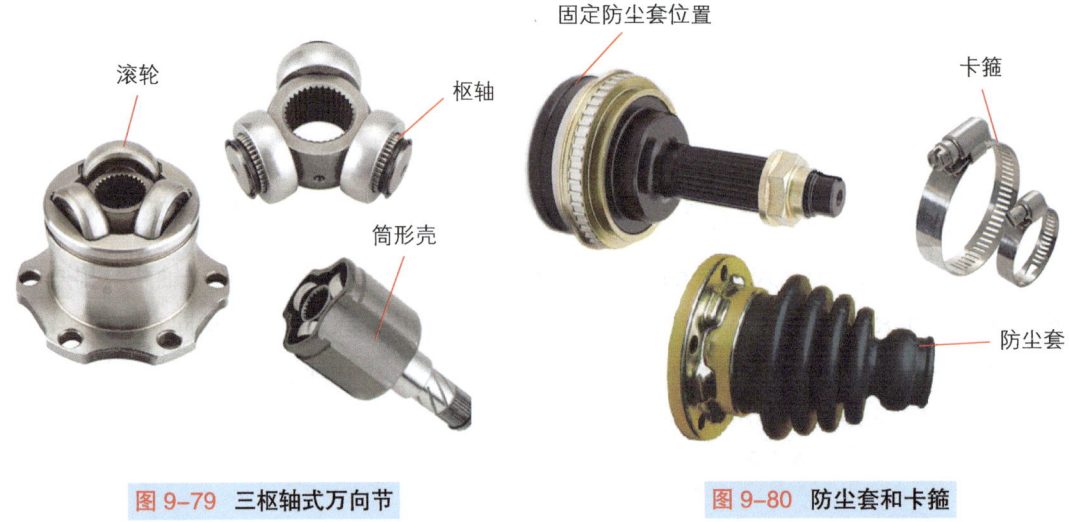

图 9-79　三枢轴式万向节　　　　　　图 9-80　防尘套和卡箍

## 三　传动轴

发动机前置的后驱车辆，用传动轴连接变速器和后驱动桥。如图 9-81 所示，由于变速器与驱动桥之间的距离会发生变化，所以，传动轴一端设有伸缩套来调节，传动轴另一端焊有万向节叉来连接万向节。润滑脂嘴可方便注入润滑脂来润滑其花键滑动部分。

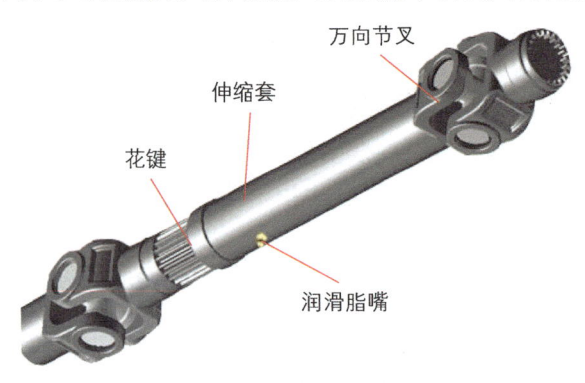

图 9-81　传动轴

传动轴中间支承装置主要用于支承较长的传动轴。如图 9-82 所示，中间支承装置通过 U 形支架固定在车身底板上，中间支撑装置外面是起缓冲作用的橡胶垫，中间用于支承传动轴的是轴承。

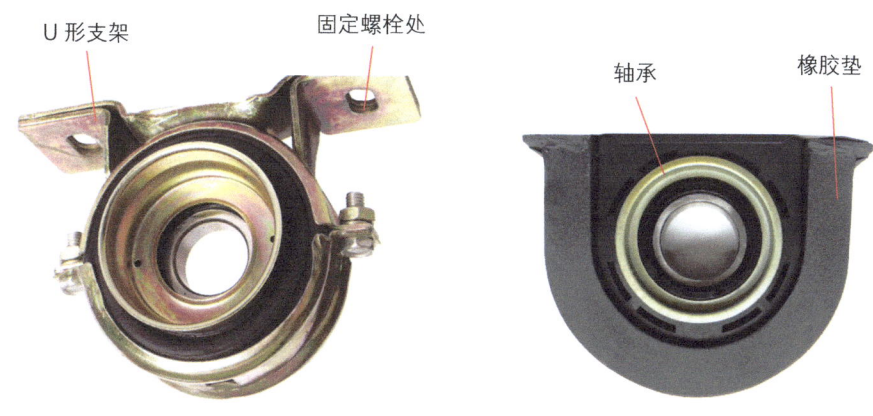

图 9-82 传动轴中间支承装置

半轴是差速器与驱动轮之间传递转矩的实心轴，如图9-83所示。轿车常采用断开式车桥，其半轴总成包括内万向节、半轴和外万向节，其内端一般通过花键与半轴齿轮连接，外端与车轮轮毂连接。货车常采用整体式车桥，其半轴如图9-84所示，其一端通过花键连接差速器，另一端通过凸缘用连接螺栓连接轮毂。

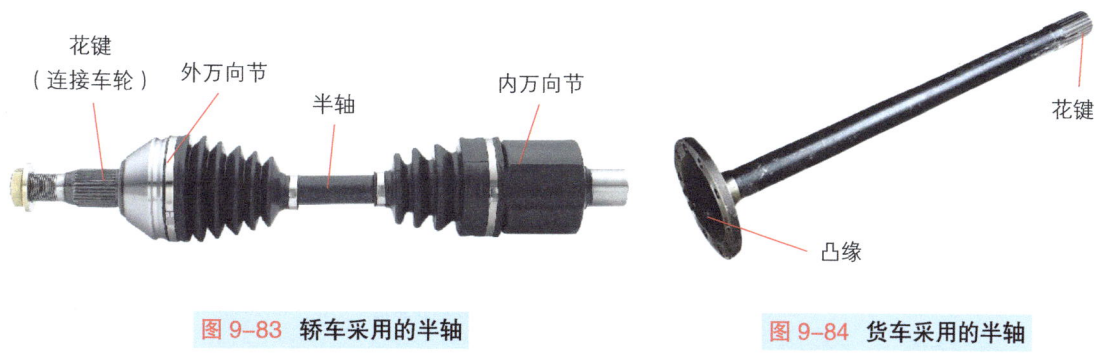

图 9-83 轿车采用的半轴　　　　　　图 9-84 货车采用的半轴

## 第四节　驱动桥的结构和原理

### 一、驱动桥的作用

整体式（非断开式）车桥的驱动桥结构如图9-85所示，它由主减速器、差速器、半轴和桥壳等组成。驱动桥壳由中间的主减速器壳和两边与之刚性连接的半轴套管组成，通过减振器、弹簧等悬架部件与车身或车架相连。两侧车轮安装在此刚性桥壳上，半轴与车轮不可能在横向平面内做相对运动。

断开式车桥的驱动桥结构如图 9-86 所示，这种车桥采用铰链连接，其车轮和车架相对独立，主减速器固定在车架上。驱动桥是传动系统的最后一个总成，发动机的动力传到驱动桥后，主减速器将转矩放大并降低转速，经差速器分配给左右半轴，最后通过半轴外端的凸缘传到驱动车轮的轮毂。主减速器和差速器位于桥壳内，桥壳内有润滑油脂可以对运动部件进行润滑。

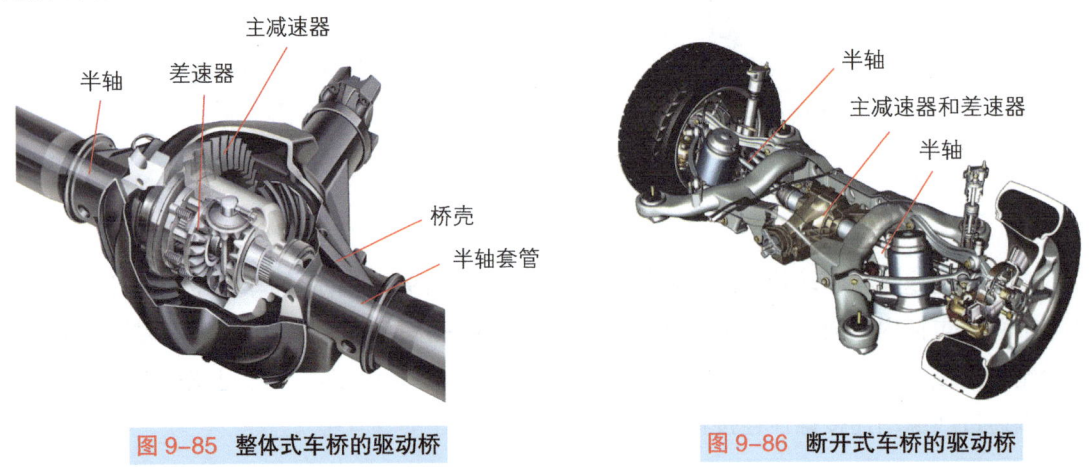

图 9-85 整体式车桥的驱动桥　　　图 9-86 断开式车桥的驱动桥

## 二、减速器

前驱或后驱车辆只有前桥或后桥是驱动桥，四驱汽车的前桥和后桥都是驱动桥，如图 9-87 所示。采用发动机前置前桥驱动形式的汽车，一般将变速器和驱动桥合为一体，布

图 9-87 四轮驱动车辆驱动桥的位置

置在一个壳体内,称为变速驱动桥,其结构如图 9-88 所示。发动机动力经过变速器变速以后,传给主减速器。主减速器增大传动力矩后将动力传递给差速器,差速器根据两侧车轮阻力,将动力分配并传给两侧连接车轮的半轴。

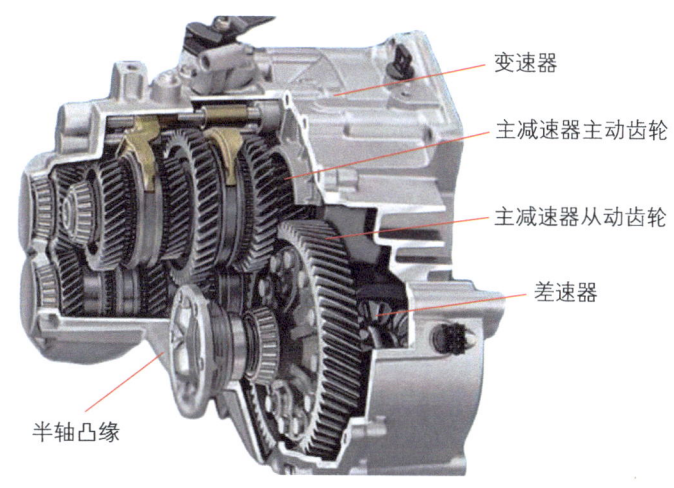

图 9-88 前驱车辆的变速驱动桥

发动机前置后驱车辆的主减速器结构如图 9-89 所示,主减速器主要包括一个主动锥齿轮和一个从动锥齿轮。主动锥齿轮齿数较少,从动锥齿轮齿数较多,因而可以增大力矩。采用两个锥齿轮可以改变动力传递方向,以便于车轮转动。主减速器主动齿轮安装在壳体内,采用两个圆锥滚子轴承支承。主减速器从动齿轮用螺栓安装在差速器壳体上,如图 9-90 所示。

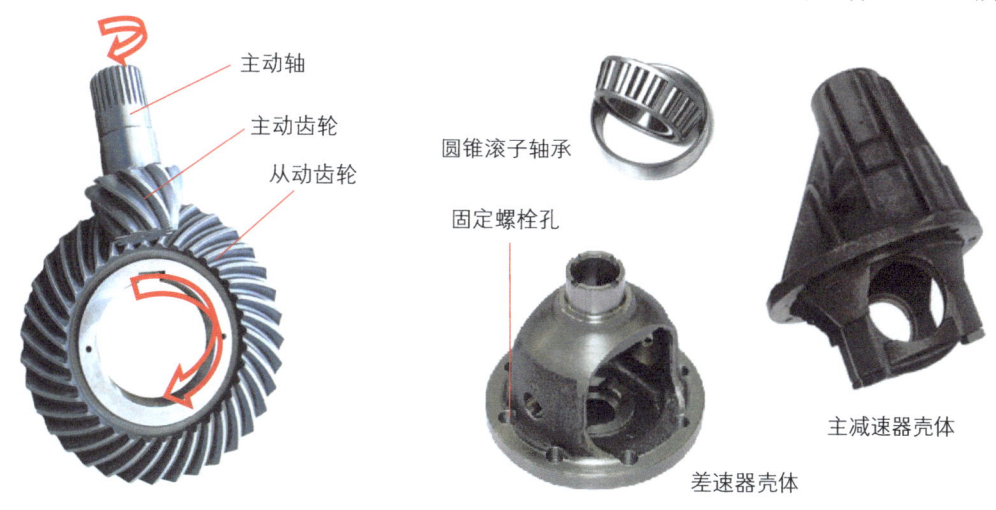

图 9-89 主减速器的工作原理　　　图 9-90 主减速器支承轴承及壳体

圆锥滚子轴承结构如图 9-91 所示,它由外圈、保持架、圆锥滚子、内圈组成。为了增大圆锥滚子与内外圈的接触面积,在安装圆锥滚子轴承时必须使轴承滚道预先承受一定的载荷，这个载荷就是预紧力，也称为预紧度。

安装时通过调整两轴承间衬套或垫片的尺寸，其位置如图 9-92 所示，可获得合适的预紧度。减速器安装时必须保证支承轴承的合适预紧力，预紧力过大会产生高温，高温会导致轴承磨损过快等现象。预紧力过小会使轴的支承刚度下降，进而破坏齿轮副的正常啮合，导致齿轮磨损严重。

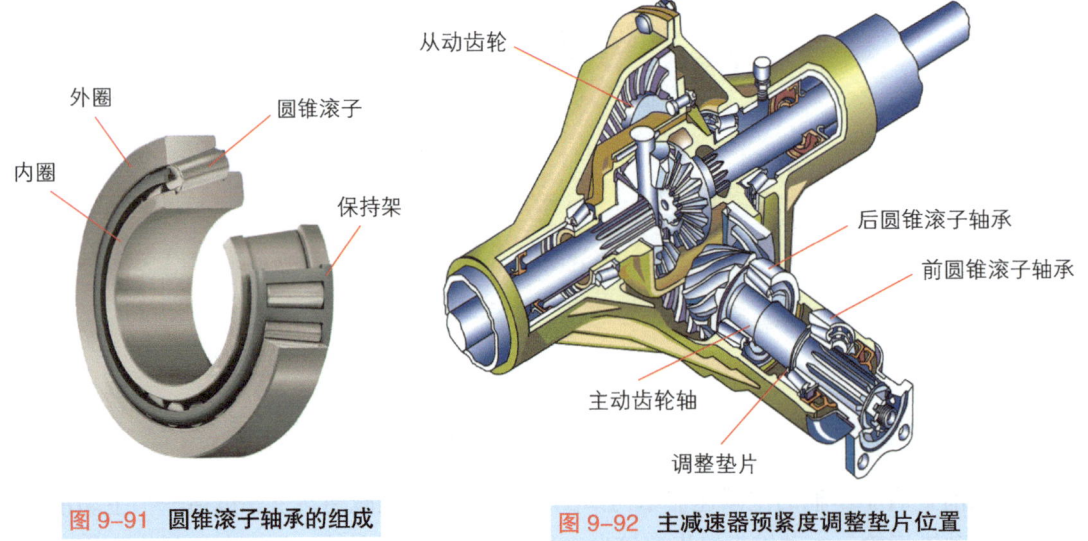

图 9-91　圆锥滚子轴承的组成　　　　图 9-92　主减速器预紧度调整垫片位置

## 三　差速器

如图 9-93 所示，在汽车转弯时，外侧车轮转速高于内侧，如果驱动车轮间没有安装差速器，会导致内侧车轮发生"转向制动"的现象。转弯时，左右车轮受到的阻力不一样，这时差速器行星轮绕着半轴公转同时自转，从而吸收阻力差，使外侧车轮的转速可以高于内侧车轮的转速。

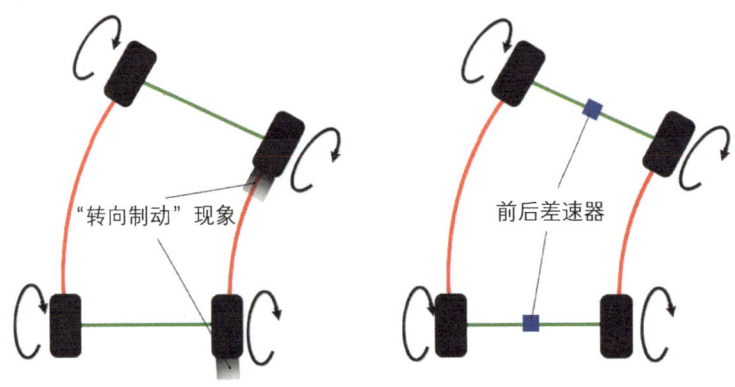

图 9-93　车辆转弯状态

差速器按其用途可分为轮间差速器和轴间差速器。轮间差速器装在同一驱动桥两侧驱动轮之间,而轴间差速器装在各驱动桥之间。无论是轮间差速器还是轴间差速器,按其工作特性均可以分为普通差速器和防滑差速器两大类。普通差速器安装在差速器壳体内,主要包括半轴齿轮、行星轮和行星轮轴,如图9-94所示。

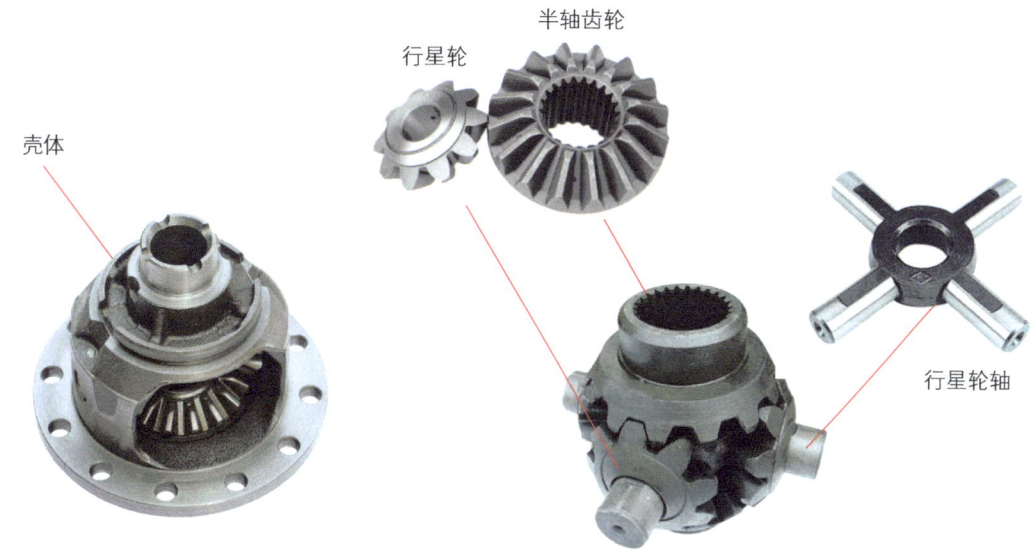

图9-94 差速器的组成

当汽车在平直道路上行驶时,两个驱动轮所受的阻力相等。行星轮不产生自转,而是与差速器壳作为一个单元一起转动。半轴齿轮也是与差速器壳转动速度相同,使两个驱动轮以相同的速度转动。此时,差速器在左、右车轮阻力相同时,行星轮只绕半轴齿轮公转,如图9-95所示。

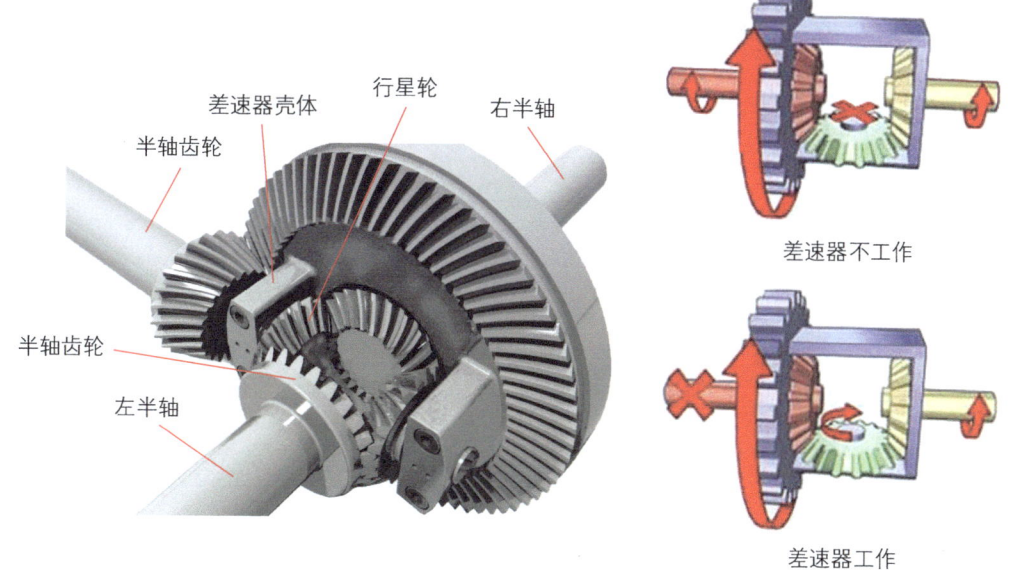

图9-95 差速器工作原理

在转向时或道路不平引起车轮以不同速度转动时，差速器工作。例如，在转向时，内轮遇到的道路阻力比外轮更大，内轮转动速度比外轮慢。差速器壳和行星轮作为一个单元转动，行星轮既公转也自转，即行星轮沿半轴齿轮转动。因此，外侧车轮半轴上的半轴齿轮比内侧车轮半轴上的半轴齿轮转动得快，外侧车轮比内侧车轮转动得快。

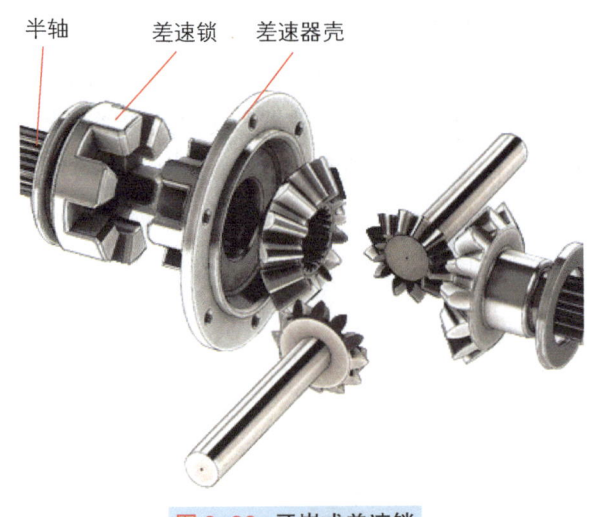

图9-96 牙嵌式差速锁

在冰雪或泥沙路面，车轮可能会产生滑动，当一侧驱动轮滑动时，另一侧车轮会在地面保持不动，因此，车辆无法获得驱动力。如图9-96所示，牙嵌式差速锁可以让两侧车轮连在一起，这样空转侧的动力可以传到另外一侧车轮上，让车辆脱困。

很多中高档轿车采用防滑差速器（中央托森差速器），如图9-97所示。中央托森差速器利用的是蜗轮蜗杆机构不可逆向传动的原理，实现前后轴的限滑与自锁。某个车轮出现打滑现象时，中央托森差速器可主动将动力分配给附着力更好的车轴。有的车前轴配备了限滑差速器，在车辆高速过弯时，可以帮助外侧的车轮获得更多的动力，减少前驱车在高速过弯时候会出现的比较明显的转向不足。四驱汽车前、后驱动桥由传动轴相连，为消除各桥驱动轮的滑动现象，在各驱动桥之间装设中央差速器。

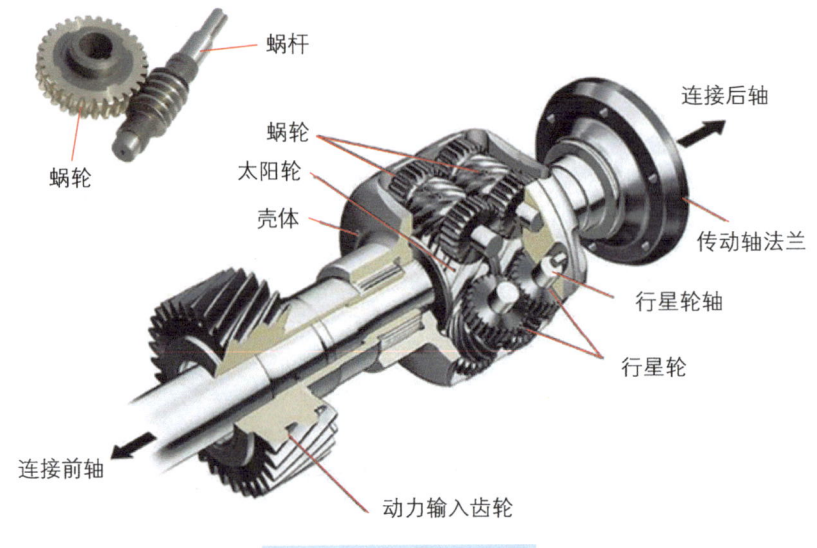

图9-97 中央托森差速器

# 第十章
# 底盘行驶系统的结构和原理

## 第一节　车架和车桥

　行驶系统的组成

目前，绝大多数汽车采用轮式行驶系统，汽车与地面接触的部分是车轮，通过车轮在路面上的滚动使汽车行驶。行驶系统将汽车构成一个整体，并支承汽车的总质量，缓冲减振，保证汽车平顺行驶。行驶系统一般由车架（或承载式车身）、车桥、车轮和悬架组成，如图 10-1 所示。车轮安装在悬架上并支承车桥，车桥和车架（或承载式车身）之间通过弹性悬架连接，用以减小车辆在不平路面上行驶时受到的冲击和振动。

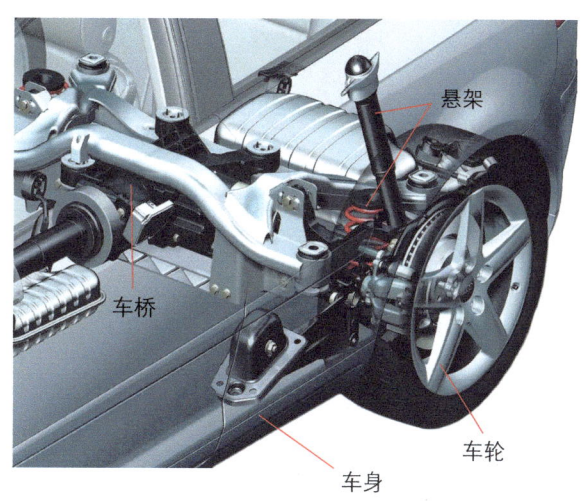

图 10-1　底盘行驶系统

　车架的作用

车架是跨接在各车桥之间的桥梁式结构，它是全车的装配基础，将发动机、变速器等相关总成连成一个整体。车架要承受各种静、动载荷，因此，车架应有足够的强度和适当的刚度，以便承受各种力和力矩。

汽车车架的结构型式有边梁式、中梁式和综合式三种类型。部分轿车和大客车用车身兼起车架作用，这种车身称为承载式车身（也称为无梁式车架）。

### 1. 边梁式车架

边梁式车架用于货车、皮卡和越野车上，这种车架重量大，使车身高度较高，不适合普通轿车。如图10-2所示，边梁式车架由两根位于两边的纵梁和若干根横梁组成，用铆接法或焊接法将纵梁与横梁连接成坚固的刚性构架。纵梁常用低碳合金钢钢板冲压而成，其断面多为槽形，也有的制成箱形断面，如图10-3所示。纵梁可以制成水平面内或纵向垂直平面内弯曲的形状。

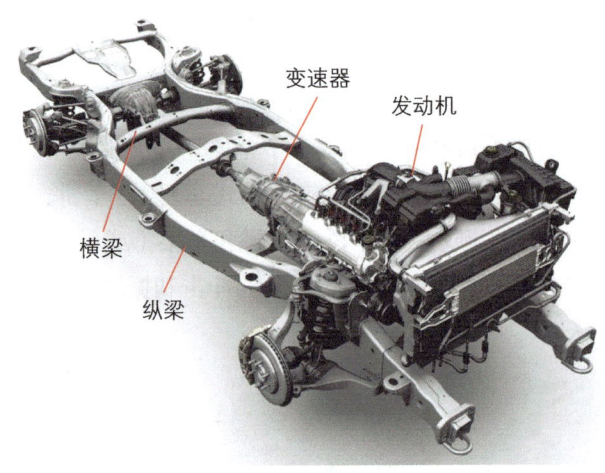

图10-2 边梁式车架

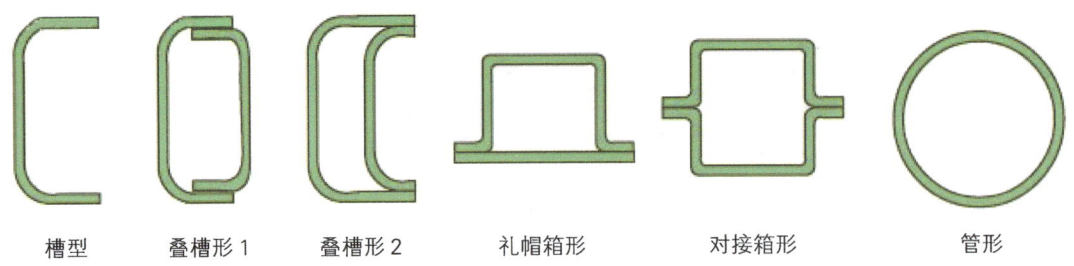

图10-3 车架纵梁断面形状

### 2. 中梁式车架

中梁式车架由一根贯穿于中央的纵梁和若干横向悬伸托架构成，如图10-4所示。中梁的断面为管形，传动轴从中梁内穿过，主减速器通常固定在其尾端，发动机固定在前悬伸出的托架上。中梁式车架具有较大的扭转刚度，车轮有较大的运动空间，车架较轻，但制造工艺复杂，只用于某些轿车和货车。

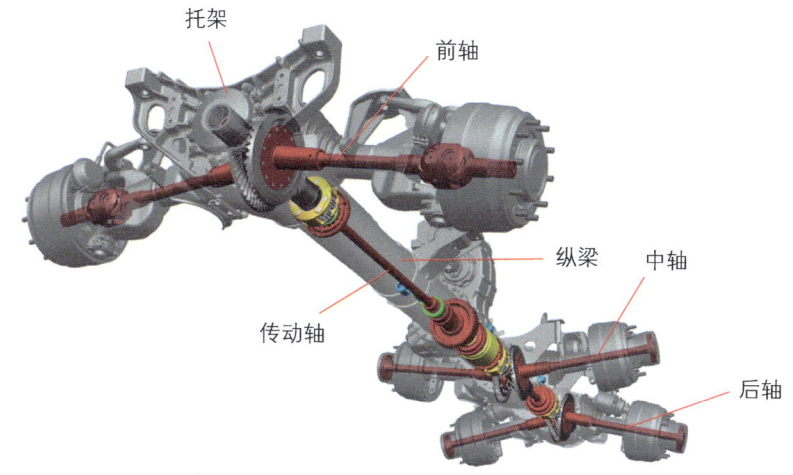

图 10-4　中梁式车架

### 3. 综合式车架

综合式车架是边梁式和中梁式车架的综合，一段车架为边梁式，一段车架为中梁式，如图 10-5 所示，这种车架制造工艺复杂，应用不广泛。

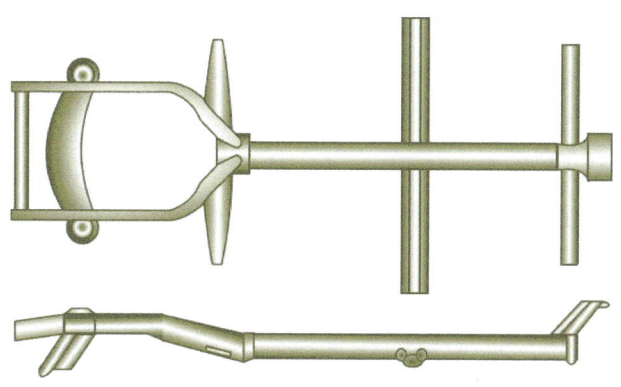

图 10-5　综合式车架

### 4. 无梁式车架

大多数轿车采用承载式车身，这种车身可代替车架，因此，承载式车身也称为无梁式车架。它的发动机、变速器等总成都安装在车身上。车身需要代替车架承受各种力矩，所以在车身上有很多加强梁，例如前纵梁、前立柱、门槛等（图 10-6）。

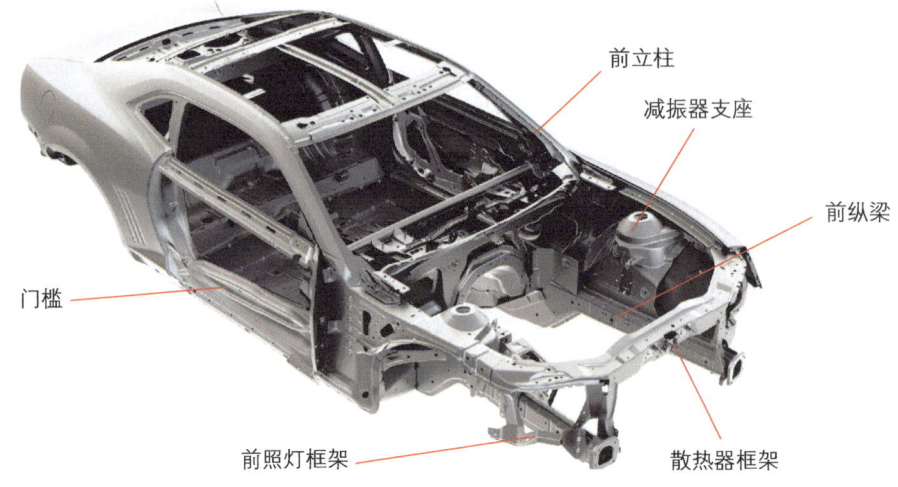

图 10-6 无梁式车架

## 三 车桥

普通汽车有前桥和后桥（图10-7），车桥通过悬架与车架（或车身）相连，其两端安装车轮。车桥的功用是传递车架和车轮之间的作用力，以及这些力所形成的力矩。按悬架结构不同，车桥分为整体式和断开式。按作用的不同，车桥可分为转向桥、驱动桥、转向驱动桥和支持桥。普通后轮驱动的轿车，前桥不仅用于承载，而且起到转向作用，称为转向桥。后桥不仅用于承载，而且起到驱动的作用，称为驱动桥。

普通前驱轿车前桥为转向驱动桥，后桥为支持桥。支持桥也称从动桥，它不能传递动力，既无转向功能又无驱动功能。轿车支持桥主要功能是承受汽车的垂直载荷、横向力，并将后轮的制动力传给车身。

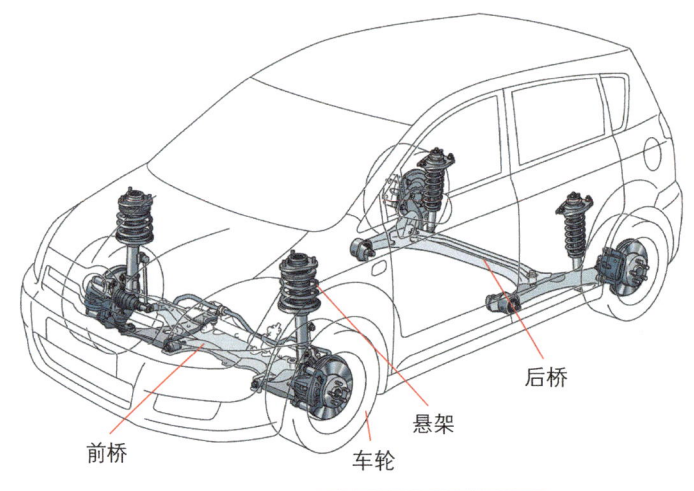

图 10-7 汽车的前桥和后桥

## 1. 转向桥

汽车驱动桥包括主减速器、差速器、半轴和桥壳，前文已有介绍，不再赘述。汽车转向桥包括转向节、轮毂、主销以及副车架等。如图10-8所示，转向桥的转向节可转动一定的角度，非驱动桥的转向节车轮中心轴是固定的，不能转动。

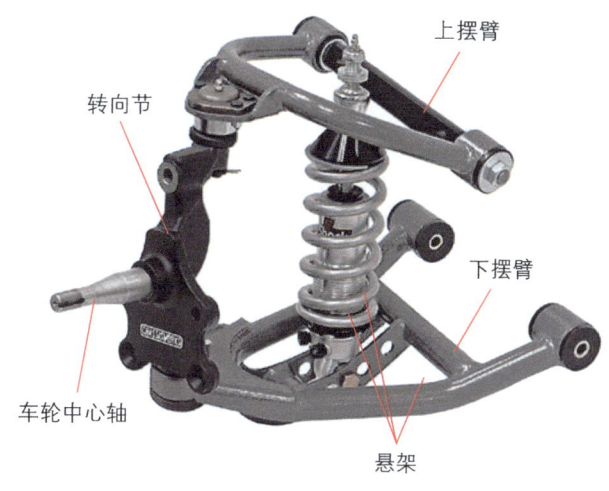

图 10-8　转向节

就像门是绕着门轴转动的，汽车转向车轮也是绕自己的轴线转动的，这个轴线就是主销。一般货车上有实际存在的主销，而在轿车上，绝大多数只有"虚拟主销"，即主销轴线，如图10-9所示。主销的位置对行驶性能有很大的影响。

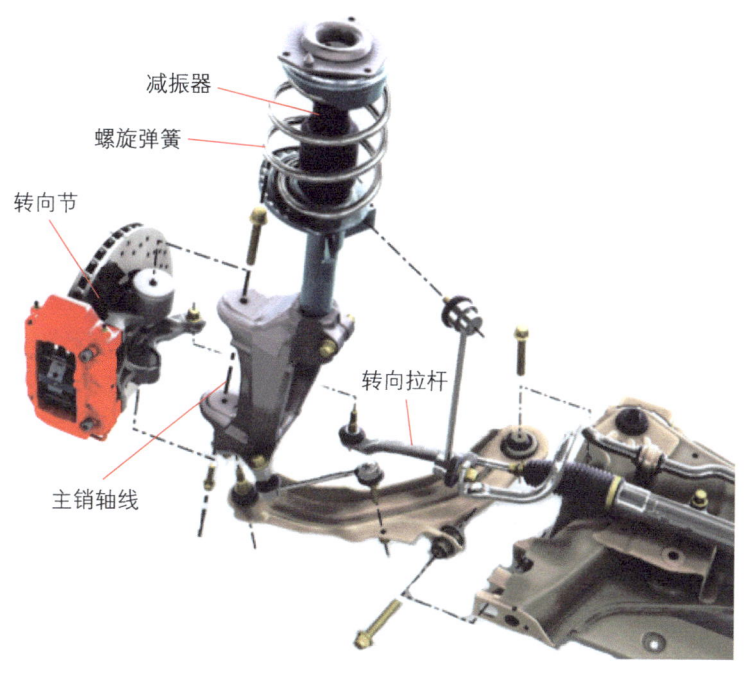

图 10-9　主销

轮毂通常通过双列圆锥滚子轴承支承在转向节上。双列圆锥滚子轴承能够承受较重的复合(径向与轴向)载荷，刚性强，如图10-10所示。轮毂上安装了车轮紧固螺栓，用于安装制动盘和车轮。

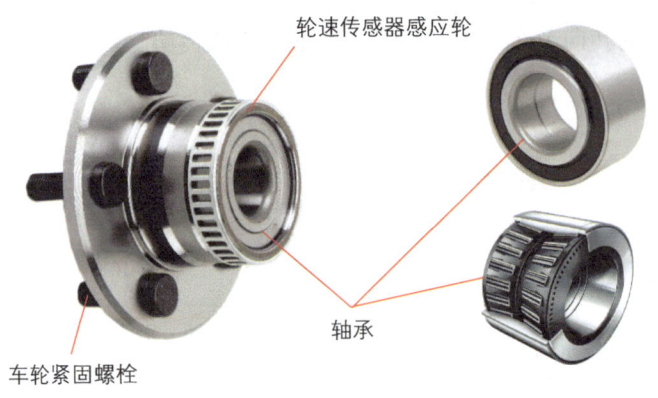

图 10-10 轮毂

## 2. 转向驱动桥

前轮驱动汽车和全轮驱动汽车的前桥，既起转向桥的作用，又兼起驱动桥的作用，故称为转向驱动桥。如图10-11所示，转向驱动桥和一般驱动桥一样，由主减速器和差速器等组成。由于转向时转向车轮需要绕主销偏转一个角度，与转向轮相连的半轴必须分成内外两段，同时主销也因此分制成两段，即常用上、下球头销代替。转向驱动桥的转向节中心有孔，以便半轴穿过其中来传输动力，如图10-12所示。

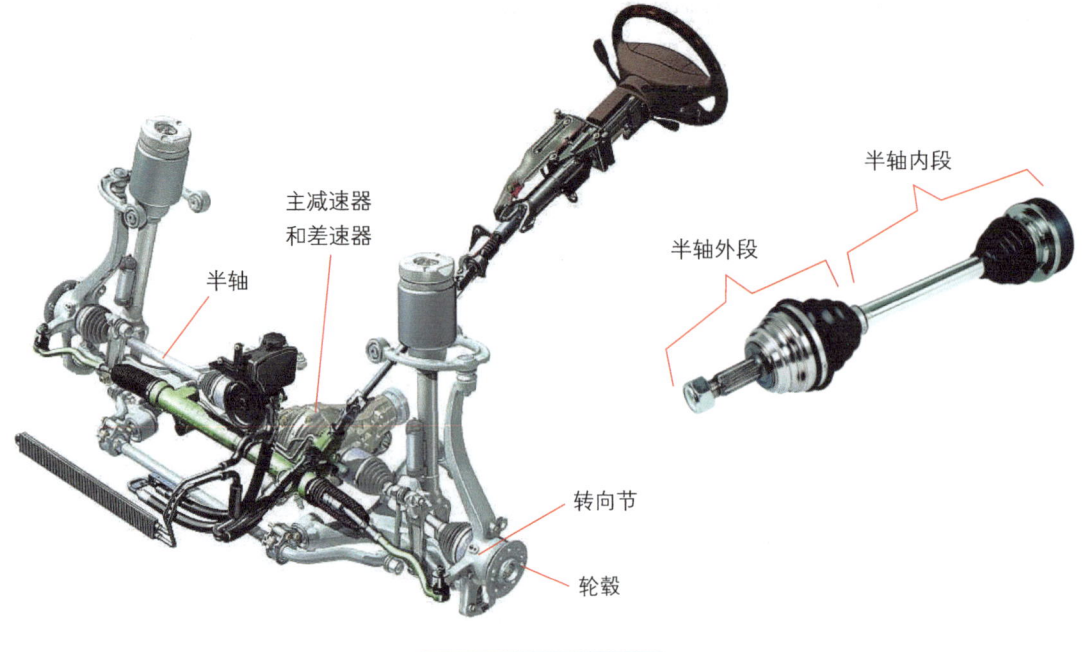

图 10-11 转向驱动桥

支持桥多为整体式，副车架将两车轮直接连在一起；而转向桥多为断开式，断开式车桥有类似人的关节一样的结构，可以相互活动，断开式车桥主要由副车架、上摆臂和下摆臂等组成，如图10-13所示。

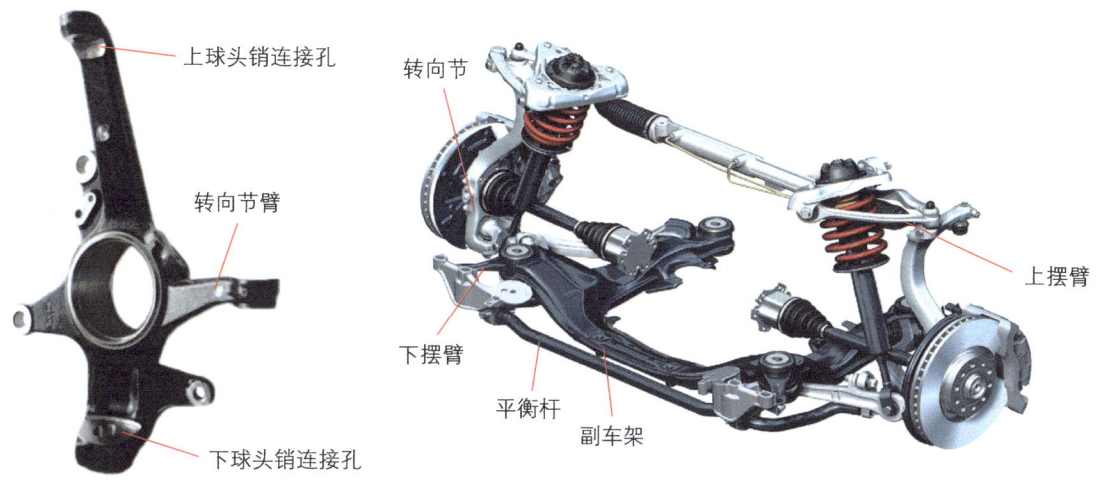

图 10-12 转向驱动桥转向节

图 10-13 断开式车桥

### 3. 支持桥

整体式车桥的中部是刚性实心或空心梁，与非独立悬架配用，支持桥一般为整体式车桥，如图10-14所示。支持桥的轮毂、制动鼓通过轴承支承和轴向定位。车桥只向其传递横向、纵向推力或拉力，不传递转矩。

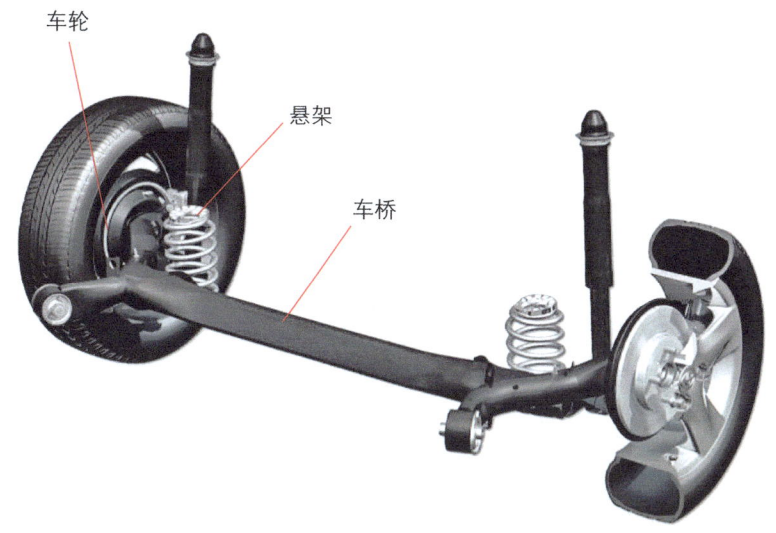

图 10-14 整体式车桥

## 四　车轮定位

为了保证汽车直线行驶的稳定性和操纵的轻便性，减少轮胎和其他机件的磨损，要求车轮、转向节、主销具有一定的相对位置，这种安装位置关系称为车轮定位。因为大多数汽车后轮定位不能调整，因此，车轮定位也称为转向轮定位或前轮定位。前轮定位包括主销后倾、主销内倾、前轮外倾及前轮前束。

1）主销或主销轴线（也称虚拟主销）上端略向后倾斜，这种现象称为主销后倾。在纵向垂直平面内，主销轴线与垂线之间的夹角称为主销后倾角（图 10-15）。主销后倾角的作用主要是为了保持汽车直线行驶的稳定性，并在汽车转向时能使前轮自动回正。

2）主销上端略向内倾斜，这种现象称为主销内倾，在汽车的横向垂直平面内，主销与垂线之间的夹角称为主销内倾角，如图 10-16 所示。主销内倾角的作用是使转向轮自动回正，使转向操纵轻便。

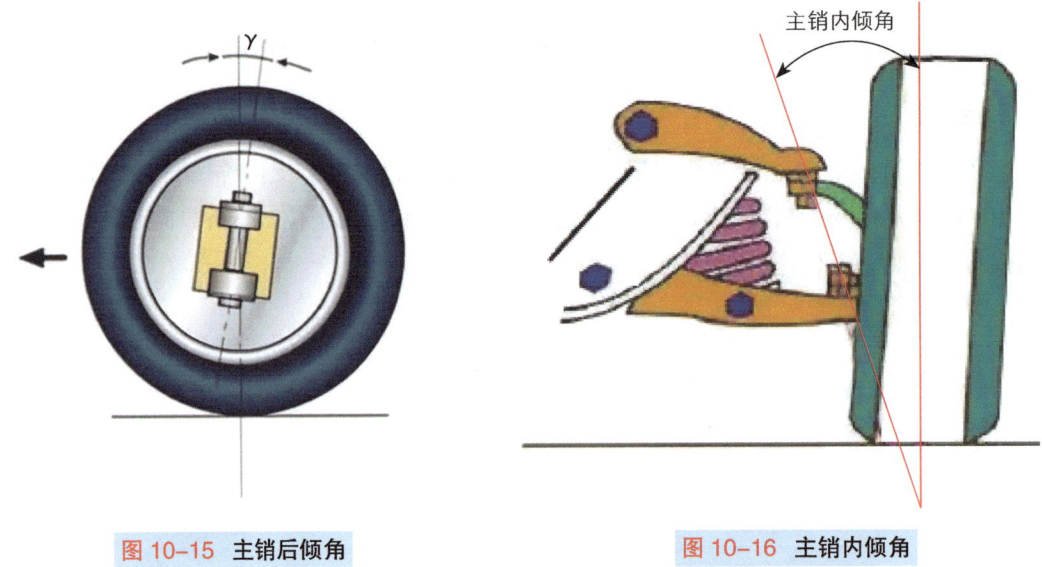

图 10-15　主销后倾角　　　　图 10-16　主销内倾角

3）前轮安装在车桥上后，其上端略向外倾斜，这种现象称为前轮外倾。如图 10-17 所示，车轮旋转平面与纵向垂直平面之间的夹角称为前轮外倾角。前轮外倾角的作用是提高车轮工作的安全性和转向操纵的轻便性。

4）车轮安装在车桥上，两前轮中心平面并不平行，如图 10-18 所示，其前端略向内侧收束，这种现象称为前轮前束。两前轮后端距离 $A$ 大于前端距离 $B$，其差值称为前轮前束值。前轮的前束角是前轮轮胎的中心线与汽车的纵向轴线之间的夹角。前轮前束的作用是消除因车轮外倾所造成的不良后果，保证车轮不向外滚动，防止车轮侧滑并减轻轮胎的磨损。

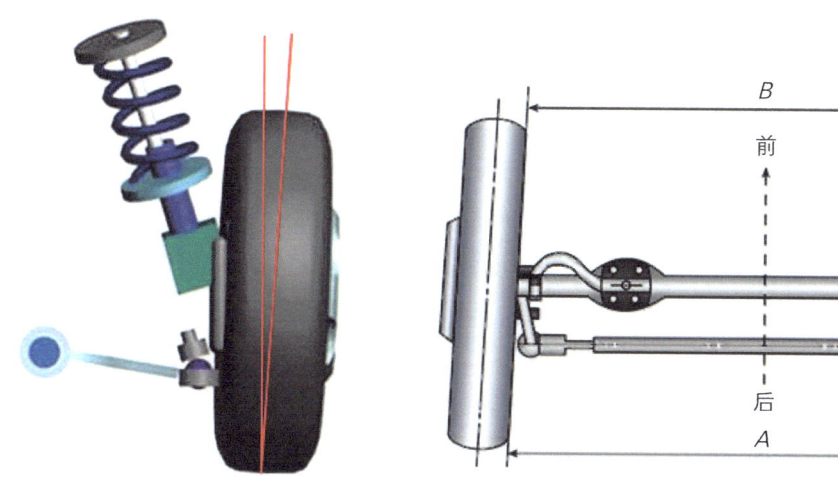

图 10-17 前轮外倾　　　　　　　　　图 10-18 前轮前束

现在汽车的主销后倾角一般不超过 3°，主销内倾角一般不大于 8°，一般车轮的外倾角为 1° 左右，轿车的前束值在 –3~3mm。车轮定位不仅影响车轮的磨损程度，还对操纵稳定性和行车安全产生影响。因此，在车桥拆装后，轮胎发生异常磨损及车辆行驶稳定性变坏时，必须采用类似图 10-19 所示的专用设备检查和调整车轮定位。

图 10-19 车轮定位设备

161

## 第二节　车轮和轮胎

### 一、车轮

汽车车轮总成如图10-20所示，它由车轮和轮胎两大部分组成，车轮与轮胎是行驶系统的主要部件。车轮与轮胎的作用是支撑汽车总质量，传递汽车与路面之间的各种力矩，缓和由路面传来的冲击力，保证汽车的行驶方向。车轮与轮胎还影响汽车动力性、制动性、通过性等。

为了美观及减少风阻，很多轿车车轮上安装了轮毂盖。安装轮毂盖时，需要对齐气嘴孔，如图10-21所示。

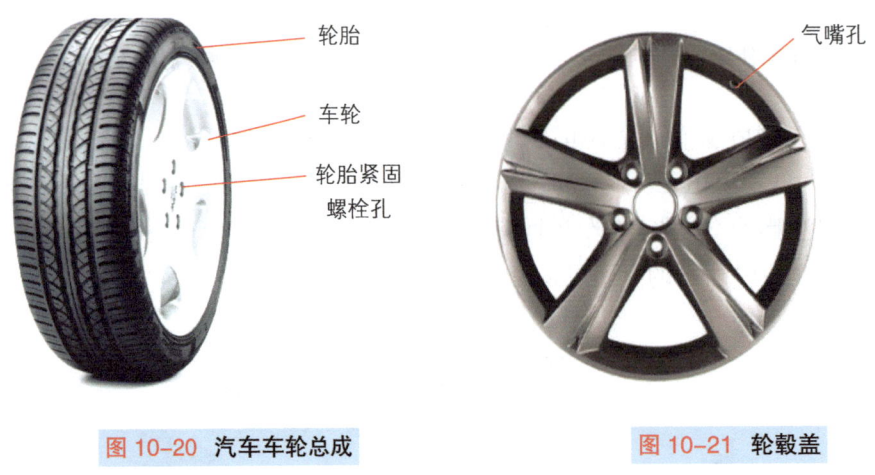

图10-20　汽车车轮总成　　　　　图10-21　轮毂盖

车轮用于安装轮胎、承受汽车质量和半轴或转向节传来的力矩。车轮不包括轮胎，它由轮毂、轮辐和轮辋组成，如图10-22所示。轮毂属于车桥，同时也属于车轮，它通过圆锥滚子轴承装在车桥或转向节轴颈上。轮辐通过中心孔和螺栓孔安装在轮毂上，轿车轮辐和轮辋往往制成一体。轮辋也称钢圈，用于安装和固定轮胎。

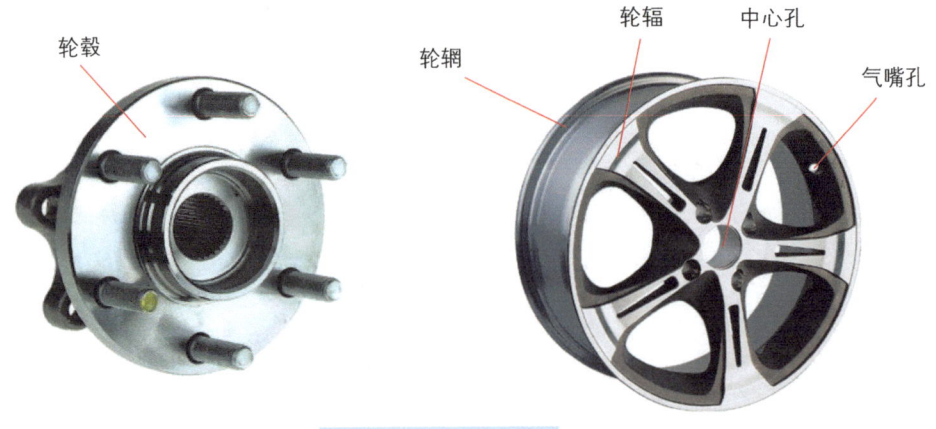

图10-22　车轮的组成

按照轮辐的构造，车轮可分为两种主要的型式：辐板式和辐条式。大多数汽车使用辐板式车轮，货车辐板式车轮由挡圈、轮辋、辐板和气门嘴伸出口等组成，如图10-23所示。辐板与轮辋通过焊接或铆接的方式固定成为一个整体，辐板通过螺栓安装在轮毂上，辐板上的孔可以减轻质量，有利于制动鼓或制动盘的散热，还便于接近气门嘴。辐条式车轮又分为钢丝辐条式车轮和铸造辐条式车轮，铸造辐条式车轮结构如图10-24所示，它仅用在赛车和某些高级轿车上。轮辋的常见结构型式有：深槽轮辋、平底宽轮辋和对开式轮辋。

图10-23 辐板式车轮

图10-24 辐条式车轮

## 二 轮胎

轮胎安装在轮辋上，支撑汽车的总质量，承受路面传来的各种载荷的作用。轮胎和悬架共同缓和所受到的冲击，衰减振动，保证乘坐舒适性和行驶平顺性。轮胎还能保证车轮和路面良好的附着性，提高汽车的动力性、制动性和通过性。

按胎压大小，轮胎分为高压胎（0.5~0.7MPa）、低压胎（0.2~0.5MPa）和超低压胎（0.2MPa以下）三种。按胎体帘布层结构的不同，轮胎分为斜交轮胎和子午线轮胎。目前，普通轿车普遍使用低压的子午线轮胎，它的弹性好，胎面宽，散热性能好，能满足汽车动力性能和制动性能要求。

按轮胎有无内胎，轮胎可分为有内胎轮胎和无内胎轮胎。有内胎轮胎的组成如图10-25

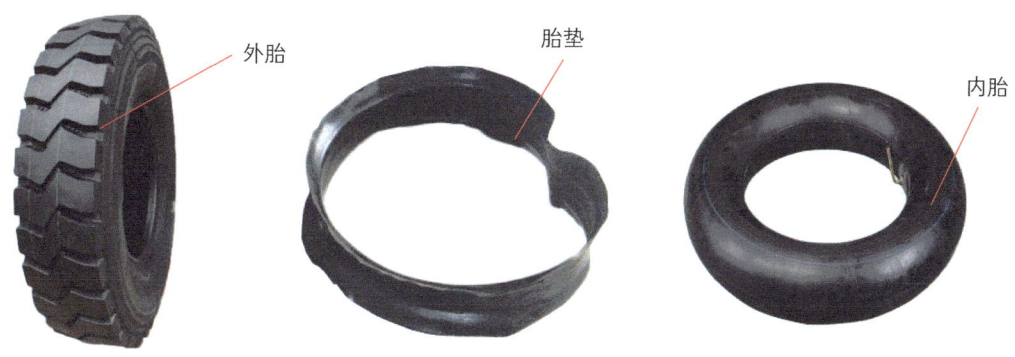
图10-25 有内胎轮胎的组成

所示，它由外胎、胎垫、内胎组成。胎垫是一个环形的橡胶带，它垫在内胎与轮辋之间，以保护内胎不被轮辋和外胎上的胎圈磨损。

无内胎轮胎没有内胎和胎垫，它是直接将空气充入外胎中，其密封性由外胎和轮辋来保证。如图 10-26 所示，无内胎轮胎的内壁有一层橡胶密封层和一层自黏层，能自行将刺穿的孔黏合。外胎是轮胎的主要组成部分，它主要由胎面、帘布层、缓冲层和胎圈组成。胎面是轮胎的外表面，可分为胎冠、胎肩和胎侧三部分。

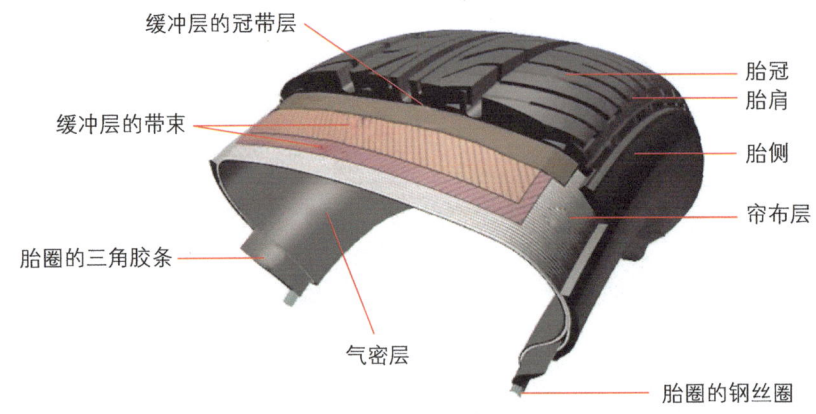

图 10-26　无内胎轮胎的结构

胎冠与路面直接接触，并产生附着力，使车辆行驶和制动。为使轮胎与地面有良好的附着性能，防止纵、横向滑移，在胎面上只有各种形状的花纹。胎肩是较厚的胎冠和较薄的胎侧间的过渡部分。胎侧也称为胎壁，它由数层橡胶构成，覆盖轮胎两侧，保护内胎或轮胎内部不受损坏。

帘布层和缓冲层组成胎体部分，帘布层是外胎的骨架，主要用于承受载荷，保持外胎的形状和尺寸，并使其具有足够的强度。帘布层帘线排列方向与轮胎子午断面一致的轮胎为子午线轮胎。子午线轮胎具有弹性大、耐磨性好、滚动阻力小、承载能力大等优点，目前轿车上普遍采用子午线轮胎。

缓冲层夹在胎面和帘布层之间，其作用是加强胎面和帘布层之间的结合，防止汽车紧急制动时胎面与帘布层脱离，并缓和汽车行驶时所受到的路面冲击。

胎圈是帘布层的根基，由钢丝圈、帘布层包边和胎圈包布等组成，三角胶条是胎圈部分的主要填充物，胎圈必须有足够的刚度和强度，可以使外胎牢固地安装在轮辋上。

## 三　轮胎的选择和使用

### 1. 轮胎的规格

选用轮胎一定要符合原车规格，轮胎规格标识在轮胎胎侧，如图 10-27 所示，其中扁平率也叫高宽比。轮胎载重系数越大，承载量越大，不能选用载重系数小于原厂的轮胎。轮胎速度级别字母越后代表速度级别越高，不能选用速度级别低于原厂的轮胎。

图 10-27　轮胎的规格

汽车轮胎压力必须在规定范围内，过高、过低都会使轮胎容易受损。在车辆的门柱或油箱盖上，通常有前后轮胎及备胎的压力标贴，轿车前轮压力稍高于后轮，例如，前轮 250kPa，后轮 230kPa。

如图 10-28 所示，在轮胎侧有一组 4 位数字，前两位表示一年中的第几周，图中为第 9 周即 3 月份；后两位数字表示年份，图中为 2009 年。日常保养轮胎需要：①检查胎压；②检查磨损情况，当磨损标记与花纹平齐，则轮胎需要更换；③清除小石子，检查轮胎是否有鼓包、裂纹等损坏。

图 10-28　轮胎生产时间

⊖　1in=25.4mm。

如图10-29所示，为了便于检查轮胎的磨损情况，工厂都会在轮胎两侧胎肩上印出"△"标志，用来指引轮胎胎面磨损指示标记的位置。通过该位置，可以找到位于胎面花纹沟槽底部高度为1.6mm的指示标记。如果发现胎面橡胶花纹磨损到与这些突起的标记相同的高度，就应立即更换轮胎。轮胎橡胶在保质期后会老化，导致轮胎性能下降，轮胎的保质期一般为5年，过了保质期后，轮胎需要更换。

图10-29 轮胎磨损标记

### 2. 轮胎的更换

当轮胎损坏时，通常需要从行李舱中取出备用轮胎进行更换。行李舱是装载物品的空间，它位于轿车车身的后部，因此俗称后备箱或尾箱。行李舱内有备胎、随车工具、灭火器和三角警示牌，如图10-30所示。

图10-30 汽车行李舱内的工具

有的汽车为了降低车身重量，减少油耗，使用了较窄的备胎。使用这种较窄的非全尺寸轮胎，行驶时要限制车速不要高于80km/h，并尽快到就近维修点修补或更换原胎。更换轮胎时，三角警示牌应设置在汽车后方50~100m的地方。如果在高速公路上，需要设置在汽车后方150m处。如果是晚上，设置距离需要相应增加。

使用千斤顶时需要注意顶起车辆的位置，需要将千斤顶的凹槽对准汽车底板的凸起肋条。因为轮胎螺栓拧紧力矩较大，可能无法用手松动，此时可以站在工具上，借助体重，拧松固定螺栓，如图10-31所示。

第十章 底盘行驶系统的结构和原理

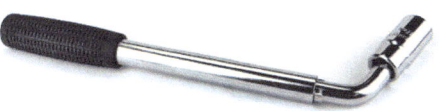

图 10-31 轮胎套筒

## 第三节 悬架

### 一 悬架的作用及类型

悬架就是"悬起来的架子",它是车架(或承载式车身)与车桥(或车轮)之间的传力装置,如图 10-32 所示。悬架能缓和冲击、衰减振动,使乘坐舒适,让车辆具有良好的平顺性。悬架还能保证汽车具有良好的操纵稳定性。汽车悬架可以分为两大类:非独立悬架和独立悬架。

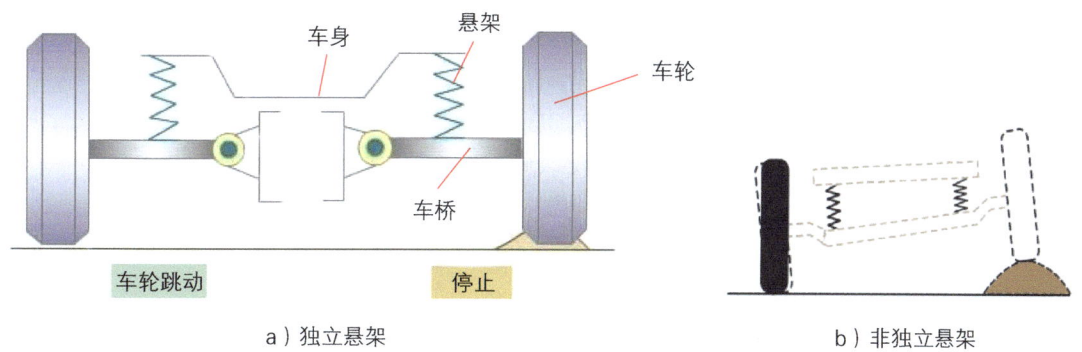

a) 独立悬架　　　　　　　　　　　b) 非独立悬架

图 10-32 汽车悬架的类型

#### 1. 非独立悬架

非独立悬架两侧车轮减振器及螺旋弹簧等安装在一根整体的车桥上,当一侧车轮因路面不平发生位置变化时,另一侧车轮的位置也随之发生变化。非独立悬架主要分为钢板弹簧非独立悬架和螺旋弹簧非独立悬架。钢板弹簧非独立悬架多用于客车、货车及皮卡、SUV等车型。如图 10-33 所示,该悬架采用钢板弹簧作弹性元件,钢板弹簧既有缓冲减振功能,

167

又起传力和导向作用，结构简单、可靠。

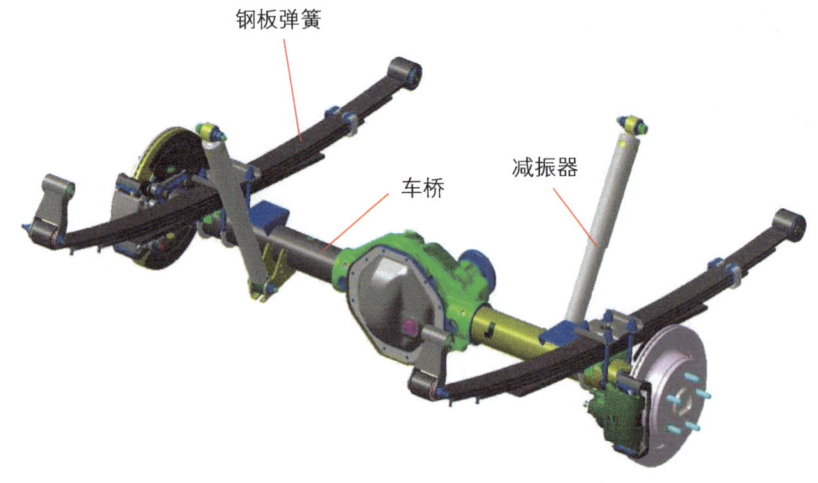

图10-33 钢板弹簧非独立悬架

螺旋弹簧非独立悬架一般只用于轿车的后悬架，其结构如图10-34所示，螺旋弹簧的上端装在车身的支座上，下端固定于后桥的支座上，并设有纵向导向杆和横向导向杆。这种悬架整个后桥、纵向导向杆及车轮可以绕支座的铰支点连线相对于车身上、下纵向摆动。

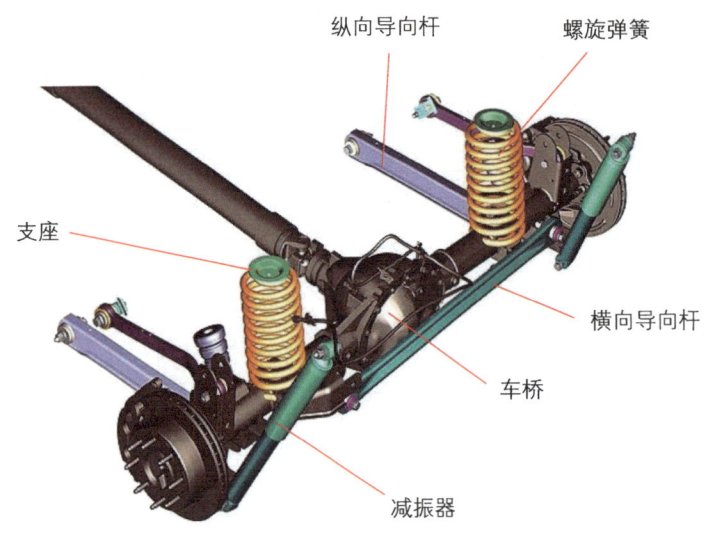

图10-34 非独立悬架

## 2. 独立悬架

独立悬架两侧车轮各自独立地通过弹性元件悬挂在车身下面，其车桥是断开的。断开式车桥通常由副车架和摆臂组成，当一侧车轮位置发生变化时，对另一侧车轮几乎不会产生影响。独立悬架具有平顺性好，可以增大牵引力等优点，因而被广泛应用。但独立悬架车辆

车轮跳动时,由于车轮外倾角与轮距变化较大,轮胎磨损较严重。独立悬架可以分为麦弗逊悬架、双叉式悬架、多连杆悬架等形式,其中麦弗逊悬架使用最为广泛。

双叉式悬架的结构如图 10-35 所示,它一般是上下两个控制臂支撑安装在车轴的转向节上,在上、下摆臂之间安装减振器。上、下摆臂有等长的和不等长的,摆臂等长的独立悬架当车轮上下跳动时,车轮平面不倾斜,主销轴线的方向也不发生变化,但轮距却发生较大的变化,这会引起车轮侧滑和轮胎磨损。摆臂不等长的独立悬架在车轮上下跳动时,车轮平面、主销轴线、轮距都在设计允许的范围内变化,因此,这种形式的独立悬架应用较广泛。

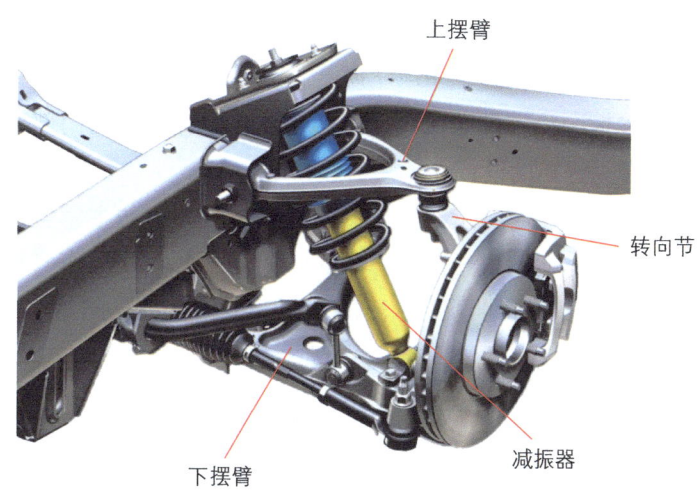

图 10-35 双叉式悬架

多连杆悬架系统又分为五连杆后悬架和四连杆前悬架系统。五连杆悬架的优点是构造简单,重量轻,悬架系统占用的空间少。四连杆式独立悬架结构如图 10-36 所示,全新的四连杆前悬架系统多用于豪华轿车,其舒适性良好,有较好的支撑性能,提高了车辆的控制性能,可减少转向不足的情况。

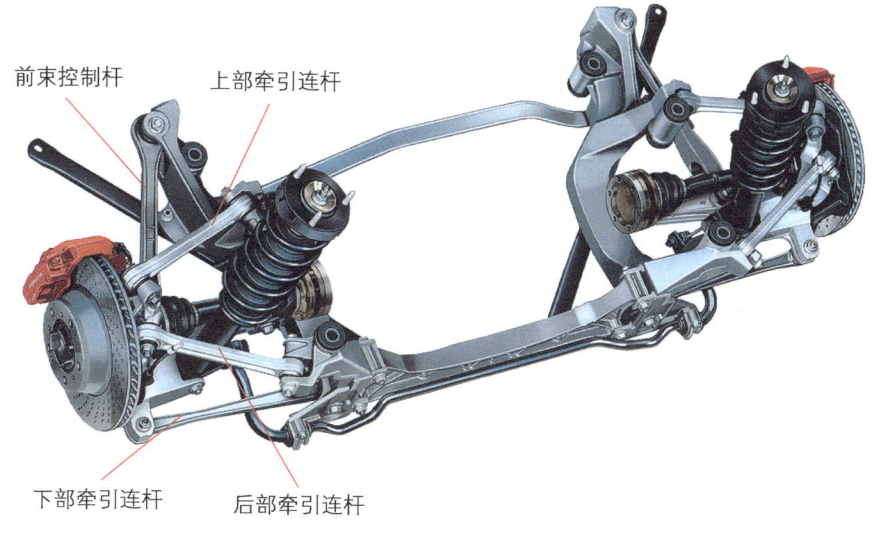

图 10-36 四连杆式独立悬架

## 二、麦弗逊式悬架

麦弗逊式悬架是一种独立，结构简单，成本低廉，舒适性较好，目前得到普遍使用。如图 10-37 所示，麦弗逊式悬架由螺旋弹簧、减振器、下摆臂和横向稳定杆组成，减振器安装在螺旋弹簧的内部。麦弗逊式悬架被行家誉为经典的设计。

如图 10-38 所示，麦弗逊式悬架没有传统的主销实体，减振器与套在它外面的螺旋弹簧合为一体，构成悬架的弹性支柱，支柱上端 $A$ 与车身挠性连接，支柱下端 $B$ 与转向节刚性连接。主销轴线设计在上下铰接点中心的连线 $AB$ 上。当车轮上下跳动时，$B$ 点随横摆臂摆动，因而主销轴线 $AB$ 随之摆动。

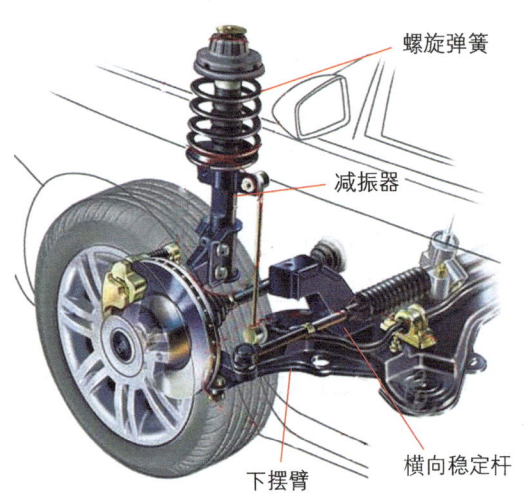

图 10-37 麦弗逊式悬架

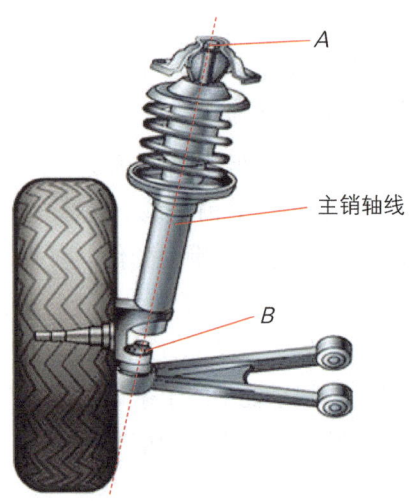

图 10-38 麦弗逊式悬架的虚拟主销

## 三、悬架的组成

悬架一般由弹性元件、减振装置和导向机构组成，个别结构还有缓冲块、横向稳定杆等。

### 1. 钢板弹簧

钢板弹簧结构简单，使用可靠，维修方便，因而被载货汽车大量采用。如图 10-39 所示，它由若干等宽但不等长、厚度相等或不相等的钢板弹簧片组合而成。钢板弹簧中部通过 U 形螺栓固定在车桥上。钢板弹簧第一片最长，称为主片，其两端弯成卷耳，内装衬套，以便用钢板销与车架相连。多片弹簧钢板一般是靠中部的小孔和中心螺栓穿在一起的，它和多个钢板弹簧夹共同作用，可以防止隔片钢板弹簧横向滑动。

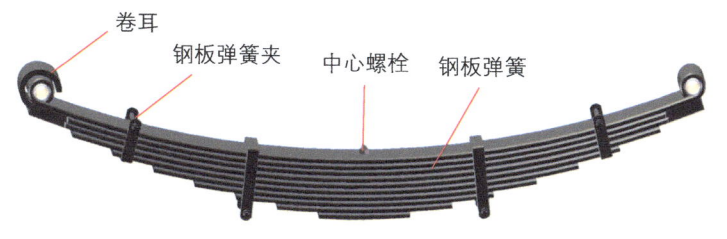
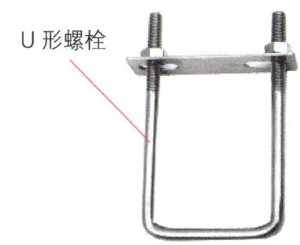

图 10-39 钢板弹簧总成

### 2. 螺旋弹簧

螺旋弹簧可以承受垂直载荷，它无需润滑，不怕泥污，重量轻，所占空间小，广泛用于乘用车。如图 10-40 所示，螺旋弹簧是由一根弹簧钢丝卷成的螺旋状弹簧。螺旋弹簧悬架中必须设有导向机构，用来承受并传递除垂直载荷以外的各种力和力矩。螺旋弹簧变形时不产生摩擦力，因而没有衰减振动的作用，所以在悬架中必须设置减振器。

### 3. 气体弹簧

气体弹簧分为空气弹簧和油气弹簧两种。如图

图 10-40 螺旋弹簧

10-41 所示，空气弹簧是在一个密封的容器内充入压缩气体，利用气体的可压缩性实现弹簧作用，而且弹簧的刚度可以控制；通过控制充放气，还能控制车辆的行驶高度。空气弹簧可以延长车辆使用寿命，提高整车的舒适性，同时降低车轮的动载荷，主要应用于大型客车上。

油气弹簧具有良好的行驶平顺性，而且体积小、重量轻，主要应用于商用车和部分乘用车上。油气弹簧结构如图 10-42 所示，当车辆载荷增加引起车架和车桥距离变小时，油气弹簧活塞会上移，工作缸容积减小，油压升高使油液推开阻尼阀而进入球形室，推动隔膜向气室方向移动，使气室容积减小，气室内高压氮气压力升高，弹簧刚度增大；反之，当车辆载荷减小时，弹簧刚度也减小。

### 4. 扭杆弹簧

如图 10-43 所示，扭杆弹簧是由弹簧钢制成的杆件，其两端制成花键、方形、六角形等形状，以便一端固定在车架上，另一端固定在悬架摆臂上。摆臂与车轮相连，当车轮跳动时，摆臂绕扭杆轴线摆动，使扭杆产生弹性变形，以保证车轮与车架的弹性连接。

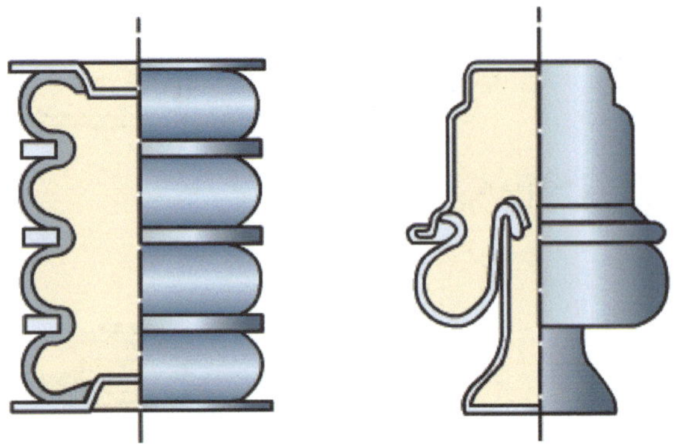

a）囊式空气弹簧　　b）膜式空气弹簧

图10-41　空气弹簧

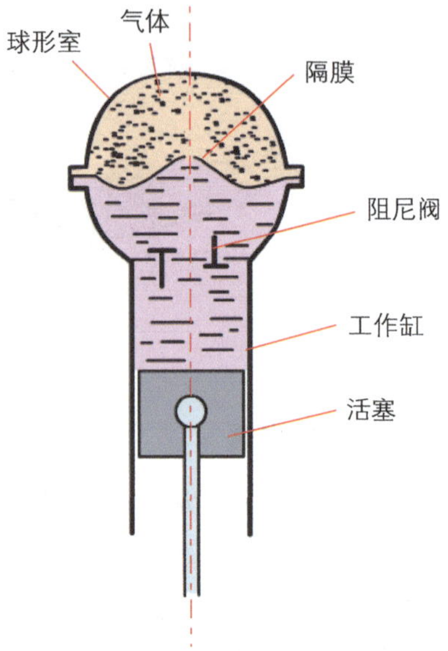

图10-42　油气弹簧

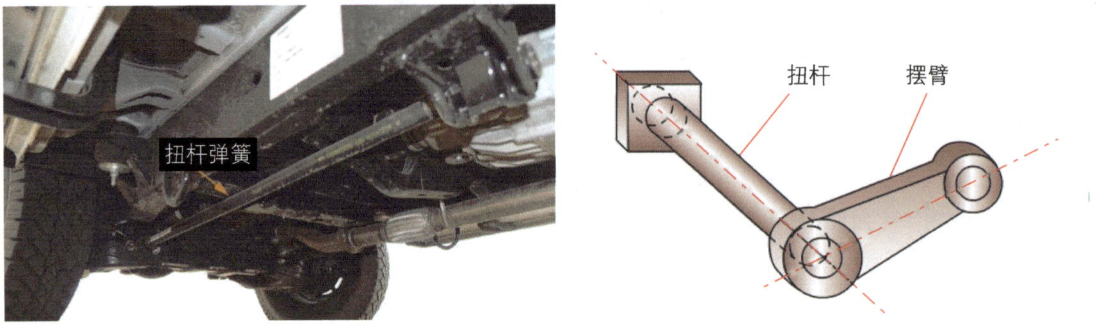

图10-43　扭杆弹簧的结构和原理

### 5. 减振器

减振器结构如图10-44所示，减振器吸收弹性元件（弹簧、缓冲胶等）起落时的振动能量，使车辆迅速恢复平稳状态，改善汽车行驶的平顺性。减振器是利用内部液体流动来消耗振动能量的。减振器缓冲胶套套在减振器活塞杆上，用来缓冲振动，减振器防尘套可以防止灰尘进入造成活塞杆磨损，如图10-45所示。车辆行驶中遇到路面有沟坎时，要提前减速，不要硬生生地冲过去，否则容易损坏减振器、弹簧和悬架等部件。

减振器和弹性元件是并联安装的。如图10-46所示，减振器上端用缓冲胶垫与平面轴承和车身连接，缓冲胶垫能减少路面传递到减振器上的运动阻力，平面轴承用来保证转向时减振器能随转向轮转动。乘用车减振器的下端通常安装在车轮的转向节上。

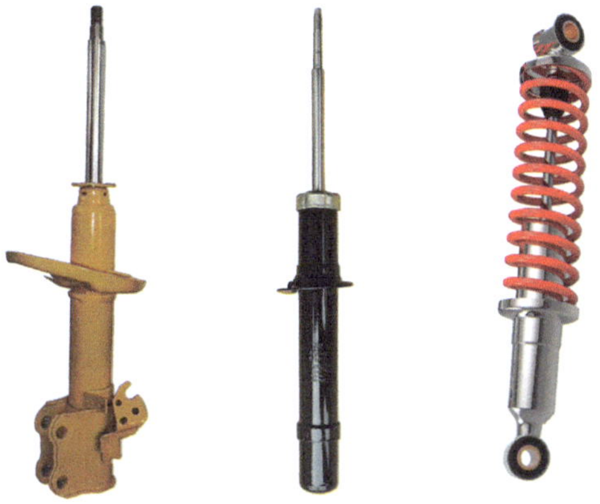

第十章 底盘行驶系统的结构和原理

图 10-44 减振器

图 10-45 防尘套和缓冲胶套

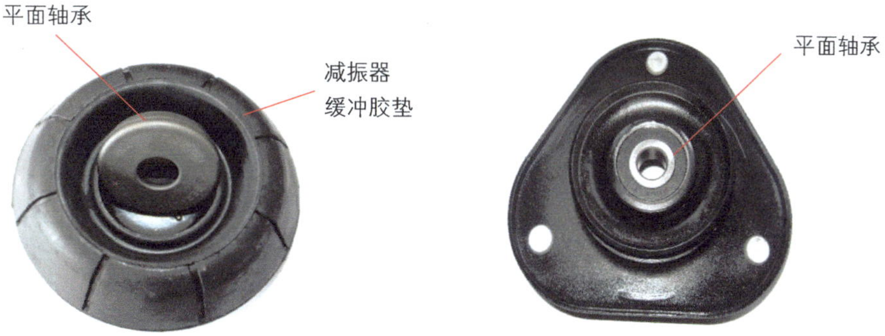

图 10-46 减振器缓冲胶垫

减振器可以分为摇臂式和筒式两种，筒式减振器又分为单向作用式和双向作用式。单向作用式减振器通常只是在伸张时起缓冲作用，双向作用式减振器在压缩、伸张两个行程都起到缓冲作用。

双向作用筒式减振器工作原理如图 10-47 所示，压缩行程时，活塞下移使下腔室容积减小，油压升高，油液经过流通阀进入活塞上腔室。由于活塞杆占去上腔室一部分容积，故上腔室增加的容积小于下腔室减小的容积，因此下腔室油液不能全部流入上腔室，多余的油液则经压缩阀进入储油缸筒。伸张行程时，下腔形成一定的真空，油液可以推开补偿阀进入下腔室。压缩和伸张行程中，油液流动的阻尼力使减振器发挥了缓冲减振作用。

### 6. 横向稳定杆

横向稳定杆又称防倾杆、平衡杆，是汽车悬架中的一种辅助弹性元件，其位置如图 10-48 所示。当转向或路面原因使一侧车轮与车身距离发生变化时，通过横向稳定杆的作用，可相应地改变另一侧车轮与车身的距离，减少车身的倾斜。

173

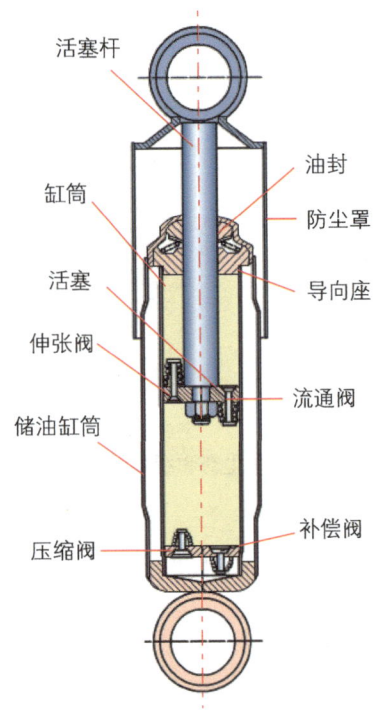

图 10-47 双向作用筒式减振器

图 10-48 横向稳定杆

## 四 主动悬架

传统汽车的悬架很难同时兼顾车辆的舒适性与操控性,只能按照车型的定位,在舒适性与操控性之间找一个平衡点。随着现代技术发展,现代很多中高档乘用车悬架的弹簧刚度、减振器阻尼力、车身高度等可以实行控制,这种悬架称为半主动悬架或主动悬架。

主动悬挂主要分为两种,一种是弹簧刚度(高度)和减振器阻尼力都可以调节的,称为全主动悬架,如空气式主动悬架和液压式主动悬架;另一种是只有减振器阻尼力可以调节的,称为半主动悬架,如电磁式主动悬架和电子液力式主动悬架。

### 1. 全主动悬架

空气式主动悬架(图 10-49)是在螺旋弹簧的位置更换成了可变高度的空气弹簧。空气弹簧结构多为铝合金壳体,内侧装有氮气。空气弹簧缓冲和减振效果均好于液压式减振器,空气弹簧压缩行程较大,4 个车轮内侧装有车身高度传感器、加速度传感器,转向盘与转向开关之间装有转向盘转角传感器,变速器上装有车速传感器,制动主缸或 ABS 液压调节器内装有制动开关,车身控制单元可根据路况、车速、转弯和制动等因素自动调节车身高度和硬度。

第十章 底盘行驶系统的结构和原理

图10-49 奥迪A6L空气式主动悬架

液压式主动悬架（图10-50、图10-51）是利用液压变化来调节车身的悬架系统，它的核心部件是一个内置式电子液压集成模块，可以根据车辆行驶速度对减振器的伸缩频率和程度加以调整。液压式主动悬架通常在汽车重心的附近安装纵向和横向加速度横摆陀螺传感器，用来采集车身振动、车轮跳动和倾斜状态等信号，这些信号经过ECU运算，并把相应执行信号传递给4个减振器的执行缸，并以增减液压油的方式来改变离地间隙。

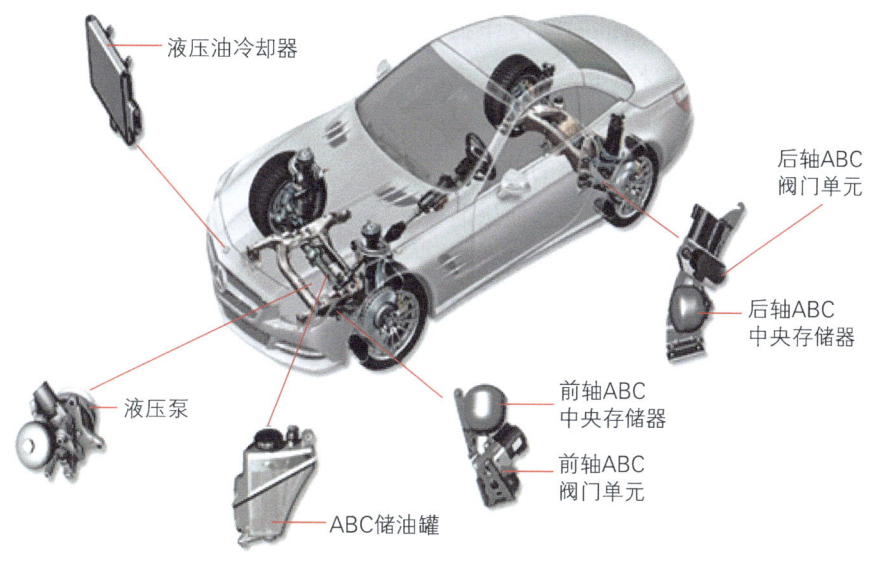

图10-50 奥迪A6L液压悬架的液压结构

175

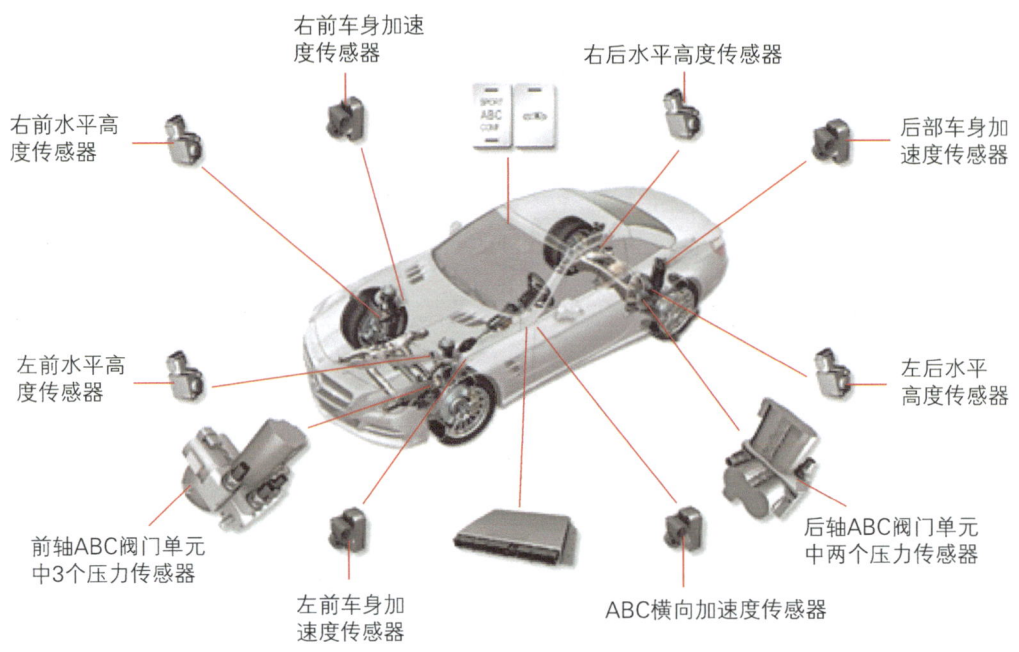

图 10-51　奥迪 A6L 液压悬架的电控结构

### 2. 半主动悬架

1）电磁式主动悬架是利用电磁效应来实现汽车底盘高度升降变化的一种悬架方式。电磁式主动悬架是可以在极短的时间内作出反应，来抑制振动，保持车身稳定。电磁式主动悬架的核心部件是电磁减振器，如图 10-52 所示，电磁减振器其中充当阻尼介质的电磁油液。电磁式主动悬架改变电磁线圈电流使磁通量发生改变，电磁油液的黏滞系数随着磁通量变化。电磁油液的黏滞系数变化，减振器阻尼也随之改变。

2）电子液力式主动悬架可以独立控制每个车轮的悬架阻尼，其电控单元能根据读取的

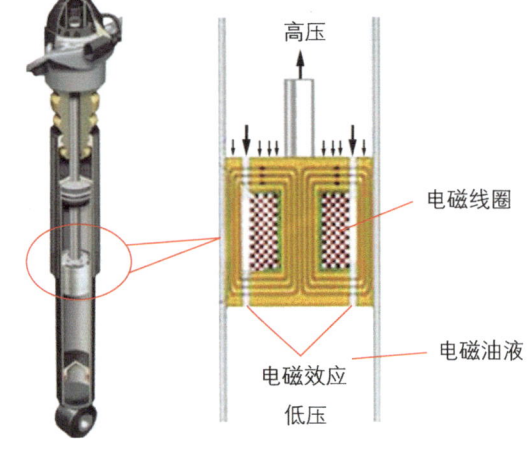

图 10-52　电磁式减振器

路况信息，适时对减振器作出调整，使之在软硬间切换，从而迅速并准确地控制车身的侧倾、俯仰以及横摆跳动，提高车辆高速行驶和过弯时的稳定性。

电子液力式主动悬架（图 10-53）主要由控制单元、CDC 减振器、CDC 控制阀、车身加速度传感器、车轮加速度传感器等组成。CDC 是 Continuous Damping Control 的缩写，意为连续减振控制。

第十章 底盘行驶系统的结构和原理

如图10-54所示，CDC减振器分为内外两个腔室，里面充满液压油。内外腔室的油液可以通过之间的空隙流动。而当车轮在颠簸路面上时，减振器内的活塞会在套筒内上下移动，腔内的油液便在活塞的作用力下在内外腔室间流动。由于减振器内的油液对活塞有阻力，从而实现了减振器的减振作用。

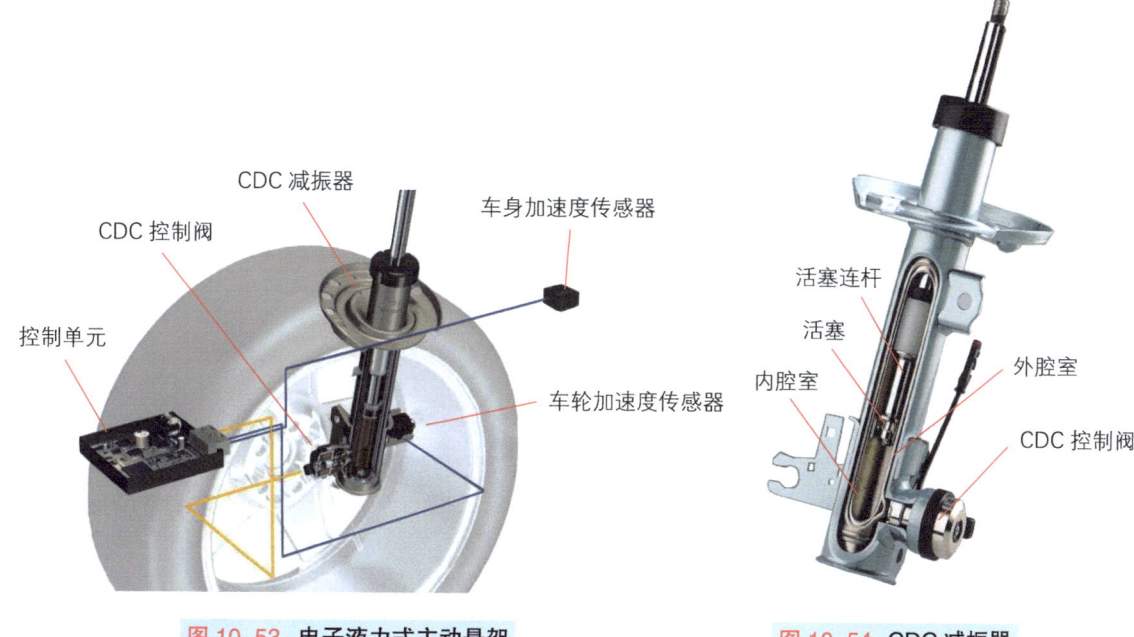

图10-53 电子液力式主动悬架　　　　　　图10-54 CDC减振器

电子液力式主动悬架控制单元通过车辆上的车身加速度、横向加速度等传感器来实时监测车辆当前的行驶状态，控制单元经过运算对比后，对如图10-55所示的CDC控制阀发出相应的指令，CDC控制阀控制CDC减振器内外腔室间小孔的大小，进而来提供适应当前的路况。

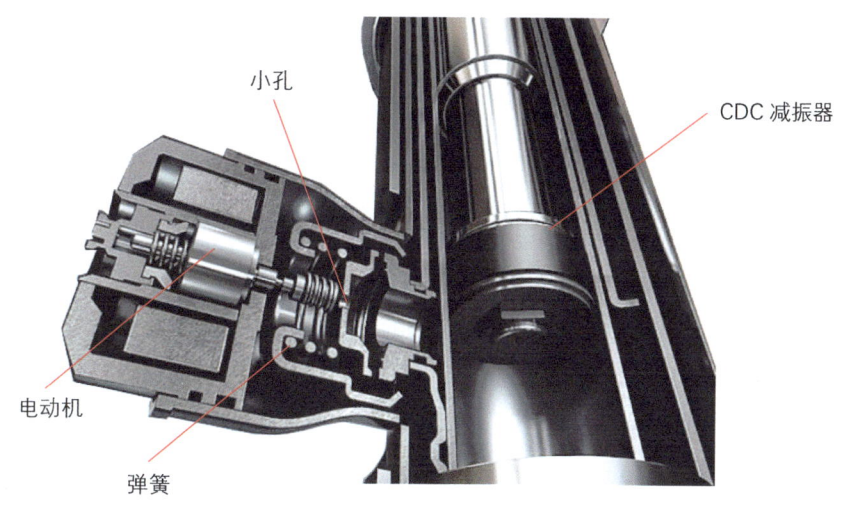

图10-55 CDC控制阀

177

# 第十一章
# 底盘转向系统的结构和原理

## 第一节 普通转向系统的结构和原理

汽车转向系统的功用是按照驾驶员的意愿控制汽车的行驶方向,在受到路面干扰时,与行驶系统配合保持汽车直线行驶。汽车转向系统分机械转向系统、液压动力转向系统和电控动力转向系统。机械转向系统的转向动力源完全靠人力操纵。汽车转向系统主要由转向操纵机构、转向器、转向传动机构组成,如图11-1所示。

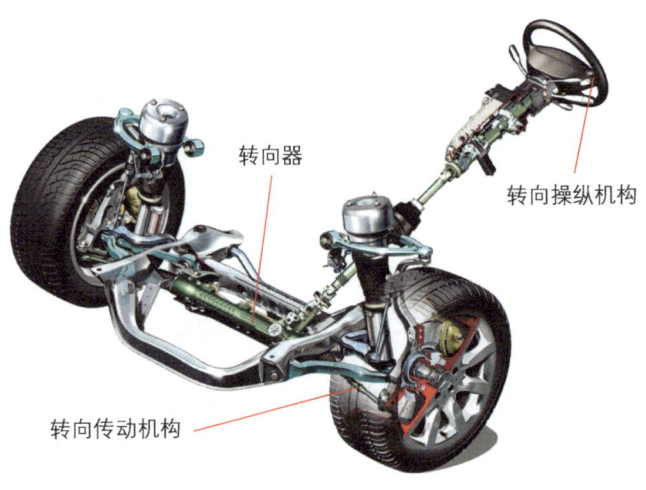

图11-1 转向系统的组成

### 一、转向操纵机构

汽车转向操纵机构的作用是将驾驶员的操纵力传给转向器,它主要由转向盘、转向柱和万向节、转向管柱等组成。

**1. 转向盘**

转向盘由轮毂、轮辐和轮圈组成,如图11-2所示。轮辐一般有3或4根辐条。轮毂有圆孔及花键槽,利用键和螺母将其固定在转向轴的轴端。转向盘内部由成形的金属骨架构成,骨架外面一般包有柔软的合成橡胶或树脂,也有包皮革的,以使它具有良好的手感,防止驾驶员手心出汗时转向盘打滑。

第十一章 底盘转向系统的结构和原理

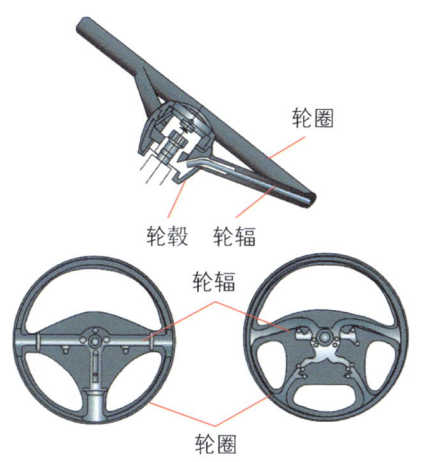

图 11-2 转向盘的结构

安装转向盘时，应该让车轮处于直线行驶位置，转向盘轮辐不能挡住驾驶视线。转向盘中心是安全气囊，喇叭开关也安装在转向盘中心，切勿重击或用拳头敲击喇叭开关。安全气囊是辅助安全系统的一部分，需与安全带配合使用。不要在安全气囊外部的标识部位放置坚硬或尖锐的物体。

转向盘调节根据可调方向，分为上下调节和前后调节；根据调节方式，可分为手动调节和电动调节，如图 11-3 所示。调节转向盘时，座位不能离转向盘过近，手臂与腿都过分弯曲，这样驾驶员肌肉容易紧张，影响安全与健康。正常情况下只要不影响手脚操控，驾驶座椅离转向盘应预留适当的距离，这样驾驶时的视角更广大。

由于转向系统各传动件之间存在装配间隙，而且这些间隙将随着零件的磨损而增大。所以，在操控转向盘时，必须先消除这些间隙后，车轮才开始偏转，转向盘为消除间隙而转过的角度α称为转向盘自由行程，如图 11-4 所示。

机械转向系工作原理

图 11-3 转向盘的调节

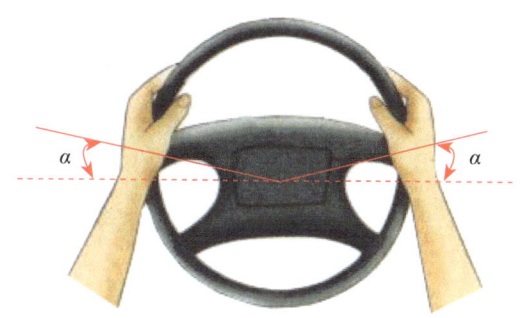

图 11-4 转向盘自由行程

## 2. 转向柱

转向柱一般为管状，内壁两端一般装有轴承，支撑从它里面穿过的转向轴，转向柱通过托架固定在车身上。乘用车通常装有能改变转向盘工作角度和高度的机构，以方便不同体型驾驶员的操纵，如图11-5所示。

转向轴是连接转向盘和转向器的传动件，用于传递它们之间的转向力矩，如图11-6所示，一般通过十字轴万向节或柔性万向节间接与转向器输入轴相连接。乘用车要求转向柱必须装备能够缓和冲击的吸能装置，当转向柱受到巨大冲击而产生轴向位移时，通过转向柱吸能装置吸收冲击能量，从而可以有效地缓和转向盘对驾驶员的冲击，减少驾驶员所受的伤害，如图11-7所示。

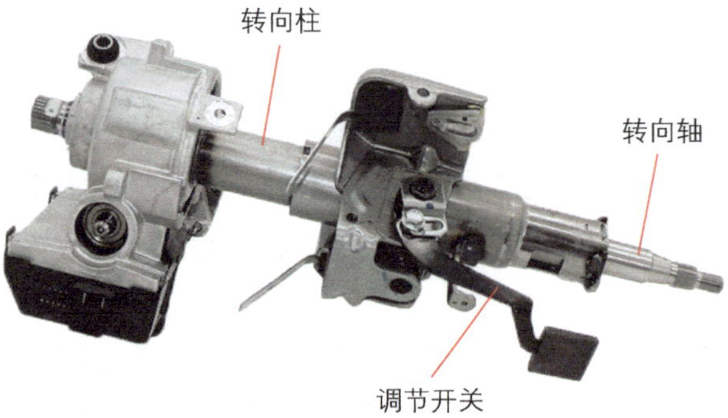

图11-5 转向柱

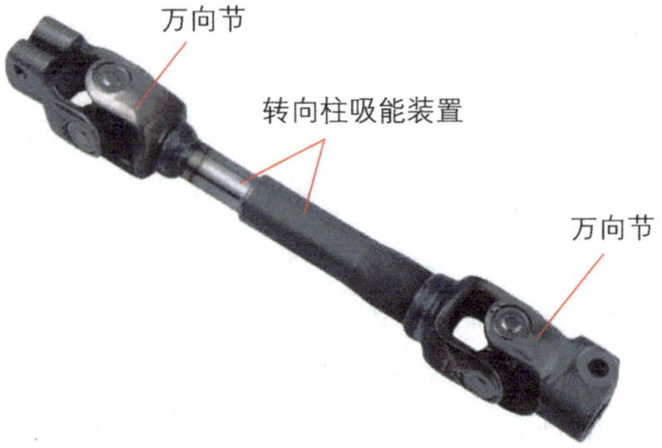

图11-6 转向轴

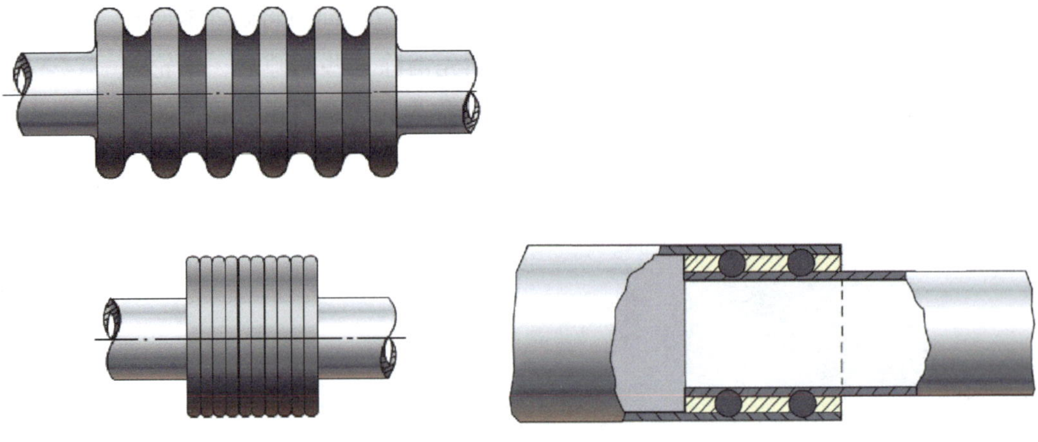

a）波纹管吸能式　　b）钢球滚压吸能式

图11-7 转向操纵机构缓冲吸能装置

## 二 转向器

转向器是完成由旋转运动到直线运动的一组齿轮机构,同时也是转向系统中的减速传动装置,并负责改变转向力矩的传动方向,目前较常用的有齿轮齿条式、循环球曲柄指销式、蜗杆曲柄指销式等。

**1. 齿轮齿条式转向器**

齿轮齿条式转向器主要由齿轮和齿条啮合传动,如图 11-8 所示。齿轮齿条式转向器是利用齿轮顺时针或逆时针的转动带动齿条左右移动,再通过横拉杆推动转向节,达到转向的目的。转向器能增大驾驶员施加到转向盘上的力矩,并改变转向力的传递方向。齿轮齿条式转向器具有结构简单、轻巧、杆件少、操作灵敏等优点,目前乘用车上采用较多。

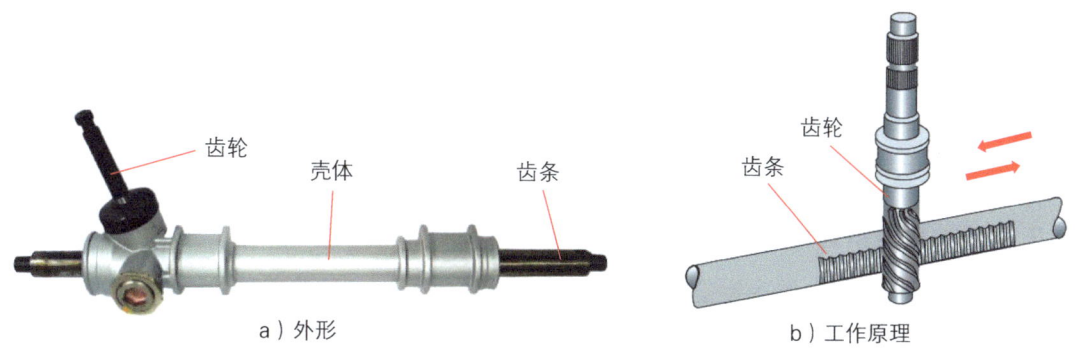

图 11-8 齿轮齿条式转向器外形和工作原理

为保证齿轮齿条无间隙啮合,压紧弹簧产生的压紧力通过压块将转向齿轮和转向齿条压靠在一起(图 11-9)。弹簧的预紧力可以通过调整螺塞进行调整。由于齿轮齿条式转向器属于可逆式转向器,其正效率与逆效率都很高,自动回正能力强。

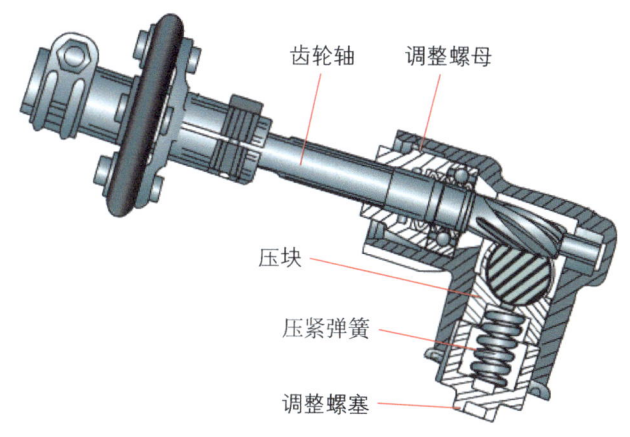

图 11-9 齿轮齿条式转向器间隙调整机构

### 2. 循环球式转向器

循环球式转向器主要是由钢球、转向螺母、转向螺杆、螺母外齿条、齿扇、摇臂轴和壳体等组成，如图 11-10 所示。循环球式转向器由两套传动副组成，一套是螺杆螺母传动副，另一套是齿条齿扇传动副。当转动转向盘时，转向螺杆也随之转动，通过钢球将作用力传给转向螺母，转向螺母即产生轴向移动。同时，由于摩擦力的作用，所有钢球在转向螺杆与转向螺母之间滚动，形成"球流"。钢球在转向螺母内绕行两周后，流出转

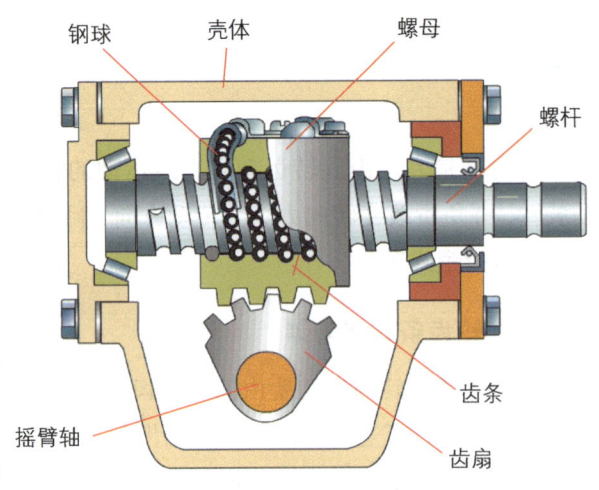

图 11-10 循环球式转向器

向螺母进入导管，再由导管流回转向螺母，随着转向螺母沿转向螺杆做轴向移动。齿条带动齿扇运动，齿扇带动摇臂轴转动，从而使转向摇臂产生摆动，通过转向传动机构使转向轮偏转完成汽车转向。循环球式转向器最大优点是传递效率高，操纵轻便，工作可靠，使用寿命长，它的主要缺点是结构复杂，制造精度要求高，逆效率也不高。

### 3. 蜗杆曲柄指销式转向器

蜗杆曲柄指销式转向器主要是由转向器壳体、转向蜗杆、曲柄、指销和摇臂轴等组成，如图 11-11 所示。蜗杆曲柄指销式转向器中转向蜗杆为主动件，从动件是装在摇臂轴曲柄端部的指销。汽车转向时，驾驶员通过转向盘转动转向蜗杆，与转向蜗杆啮合的指销绕摇臂轴轴线沿圆弧运动，并带动摇臂轴转动，摇臂轴再带动转向直拉杆等转向传动机

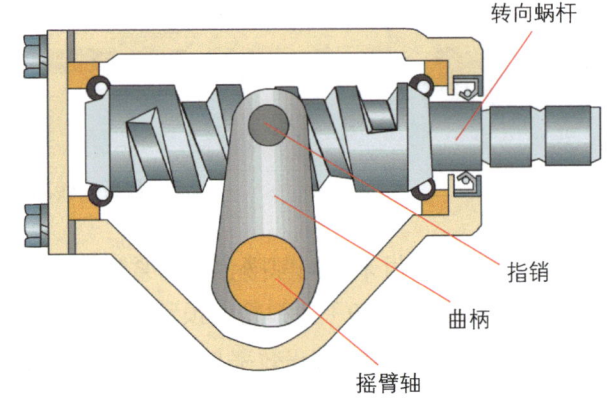

图 11-11 蜗杆曲柄指销式转向器

构运动，实现汽车转向。蜗杆曲柄指销式转向器传动效率高，操纵轻便，磨损小，使用寿命长，但期逆传动效率低，路面冲击力很容易反传至转向盘上，出现"打手"的感觉，通常用于转向力较大的载货汽车上。

### 三 转向传动机构

转向传动机构的功用是将转向器输出的力和运动传到转向桥两侧的转向节，使两侧转

向轮偏转，且使两转向轮偏转角按一定关系变化，以保证汽车转向时车轮与地面的相对滑动尽可能小。转向传动机构的组成和布置形式因转向器和转向桥悬架的不同而不同。独立悬架汽车转向传动机构主要包括转向横拉杆、转向减振器、前桥转向臂等，非独立悬架汽车转向传动机构主要包括转向直拉杆、转向横拉杆、转向梯形臂等。

### 1. 转向直拉杆

转向直拉杆的作用是将转向摇臂传来的力和运动传给转向梯形臂，如图 11-12 所示，它所受的力既有拉力，也有压力，因此转向直拉杆都是采用优质特种钢材制造的，以保证工作可靠。在转向轮偏转或因悬架弹性变形而相对于车架跳动时，转向直拉杆与转向摇臂及转向节臂的相对运动都是空间运动，为了不发生运动干涉，上述三者间的连接都采用球销。

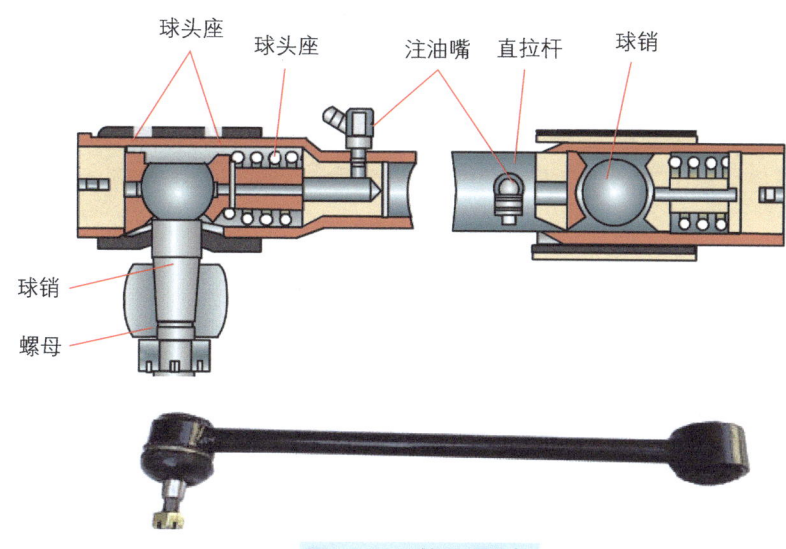

图 11-12 转向直拉杆

### 2. 转向横拉杆

齿轮齿条转向器的横拉杆可以安装在转向器两端，也可以安装在转向器中间位置，如图 11-13a 所示。转向横拉杆由横拉杆和横拉杆接头等组成。横拉杆体用钢管制成，端面制有螺纹，与横拉杆接头连接。接头的螺纹孔壁上开有轴向切口，故具有弹性，安装到杆体上可用调节螺母夹紧。由于左右横拉杆体两端是正反螺纹，因此在旋松调节螺母以后，转动横拉杆体可以向里或向外移动来改变其长度，以调整前束值，如图 11-13b 所示。

### 3. 转向梯形臂

转向直拉杆通过转向节臂与转向节相连，转向横拉杆两端经左、右梯形臂与转向节相连，如图 11-14 所示。转向节臂和梯形臂带锥形柱的一端与转向节锥形孔相配合，用螺母紧固后插入开口销将螺母锁住。转向节臂和梯形臂的另一端带有锥形孔，与相应的拉杆的球销锥形柱相配合，同样用螺母紧固后插入开口销将螺母锁住。

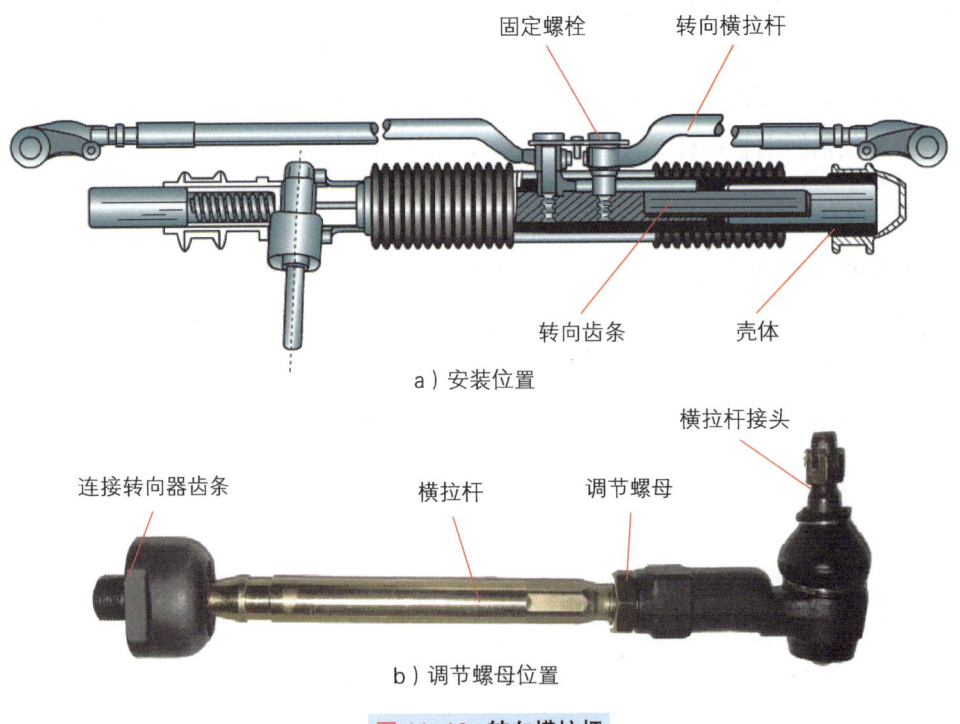

a）安装位置

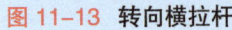

b）调节螺母位置

图 11-13 转向横拉杆

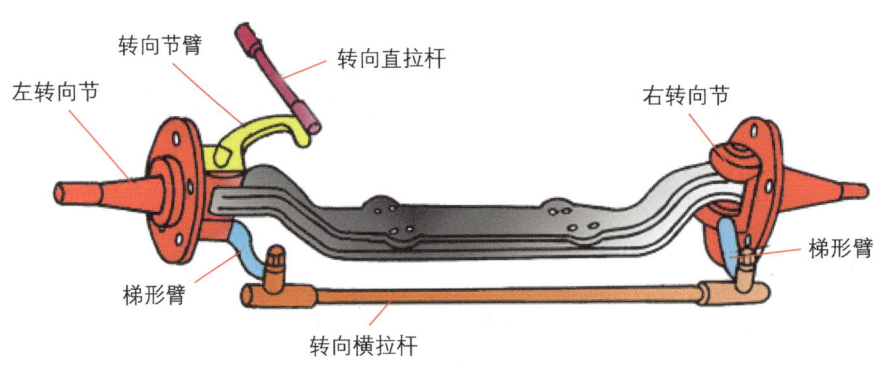

图 11-14 转向梯形臂

### 4. 转向减振器

随着车速的不断提高，汽车的转向轮有时会产生摆振，即转向轮绕主销轴线往复摆动，进而引起车身的振动，大大影响了汽车行驶的稳定性和舒适性，加剧了前轮轮胎的磨损。为此，越来越多的汽车在转向传动机构中安装了转向减振器。转向减振器一端与车身或前桥铰接，另一端与转向直拉杆或转向器铰接，其结构如图 11-15 所示。

第十一章　底盘转向系统的结构和原理

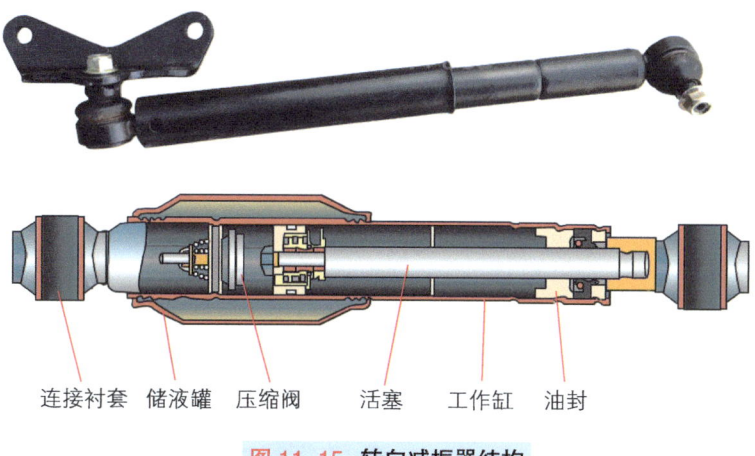

连接衬套　储液罐　压缩阀　活塞　工作缸　油封

图 11-15　转向减振器结构

## 第二节　液压助力转向系统的结构和原理

 液压助力转向系统的组成

动力转向装置按照传能介质不同，可以分为液压助力转向系统和气压助力转向系统。气压助力转向系统主要用在采用气压制动的商用车上。其中液压助力转向系统发展最早，技术最成熟，成本低，普及率高，工作时无噪声，工作滞后时间短，而且能吸收来自不平路面的冲击。

液压助力转向系统是在传统的机械转向系统的基础上，增加一套液压转向加力装置而成的，一般由动力转向器储液罐、转向助力泵、油管等部件组成，如图 11-16 所示和图 11-17 所示。液压助力转向泵由发动机或电力驱动，产生转向助力液压，经控制阀向液压缸提供一定压力和流量的工作油液。

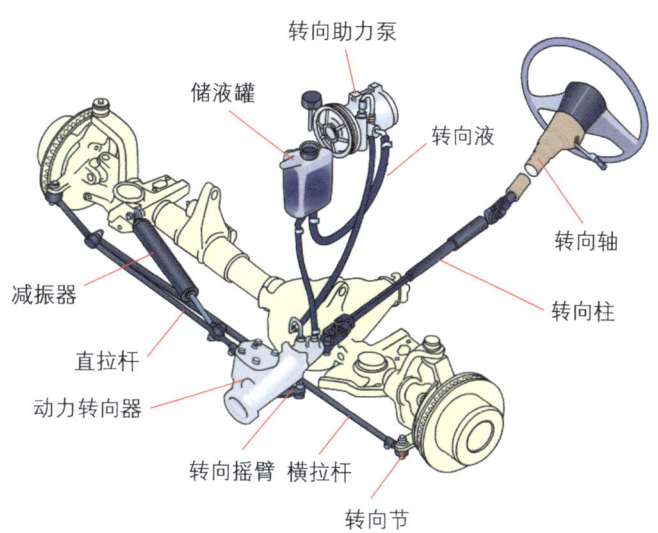

图 11-16　液压助力转向系统（采用发动机驱动的转向助力泵）

185

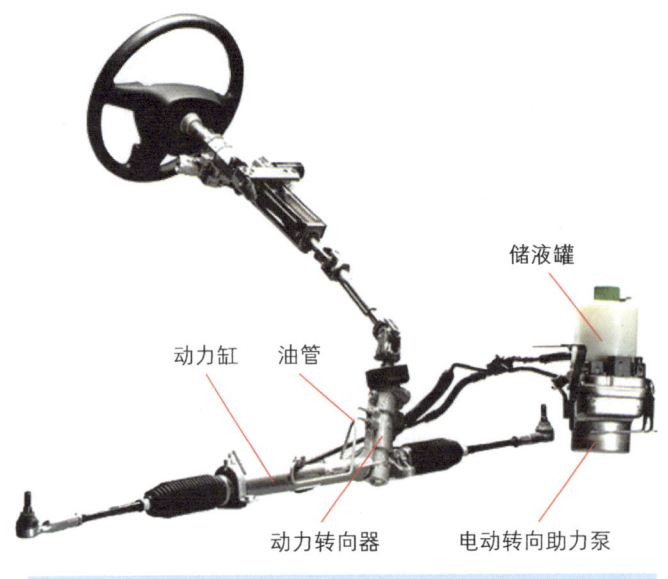

图 11-17 液压助力转向系统（采用电力驱动的转向助力泵）

## 二 转向助力泵

转向助力泵是动力转向装置的动力源，其作用是将发动机的机械能变为驱动转向动力缸工作的液压能，再由转向动力缸输出的转向力，驱动转向轮转向。转向助力泵的结构类型有多种，常见的有齿轮式、转子式和叶片式，目前最常用的是双作用叶片式转向助力泵，其结构和原理如图 11-18 所示。

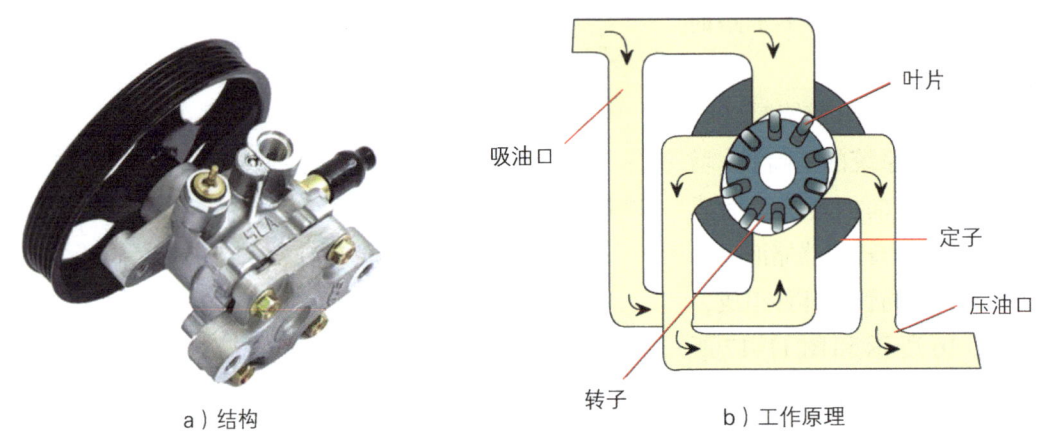

a）结构　　　　　　　　　　b）工作原理

图 11-18 转向助力泵的结构和工作原理

双作用叶片式转向助力泵的工作原理：当转子顺时针方向旋转时，叶片在离心力及高压油的作用下紧贴在定子的内表面上，其工作容积开始由小变大，从吸油口吸进油液；而后工作容积由大变小，压缩油液，经压油口向外供油。转子每旋转一周，每个工作腔都各自吸、压油2次。转向助力泵一般带有流量控制阀，它位于转向助力泵吸油口和压油口之间，它可以限制转向助力泵的最大流量。

电动转向助力泵（图11-19）用于电动液压转向助力系统。这种系统和机械液压转向助力系统都有液压机构，但它采用电动转向助力泵不会消耗发动机的动力，发动机的油耗会更低。

图 11-19 电动转向助力泵的结构

## 三 动力转向器和储液罐

### 1. 动力转向器

常见的动力转向器包括齿轮齿条式动力转向器和循环球式动力转向器，乘用车常用的齿轮齿条式动力转向器如图11-20所示，它是在机械齿轮齿条转向器的基础上将动力缸活塞与齿条制成一体，结构简单。

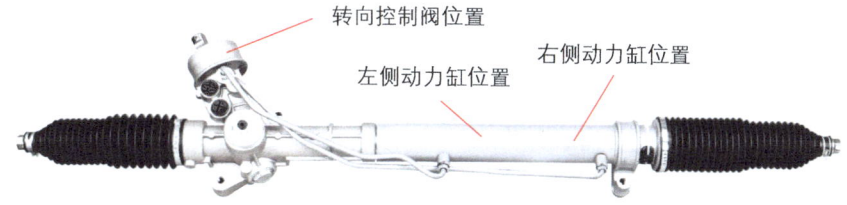

图 11-20 齿轮齿条式动力转向器

动力缸利用液压来扩大传送到转向传动机构上的转向力，动力缸缸体即转向器壳体，动力缸活塞即齿条活塞。如图11-21所示，当转向助力泵经转向控制阀向左侧动力缸提供油压时，油压推动活塞向右移动，右侧动力缸油液经过油管回到储液罐。

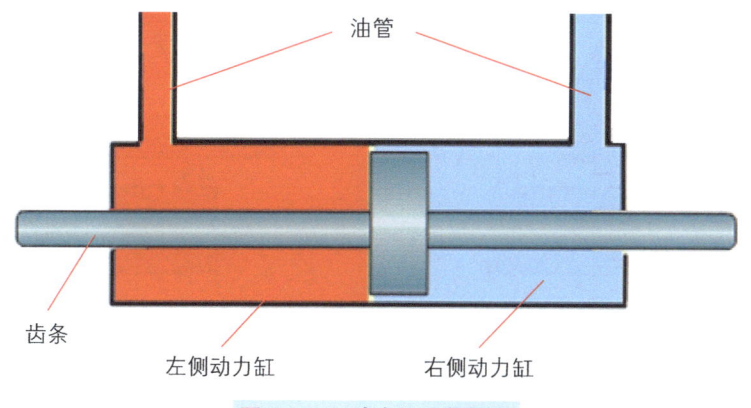

图 11-21 动力缸工作原理

# 汽车构造与原理（彩色版）

转向控制阀是用来控制液压助力装置的油液流动方向阀。常用的控制阀按结构类型可分为滑阀式控制阀和转阀式控制阀两种，通过阀芯、阀体的相对运动，实现油路和油压的控制，从而推动工作缸中的活塞运动，实现转向系统的助力作用。其中，转阀式控制阀在动力转向系统中运用较多。

转向控制阀工作原理如图11-22所示，汽车直行（或转向盘保持不动）时，阀芯处于

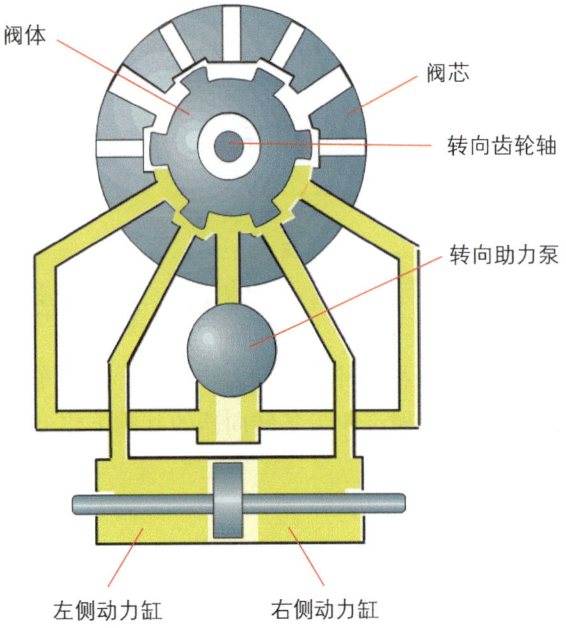

> **学习提示**：转向齿轮轴连接扭力杆，扭力杆可以在下端保持不动的情况下，上端偏转一个角度，从而带动阀芯转动。

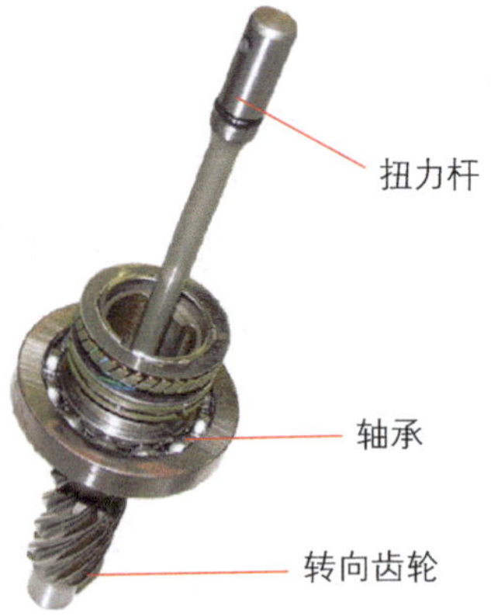

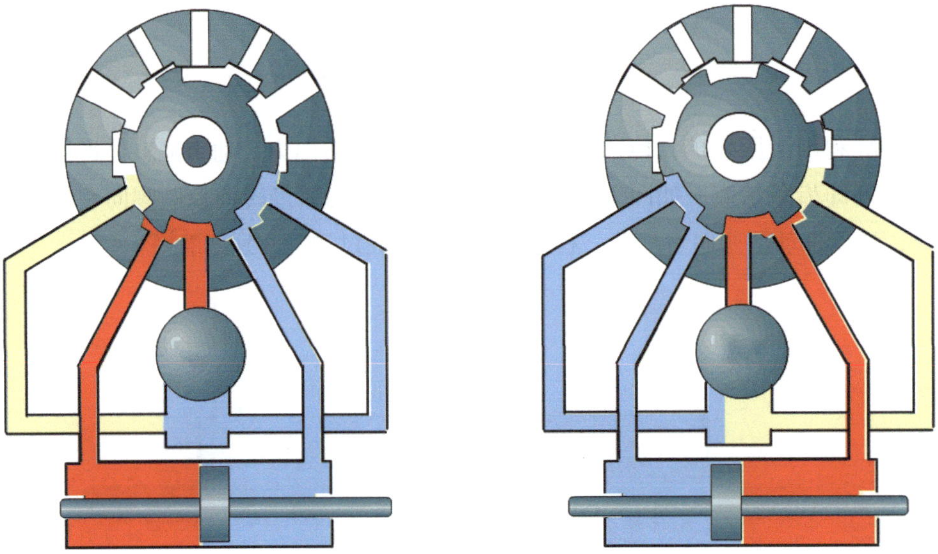

a）直行或转向盘保持不动时

b）向右转时

c）向左转时

图 11-22 转向控制阀的工作原理

中间位置，液压油毫无阻碍地流经控制阀返回到储液罐，转向盘转动时，转向齿轮轴通过带动阀芯相对阀体运动，由于阀的控制边口变化，液压油将进入转向器的液压缸内，推动活塞运动而产生推力。

### 2. 储液罐

转向储液罐（图11-23）用于储存、滤清、冷却助力装置的油液，应定期检查储液罐液面和油液质量，定期更换转向液压油。正常情况下，储液罐液面应该处于"Max"与"Min"之间；如果液面低于"Min"时，应加至"Max"。转向油管用于将压力油液从转向助力泵输送给转向控制阀、转向器等，并将回油最终导回储液罐。

图11-23 转向储液罐

## 第三节 电动助力转向系统的结构和原理

### 一、电动助力转向系统的优点

电动助力转向系统（EPS）输出功率大，在转向盘固定不动时，发动机损耗少，相比传统液压助力系统节能0.3~0.4L/100km。电动助力转向系统能实现在各种行驶条件下转向盘所得到的操作力都是最佳值，电动助力转向系统还具有体积小、重量轻的优点。

电动助力转向系统电动机可以安装在转向齿轮上或齿条上，如图11-24和图11-25所示。转向助力系统具备电控单元，可以对转向助力的大小进行自动调节，可以使低速转向轻便，高速转向沉稳。

图11-24 安装于转向齿轮上的电动机

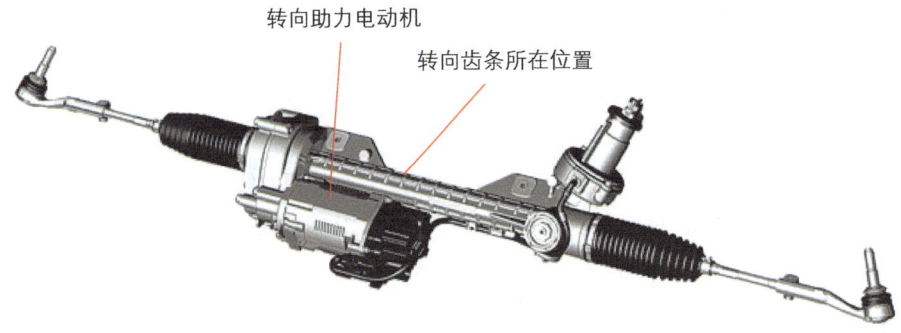

图 11-25　安装于转向齿条上的电动机

## 二、电动助力转向系统的结构和原理

如图 11-26 所示，电动助力转向系统通常由转矩传感器、电动机、ECU、减速机构、车速传感器等组成。当操纵转向盘时，装在转向轴上的转矩传感器不断测出转向轴上的转矩，并产生一个电压信号。该信号和车速信号一起输入给 ECU，ECU 根据这些信号确定助力转矩的大小和转向，以选定电动机的工作电流和转动方向，调整转向的辅助助力。电动机的转矩由电磁离合器通过减速机构减速增矩后，加在汽车的转向机构上，使转向机构得到一个与工况相适应的转向力。

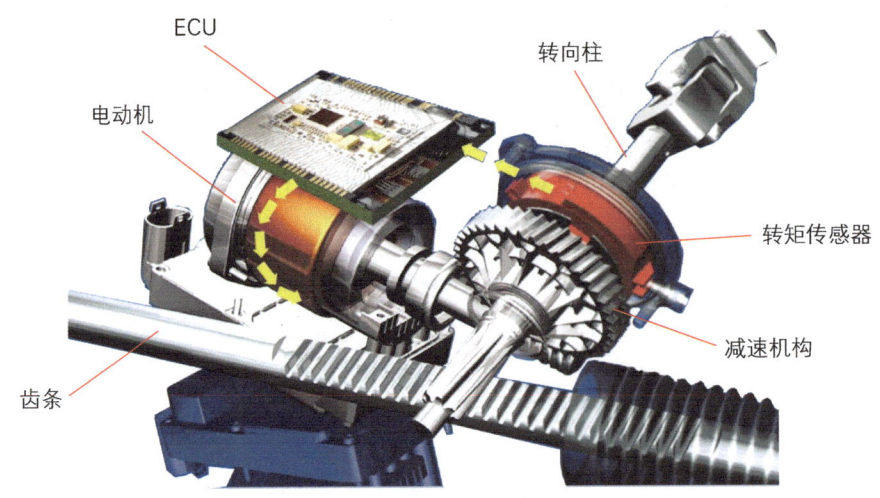

图 11-26　电动助力转向系统

# 第十二章 底盘制动系统的结构和原理

## 第一节 车轮制动器

 制动系统的作用

为了让汽车更安全地行驶,提高汽车的平均速度等,必须在汽车上安装专门的制动机构。汽车制动系统用于减速、停车或原地驻车,它包括行车制动系统和驻车制动系统(俗称手刹)。行车制动系统是在每个车轮上都有一个制动器,而驻车制动系统只作用于后轮。如图12-1所示,制动时,驾驶员施加在制动踏板上的力,通过制动管路传递后,作用于每个车轮制动器,施加一个阻止其转动的力矩,从而使地面对车轮产生一个与汽车行驶方向相反的力,即制动力,制动力使汽车迅速减速及停车。

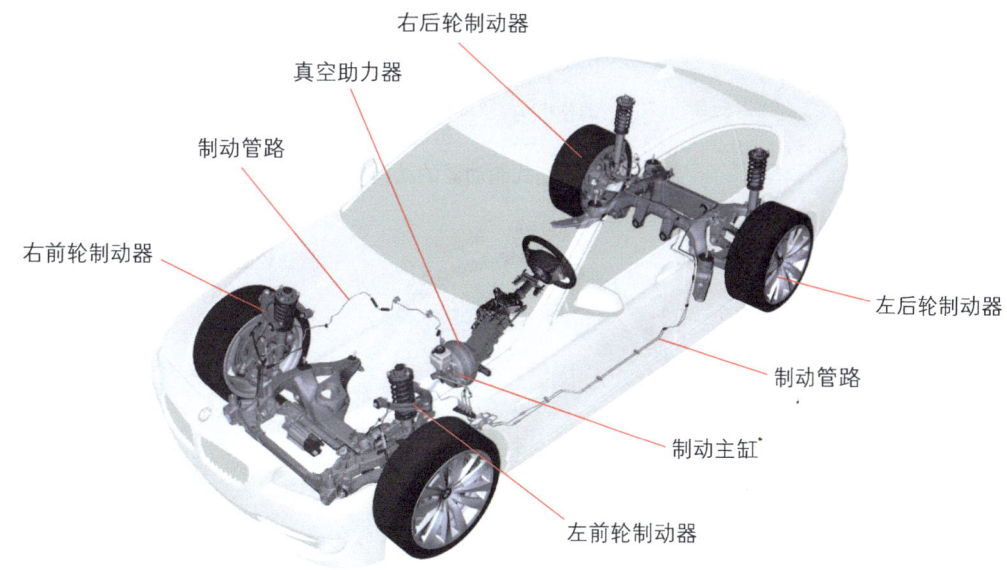

图12-1 汽车制动系统

## 二 制动器

汽车制动是将车辆行驶的动能转化成制动器的热能。制动器分为盘式和鼓式。每个车轮都有一个制动器。鼓式制动器造价便宜，但散热效果差，热稳定性能低，现在高档乘用车上基本不再使用鼓式制动器。

### 1. 鼓式制动器

如图12-2所示，鼓式制动器主要由制动鼓、制动蹄片、制动轮缸、回位弹簧、制动底板等组成。如图12-3所示，制动鼓安装在车轮上，和车轮一起旋转，而制动蹄片是固定在制动底板上的。当驾驶员踩下制动踏板时，在制动轮缸的作用下，制动蹄片向外张开，制动鼓被抱紧，制动鼓和制动蹄片发生摩擦，迫使车辆降速或停车。

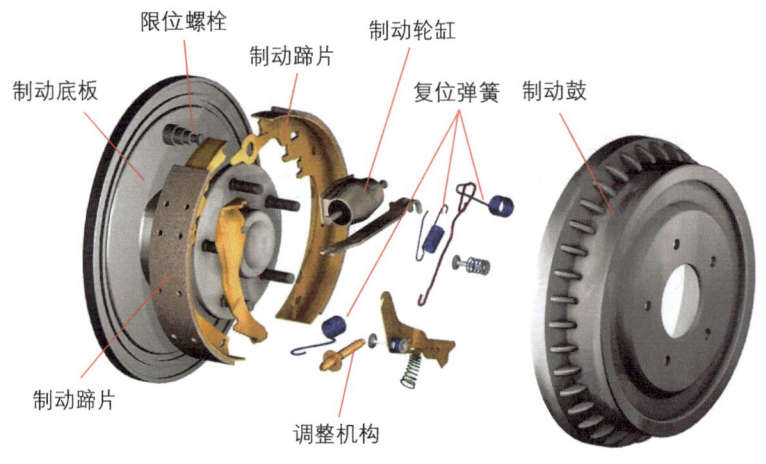

图12-2 鼓式制动器的结构

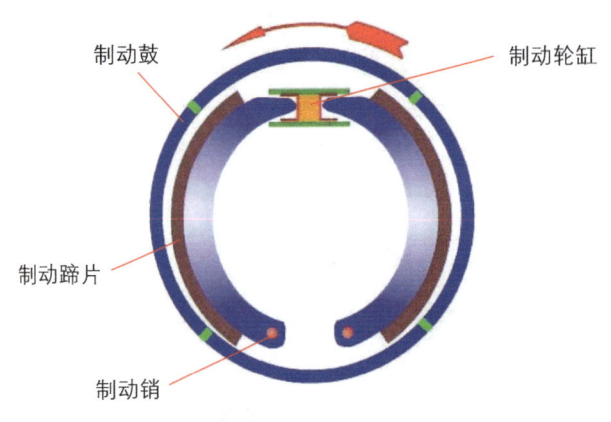

图12-3 鼓式制动器的原理

如图 12-4 所示，制动鼓为制动器旋转部分，它通过 4 个螺栓固定在制动毂上。制动鼓通常为浇铸件，对于受力小的制动鼓也可以用钢板冲压而成。制动蹄片是制动器的固定部分，制动蹄常用钢板冲压后焊接而成，制动摩擦片采用黏接或铆接的方式固定在制动蹄上，如图 12-5 所示。制动摩擦片属于消耗品，当磨损到极限位置时必须更换，否则将降低制动效果，易造成安全事故。

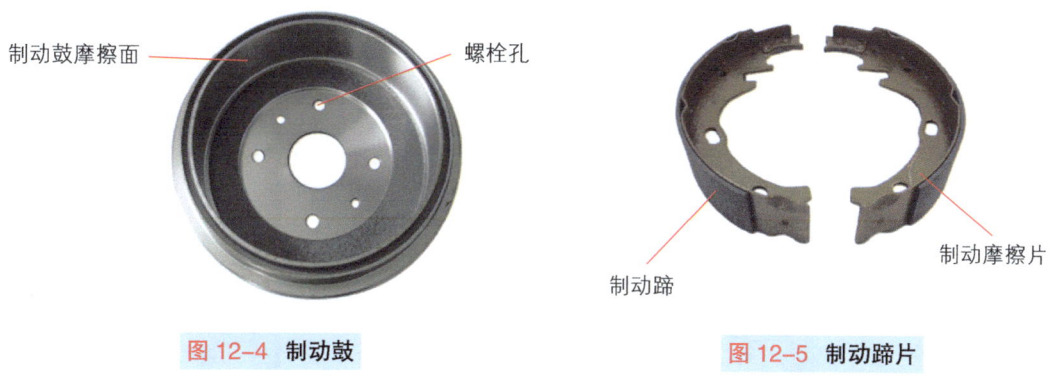

图 12-4 制动鼓　　　　　图 12-5 制动蹄片

### 2. 盘式制动器

相比鼓式制动器，盘式制动器散热好，沾水后容易甩掉，制动稳定性好，制动反应快，但成本高，目前乘用车上普遍采用盘式制动器。一般的制动盘是实心的，但是若对散热有更高要求，则会使用通风盘式的制动盘。

盘式制动器主要包括制动活塞、制动盘、制动钳、制动蹄片等，如图 12-6 所示。制动盘安装在轮毂上，它和车轮一起旋转。制动时，制动活塞推动制动钳移动，制动蹄片夹紧制动盘。制动摩擦片与制动盘发生摩擦，迫使车轮减慢或停止旋转。

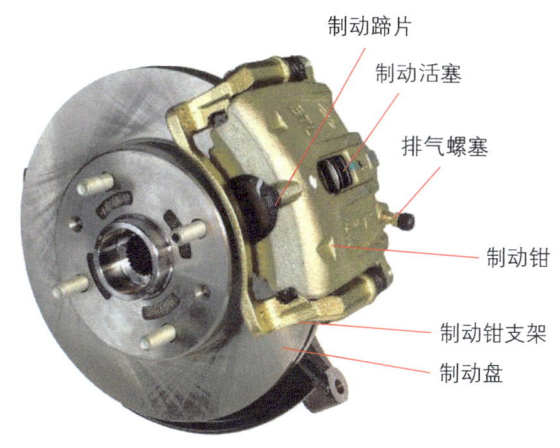

图 12-6 盘式制动器

盘式制动器根据其固定元件的结构形式，可分为钳盘式制动器和全盘式制动器。全盘式制动器主要应用于重型车辆,它将金属背板和摩擦片都制成圆盘形,因而接触面积大。钳盘式制动器按制动钳固定在支架上的结构形式,可分为定钳盘式和浮钳盘式。

定钳盘式制动器如图12-7所示,其制动钳不能沿制动盘轴线方向移动,其内部的两个活塞分别位于制动盘的两侧。制动时,制动油液由制动主缸经进油口进入钳体中两个相通的液压腔中,将两侧的制动片压向与车轮固定连接的制动盘,从而产生制动。

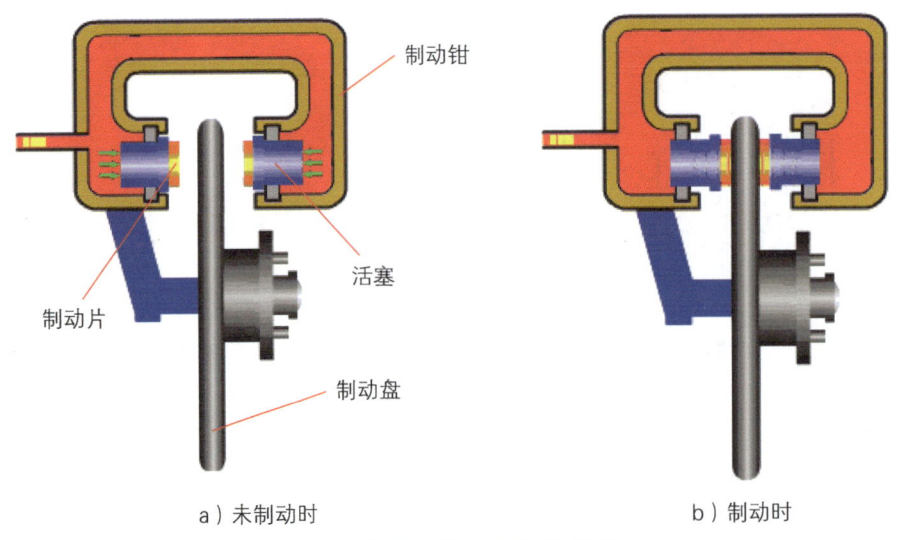

a) 未制动时　　　　　　　　　　b) 制动时

图 12-7　定钳盘式制动器

浮钳盘式制动器如图12-8所示,其制动钳通过导向销与车桥相连,制动时,制动液通过进油口进入制动轮缸,推动活塞及其上的摩擦块向右移动,压到制动盘上,并使得轮缸连同制动钳沿销钉向左移动,直到制动盘右侧摩擦块也压到制动盘上,夹住制动盘并使其制动。

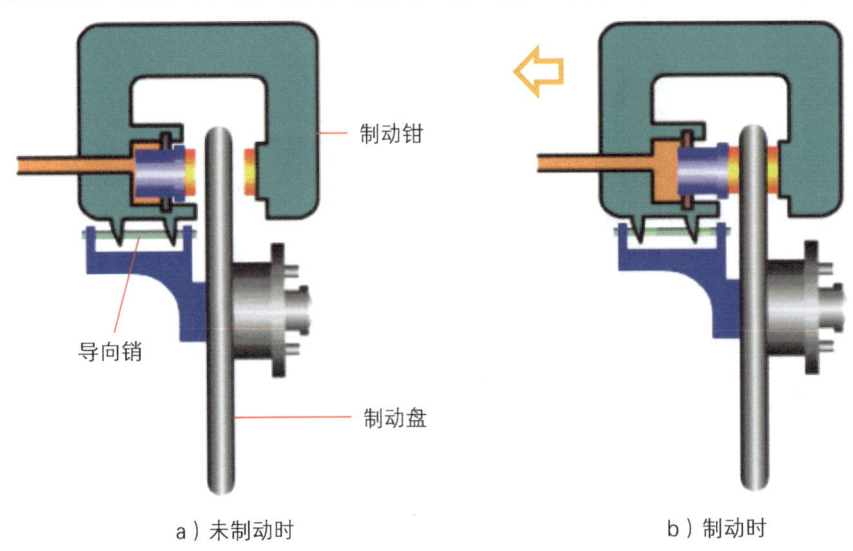

a) 未制动时　　　　　　　　　　b) 制动时

图 12-8　浮钳盘式制动器

制动盘是盘式制动器的摩擦偶件，除应具有作为结构件所需要的强度和刚度外，还应有尽可能高而稳定的摩擦系数，以及适当的耐热性和散热性等。制动盘（图12-9）分为普通式和通风式两种，通风式制动器的散热性能较好，制动盘中心有螺栓孔，通过螺栓固定在轮毂上，如图12-10所示。

a）普通式制动盘

b）通风式制动盘

图12-9 制动盘

图12-10 轮毂

制动钳支架与转向节通过螺栓连接，制动钳支架如图12-11所示，它是制动器的基础件。浮钳式制动器制动钳如图12-12所示，它浮装于制动钳支架上，可相对支架进行移动。制动钳壳体内有一个或两个工作缸，其内装有活塞，活塞的一端有橡胶密封圈和防尘罩（图12-13、图12-14），两块制动蹄片通过保持弹簧装在支架上。

图12-11 制动钳支架

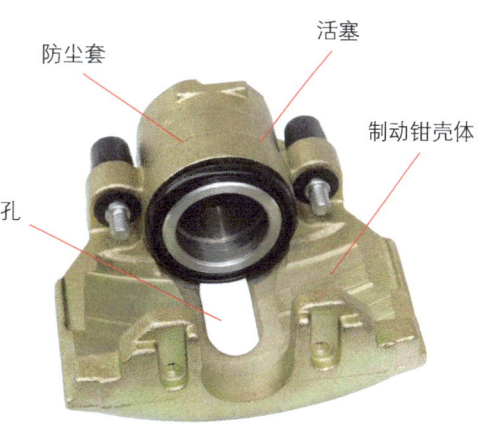

图12-12 浮钳式制动器制动钳

在松开制动踏板后，制动轮缸的制动液流回制动主缸，活塞在橡胶密封圈的弹性作用下回位，制动蹄片自行回位，从而解除制动。制动蹄片如图12-15所示，制动蹄片一般由钢背和摩擦材料两部分粘接组成。

195

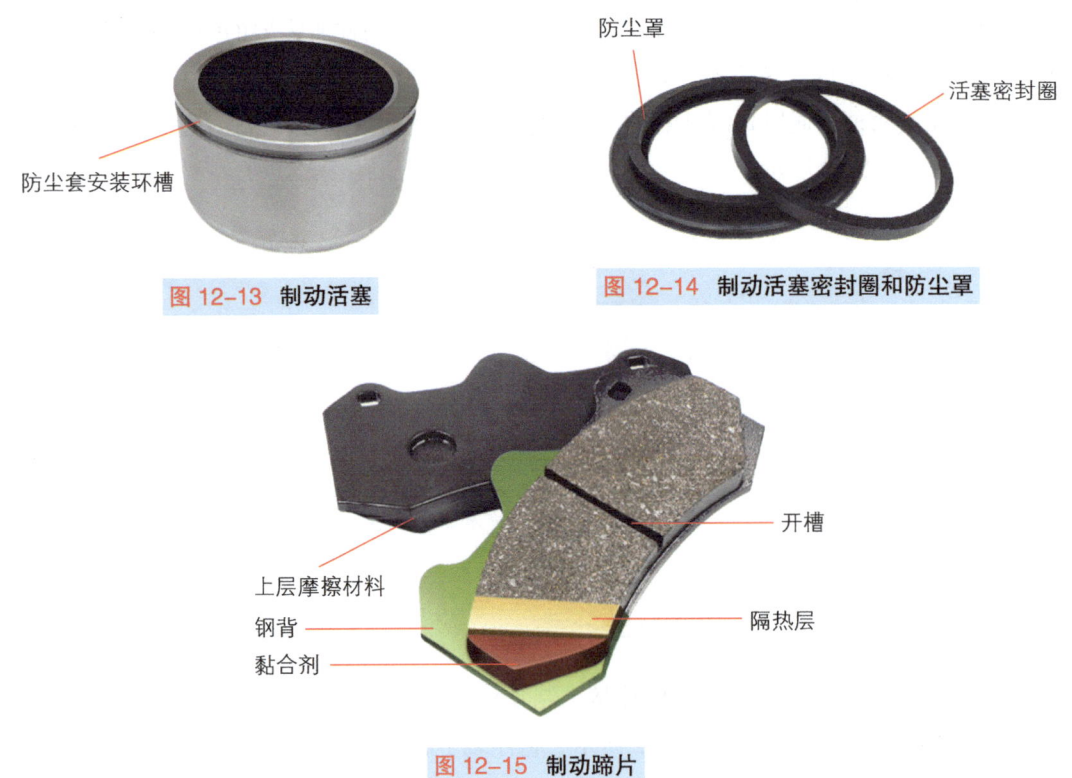

图 12-13 制动活塞

图 12-14 制动活塞密封圈和防尘罩

图 12-15 制动蹄片

## 三、汽车驻车制动系统

汽车驻车制动系统俗称"手刹",它可以使已停驶的汽车在各种道路条件下驻车,在行车制动失灵的情况下,也可以当成应急制动。如图 12-16 和图 12-17 所示,驻车手柄设置了棘爪和棘轮,棘爪可以卡住棘轮,拉紧手柄后可以保持在固定的位置。在拉起手柄时,

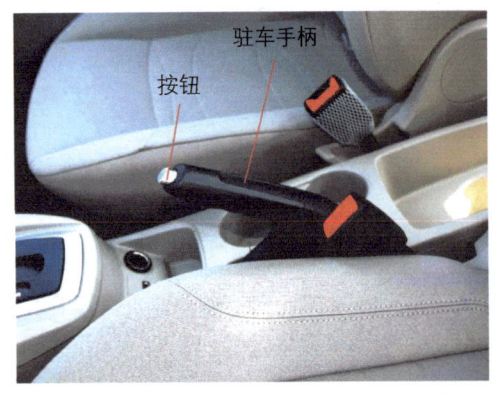

图 12-16 驻车手柄

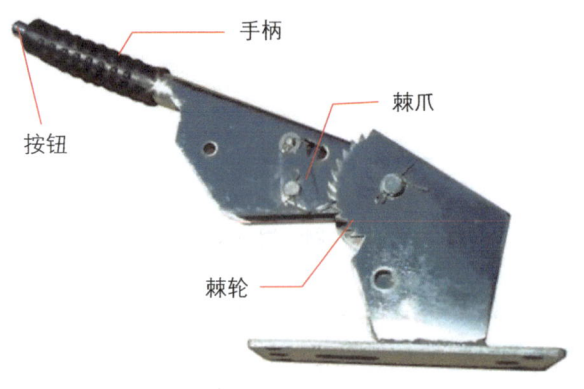

图 12-17 驻车手柄的棘爪棘轮

棘轮和棘爪能清晰地听到哒哒的响声（通常 3~5 响），便于操纵时判断。想放松手柄时，需要先按下按钮，将手柄向上拉，然后放下手柄。

驻车制动指示灯开关安装在驻车手柄下，其结构如图 12-18 所示。驻车制动指示灯位于汽车的仪表内，如图 12-19 所示，当需要驻车时，驾驶员将驻车手柄拉起时，驻车制动指示灯开关接通，驻车制动指示灯亮起。当驾驶员放松驻车手柄时，驻车制动指示灯开关不接通，驻车制动指示灯保持熄灭状态。

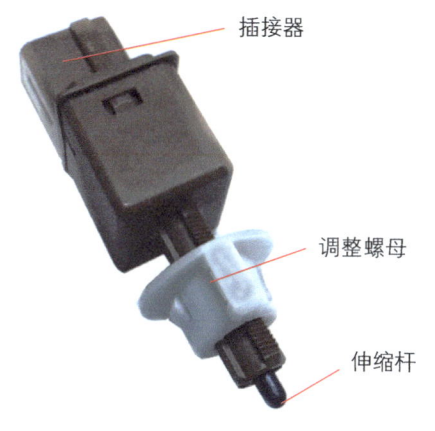

图 12-18　驻车制动指示灯开关　　　　图 12-19　驻车制动指示灯

电动驻车是传统驻车的升级，它是利用电脑控制电动机夹紧或松开驻车拉索，用驻车开关"P"代替了驻车手柄，如图 12-20 所示。

驻车拉索用于将驻车手柄的力传递到驻车制动器（后轮制动器），平衡器可以平衡左右车轮制动行程，其结构如图 12-21 所示。拉紧或松开驻车制动时，拉索既不能松弛，也不能受阻碍。拉索也不得有磨损或腐蚀，不得有扭结或卡滞现象。

小型汽车大多采用车轮制动式驻车制动器，车轮制动式驻车制动器通常与车轮制动器共用一个制动器总成，只是传动机构是相互独立的。如图 12-22 所示，驻车制动时，

图 12-20　电动驻车开关

驻车手柄将力通过拉索传到车轮制动器内驻车制动杠杆下端，驻车制动杠杆绕上支点顺时针转动，其中间支点推动推杆左移，使后制动蹄（右侧）压向制动鼓。驻车制动杠杆上端左移使前制动蹄（左侧）压向制动鼓。

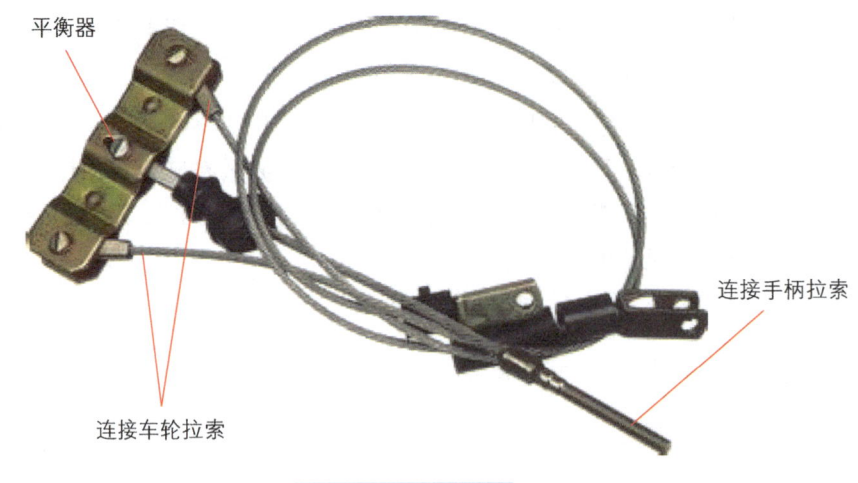

图 12-21 驻车拉索

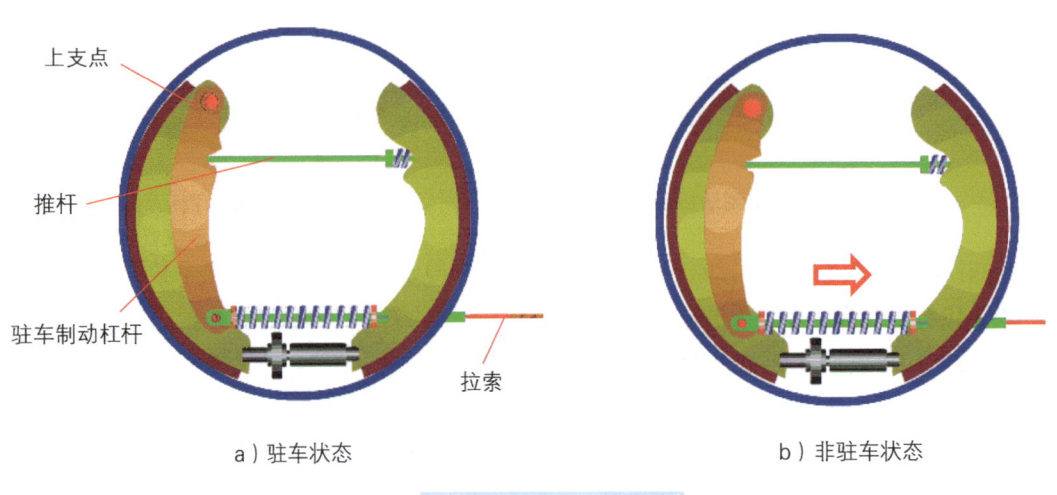

a) 驻车状态　　　　　　　　b) 非驻车状态

图 12-22 驻车制动原理

## 第二节　制动传动系统

### 一、气压式制动传动装置

制动传动系统按传动介质可以分为气压式制动传动和液压式制动传动。气压式制动传动装置工作原理如图 12-23 所示，它是利用压缩空气作为动力源。制动时，驾驶员通过控制制动踏板的行程，便可控制制动控制阀打开的大小，进而控制储气筒中高压气体进入制动气室的压力，最终控制制动强度。

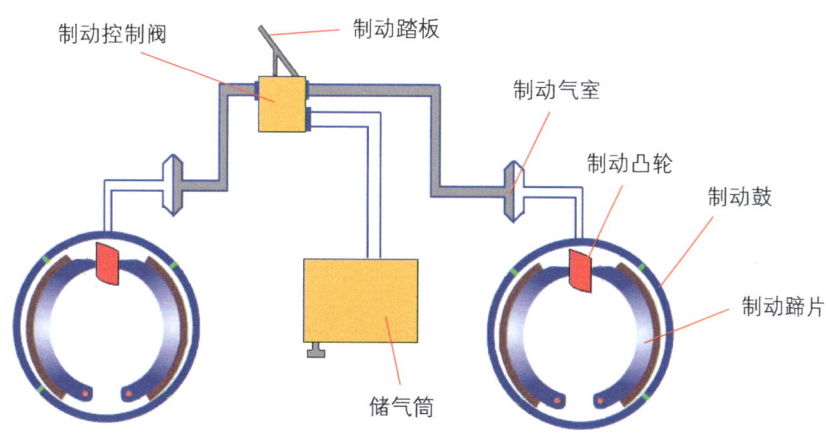

图 12-23 气压式制动传动装置工作原理

## 二 液压制动传动装置布置形式

目前的国家标准要求汽车液压制动系统必须采用双回路制动系统,双回路制动系统可以在一侧回路失效时,仍能提供部分制动力。液压制动传动装置布置形式通常是按车桥或车轮划分,一般有前后轴布置、对角布置和双回路布置三种。

如图 12-24 所示,当前后轴布置的液压制动系统一套管路失效时,另一套管路仍能保持一定的制动效能。但前后桥制动力的分配比值被改变,所以制动效能低于正常时的 50%。

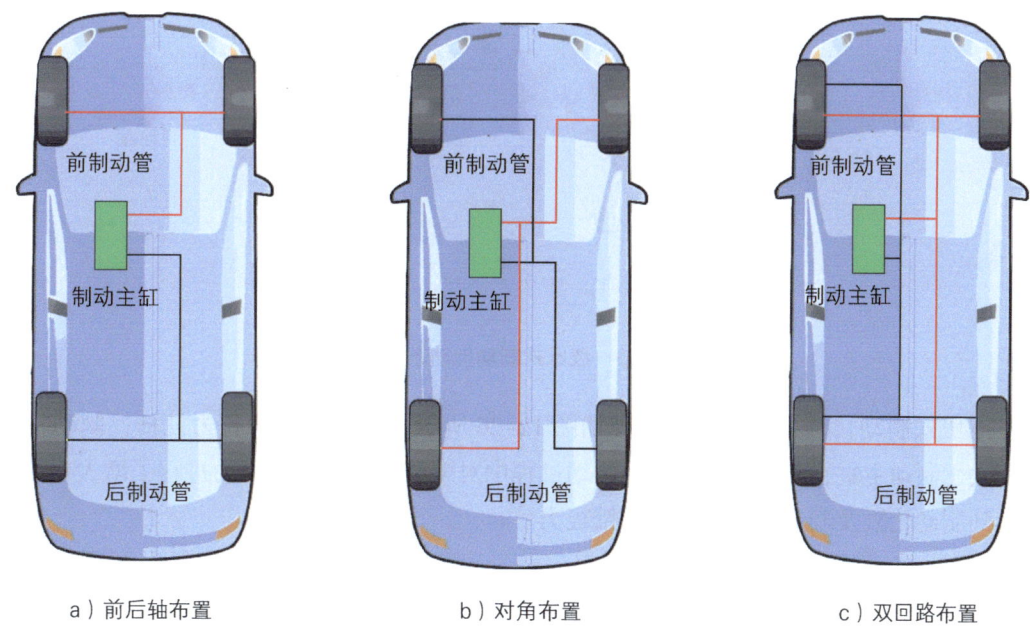

a) 前后轴布置　　　　　　b) 对角布置　　　　　　c) 双回路布置

图 12-24 液压制动传动装置的布置形式

对角布置也称为 X 形布置，这种布置形式的车辆，当任一管路失效时，前、后轴制动力分配比值保持不变，所以剩余的总制动力仍能保持在正常总制动力的 50%。双回路布置方式只适合一个制动器具有两个轮缸的汽车上，如其制动主缸前、后腔通过各自的管路分别控制各个车轮制动器中的一个制动轮缸。当一套管路失效时，另一套管路仍能使前、后制动器保持一定的制动效能，制动效能为正常时的 50%。

## 三　制动主缸

轿车常用的液压式制动传动系统（图 12-25）由制动踏板、制动主缸、储液罐、制动轮缸、制动管等组成。

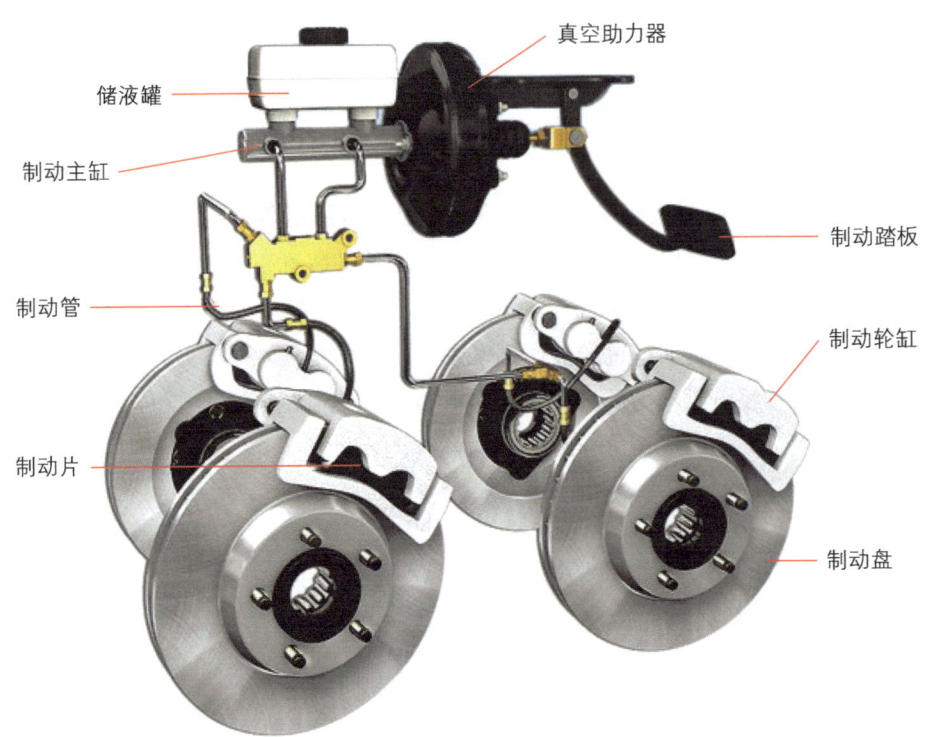

图 12-25　液压式制动传动系统的组成

液压式制动传动系统的工作原理如图 12-26 所示，制动踏板为省力杠杆，制动轮缸的面积大于制动主缸，液压传动系统在传动过程中对驾驶员施加的踏板力进行了增大变换，使传递到制动轮缸及制动蹄上的力大于踏板力。

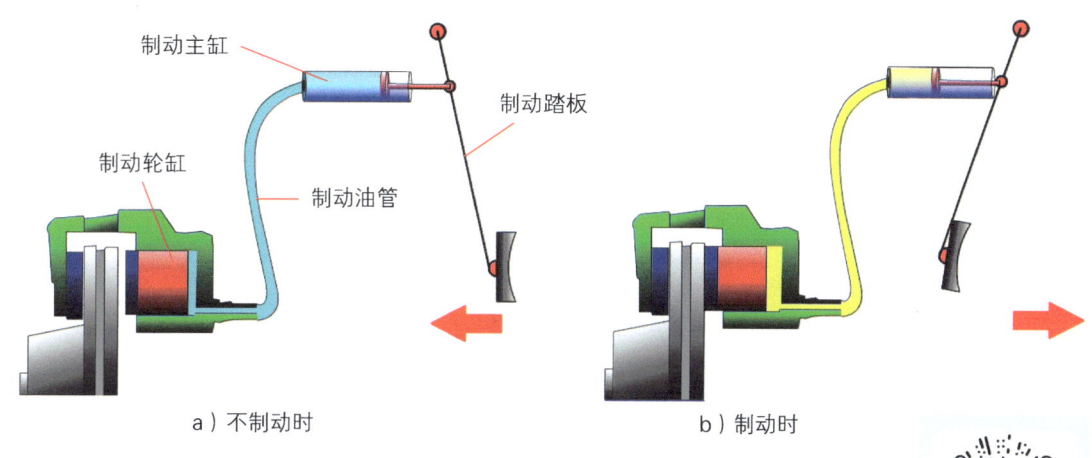

a）不制动时　　　　　　　　　b）制动时

图 12-26　液压式制动传动系统的工作原理

储液罐通常安装在制动主缸上，如图 12-27 所示，储液罐内制动液位置应位于上、下刻度之间。液位过低时，仪表内的制动液液位报警指示灯（图 12-28）会点亮。液位严重不足时，需要查找原因。制动系统要求制动液高温下不易汽化，否则将在管路中产生气阻现象，使制动系统失效；低温下有良好的流动性；不会使与之经常接触的金属件腐蚀；使橡胶元件发生膨胀或其他损坏；具有良好的润滑性能；吸水性低等。现在常用的制动液有 DOT3 和 DOT4 两种。

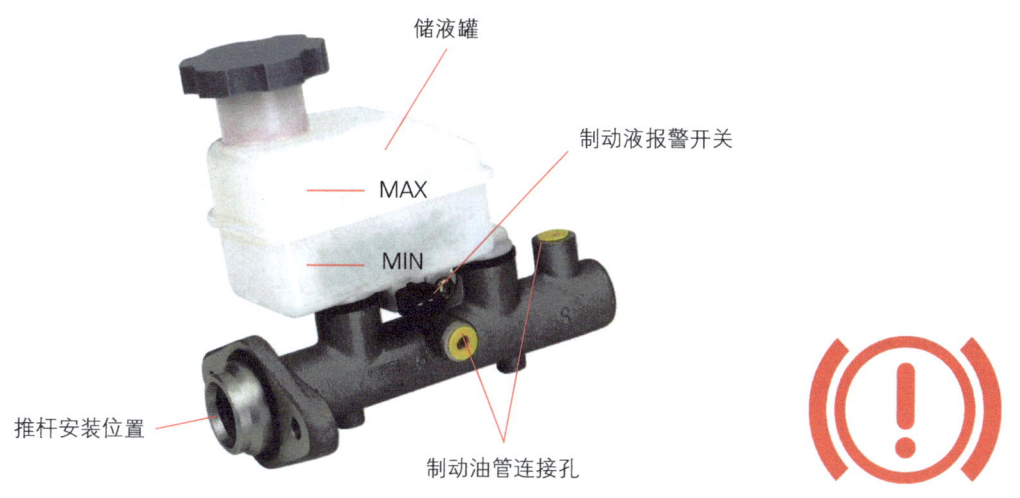

图 12-27　制动主缸的结构　　　　图 12-28　制动液液位报警指示灯

制动主缸俗称制动总泵，它的工作原理类似于打气筒。制动主缸把施加在制动踏板上的力转化为液体压力。制动主缸工作原理如图 12-29 所示，踩下制动踏板时，作用于推杆上的力传到后活塞，后活塞移动关闭补偿孔，使液压升高。该液压和弹簧作用在前活塞上，使前活塞移动关闭前补偿孔，使前腔液压升高。前后腔升高的液压油经前后管路进入前后车轮制动器轮缸产生制动作用。

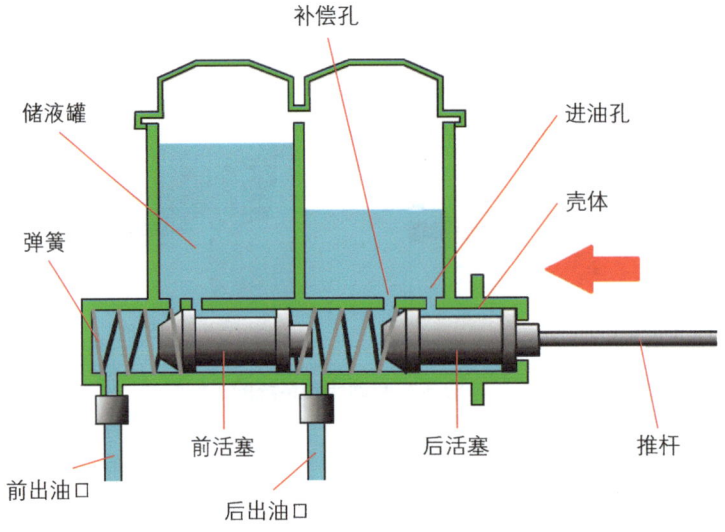

图12-29 制动主缸的工作原理

放松制动踏板时，活塞复位较快，储液罐中的油液经补偿孔进入工作腔，以免形成真空。当活塞完全复位时，补偿孔再次开放，制动管路中流回工作腔的多余制动液经补偿孔又流回储液罐。

## 四 制动轮缸

制动管路用于传递液体压力，由于车轮与车身之间的位置会发生变化，所以在这些位置采用软管，如图12-30所示。为了防止制动管路漏油引起全部车轮制动器失效，很多汽车制动管路采用交叉布置，即左前—右后和右前—左后分别采用一套液压管路。

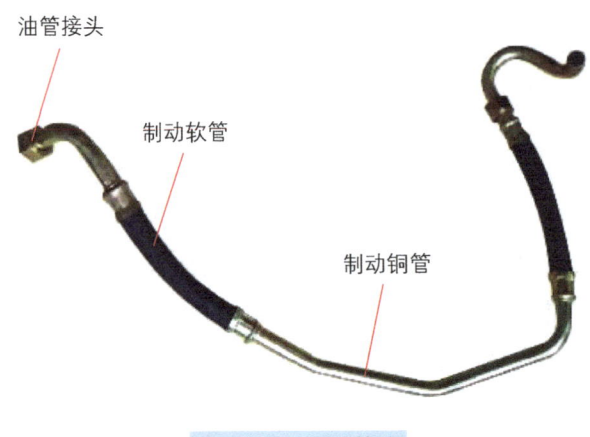

图12-30 制动管路

# 第十二章　底盘制动系统的结构和原理

鼓式制动器和盘式制动器的轮缸（俗称分泵）结构不同，但原理类似，轮缸把制动液压力转化成活塞的移动，如图12-31~图12-34所示。在更换制动系统零部件时，制动液压管路可能会进入空气，所以制动轮缸上设有排气螺塞，用于排放空气。

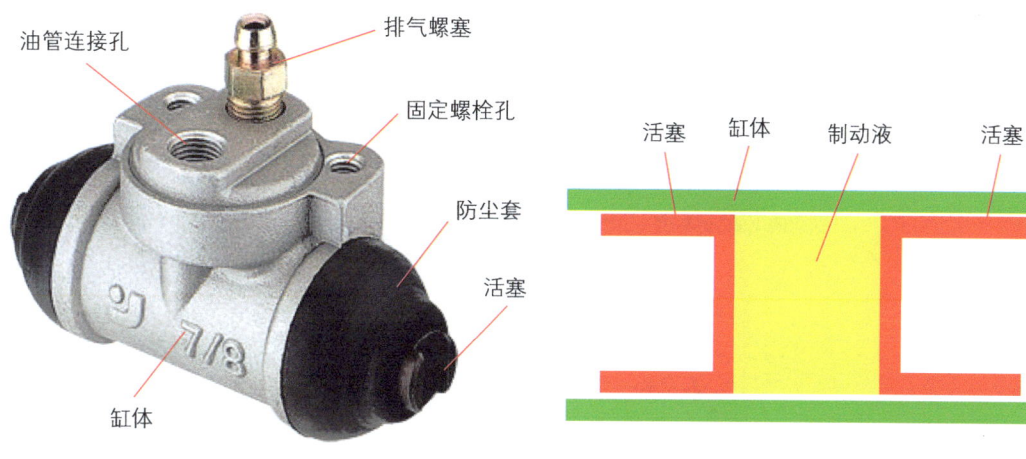

图12-31　鼓式制动器制动轮缸外形　　　　图12-32　制动器轮缸的工作原理

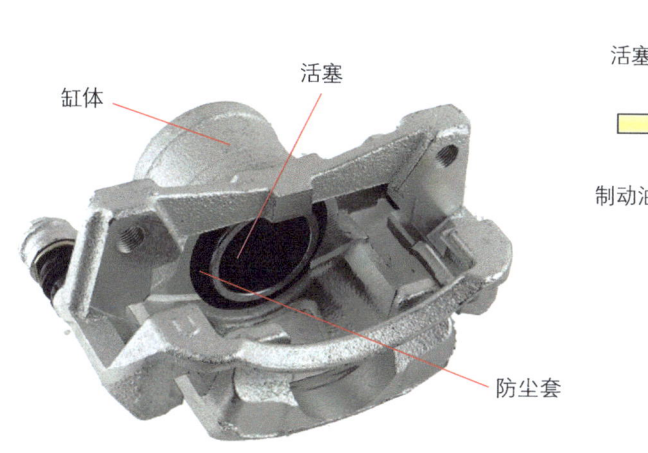

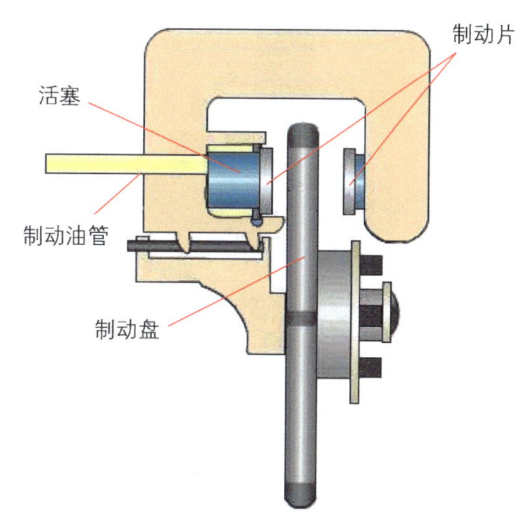

图12-33　盘式制动器制动轮缸外形　　　　图12-34　盘式制动器制动轮缸结构

## 五　真空助力器

为了缓解用力踩制动踏板给驾驶员带来的疲劳，制动系统采用了真空助力器来助力，如图12-35所示，它和制动主缸安装在一起，并用推杆连接制动踏板，通过真空管连接真空源。真空助力器利用的真空源是发动机活塞下行带来的真空度或真空泵产生的真空度，用

203

来增加驾驶员施加于踏板上的力。使用柴油车、电动汽车、涡轮增压发动机汽车等无法产生稳定的真空度，必须使用电动或机械真空泵，如图12-36和图12-37所示。

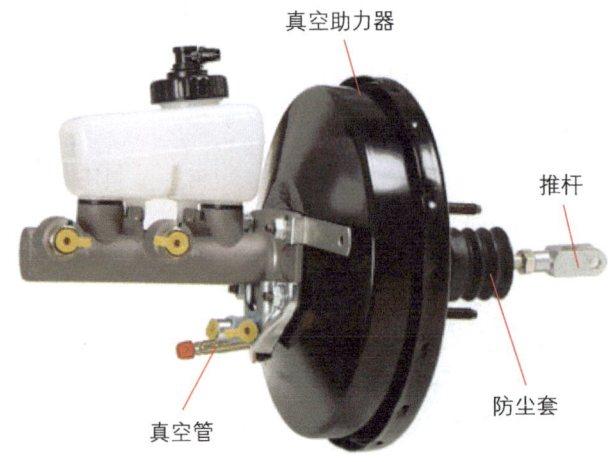

图 12-35 真空助力器

图 12-36 机械真空泵　　　　图 12-37 电动真空泵

真空助力器工作原理如图12-38所示，前后气室由前后壳体及中间膜片组成。没有踩下制动踏板时，控制阀处于非工作状态，前后气室相通，并与大气隔绝。发动机运转后或真空泵开始工作后，前后两腔内都有一定的真空度。

制动时，如图12-39所示，推杆和控制阀向左移动，使前后气室隔绝，外界空气经控制阀进入后气室，随着空气的进入，膜片两侧出现压差而出现推力，膜片座推动顶杆向左移动。此时，顶杆上的作用力为踏板力和真空助力器膜片推力之和，真空助力器的推力较踏板力大得多，从而使制动主缸输出的液压力增高数倍。

第十二章　底盘制动系统的结构和原理

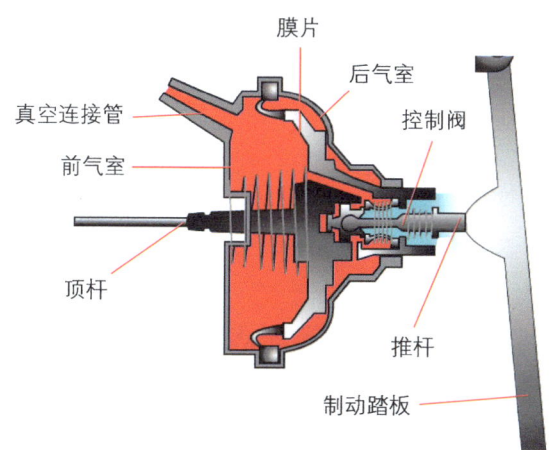

图 12-38　真空助力器不制动时的状态

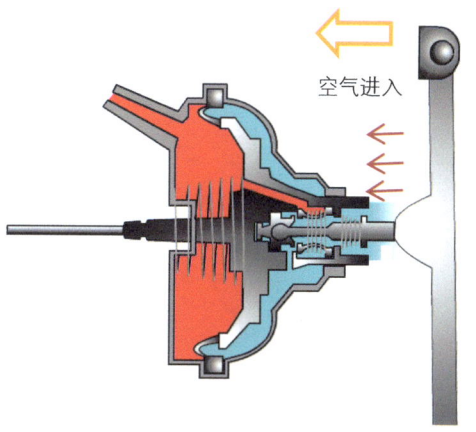

图 12-39　真空助力器制动时的状态

## 第三节　制动防抱死系统（ABS）

 制动防抱死系统的功用

ABS 系统结构

制动时，如果车轮抱死，车轮与地面由滚动转变成滑动（图 12-40）。轮胎与地面摩擦会留下制动拖印，这样轮胎容易磨损。轮胎迅速磨损，并产生大量的热量，轮胎发生爆胎概率增大。

车轮抱死后，制动距离也变长，车轮失去转向能力。车辆制动时，车轮边滚动边滑动才是最佳状态。为了防止车轮在制动时抱死，目前汽车都安装了制动防抱死系统（ABS）。在汽车制动时，ABS 自动控制制动器制动力的大小，使车轮不被抱死，处于边滚边滑（滑移率在 20% 左右）的状态，以保证车轮与地面的附着力在最大值。

当制动的同时需要转向，车辆如果无 ABS，汽车前轮抱死会使汽车会保持直行，无法避开障碍物，汽车后轮抱死会出现甩尾现象，如图 12-41 所示，无论汽车出现方向失控或车辆甩尾都是非常危险的。车辆如果带有 ABS，在制动的同时转向，可以轻松避开障碍物。

图 12-40　车轮滑动

205

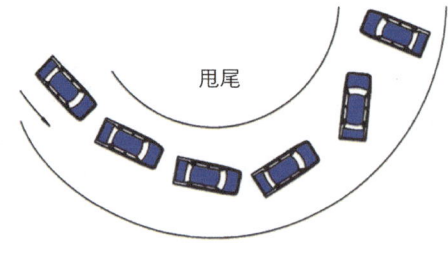

a）前轮抱死使方向失控　　　　b）后轮抱死使车辆甩尾

图 12-41　车轮抱死的制动后果

## 二　制动防抱死系统的组成

如图 12-42 所示，制动防抱死系统（ABS）是在原来制动系统的基础上增加了制动压力调节器、电控单元、轮速传感器及电路等部件。不同厂家生产的 ABS 其工作原理大致相同。驾驶员踩下制动踏板后，制动液进入轮缸，制动器产生制动力，车轮的转速下降。轮速传感器将车轮转速信号传给电控单元，电控单元根据轮速信号及设置的程序发出控制信号给制动压力调节器，控制各个车轮制动器制动轮缸液压力的大小，防止车轮抱死。

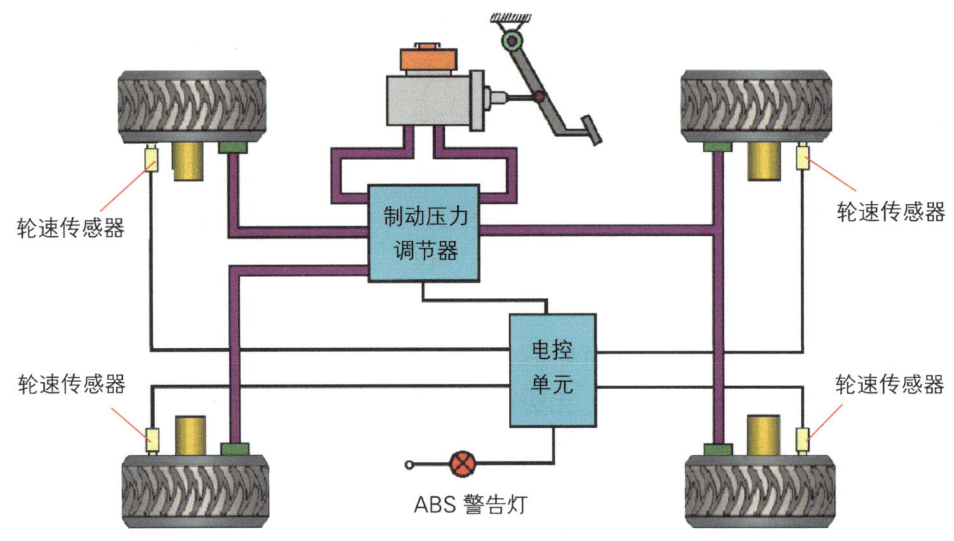

图 12-42　ABS 的组成

轮速传感器安装在车轮托架上，其结构与安装位置如图12-43和图12-44所示。它检测车轮的转速，并将车轮转速信号输入电控单元。常用的轮速传感器有电磁感应式和霍尔式两种。目前大多数汽车每个车轮都有一个轮速传感器。轮速传感器包括感应齿圈和轮速传感器本体两个部分，工作原理类似发动机转速传感器。使用中需要注意传感器应该安装牢固，保持清洁，否则会影响信号的输出。

图12-43 轮速传感器结构

图12-44 前轮轮速传感器安装位置

制动压力调节器总成结构如图12-45所示，它包括电控单元、ABS泵、电动机、电磁控制阀、储能器等。ABS制动压力调节器使用的电磁控制阀有二位二通阀和三位三通阀两类。在制动压力升压过程，电磁控制阀（三位三通阀）不通电，制动主缸和制动轮缸相通，车轮制动力增加。当车轮即将出现抱死时，电控单元给电磁控制阀小电流，电磁阀控制阀切断制动主缸通往制动轮缸的液压力，制动轮缸中保持一定的压力。

图12-45 制动压力调节器总成结构

### 三 制动防抱死系统的工作过程

#### 1. 常规制动状态

如图12-46所示，在制动的初始状态，车轮未达到抱死状态，ABS不工作，电磁阀中电磁线圈不通电，电磁阀处于"升压"的状态，制动主缸通过电磁阀与轮缸相通。此时，制动主缸中的制动液直接进入轮缸，4个车轮中的轮缸压力随制动主缸压力的升高而升高。

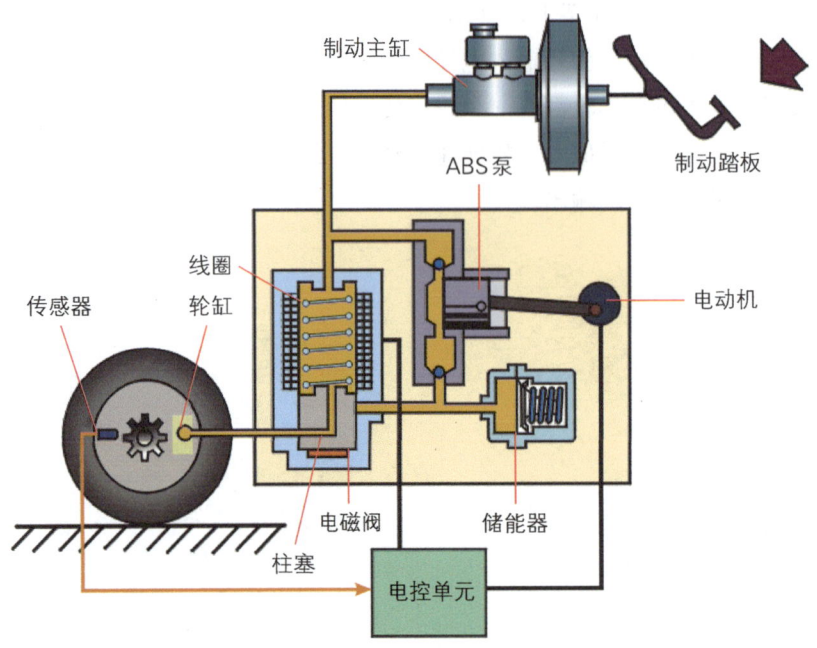

图12-46 ABS工作过程(不工作状态)

### 2. 保压制动状态

如图12-47所示,当电控单元通过轮速传感器判断车轮趋于抱死时,电控单元向电磁阀输入一个较小的保持电流,电磁阀处于"保压"位置,电磁阀使制动主缸、制动轮缸和通

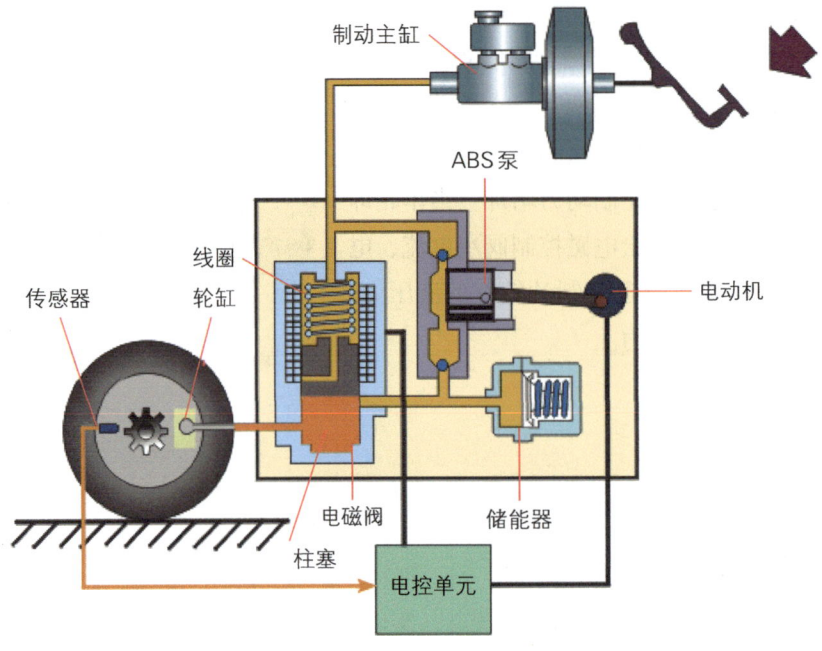

图12-47 ABS工作过程(保压制动状态)

向储能器中的回油孔相互隔离，轮缸中的制动压力保持一定。

### 3. 减压制动状态

当制动力保持一定时，电控单元通过轮速传感器判断车轮滑移率超过一定值时，电控单元向电磁阀输入一个最大电流，电磁阀处于"减压"位置。此时，电磁阀使制动轮缸和通向储能器的回油孔相通，制动轮缸中的制动液流入储能器，制动轮缸中压力下降。此时，电控单元使电动机带动 ABS 泵工作，ABS 泵将流回储能器的制动液加压后输入与制动主缸相通的管路中，为下一个制动周期做好准备，如图 12-48 所示。

### 4. 增压制动状态

制动轮缸中制动液减少后，其液压压力也会降低，车轮的转速增加，当电控单元通过轮速传感器监测到车轮转速太快时，便切断电磁阀的电流，使制动主缸的高压制动液再次进入制动轮缸，使制动力增加。

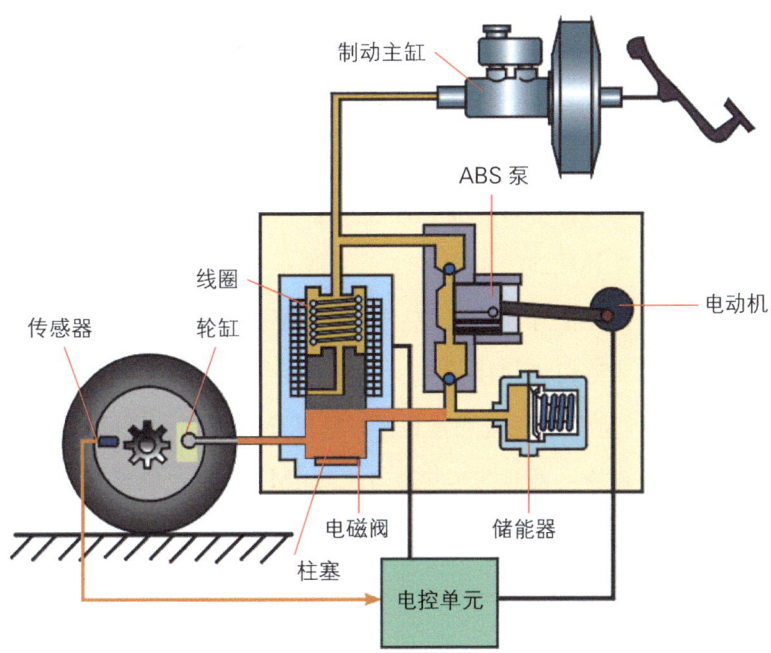

图 12-48 ABS 工作过程（减压制动状态）

# 参考文献

[1] 陈新亚. 汽车为什么会"跑"[M]. 北京：机械工业出版社，2015.

[2] 李林. 一看就懂的500项汽车构造原理[M]. 北京：机械工业出版社，2014.

[3] 汪立亮，章宏. 汽车机修工快速上岗全程图解[M]. 北京：机械工业出版社，2014.

[4] 徐家顺. 彩图汽车自动变速器原理及传动路线[M]. 广州：广东科技出版社，2009.

[5] 陈新亚. 汽车为什么会跑：底盘图解[M]. 北京：机械工业出版社，2015.

[6] 李昌风. 汽车维修全程图解[M]. 北京：机械工业出版社，2016.

[7] 周晓飞. 汽车电工入门全程图解[M]. 北京：化学工业出版社，2014.

[8] 陈新亚. 汽车构造透视图典：车身与底盘[M]. 北京：机械工业出版社，2012.

[9] 陈家瑞. 汽车构造[M]. 3版. 北京：机械工业出版社，2013.

[10] 宋年秀. 图解汽车底盘构造与拆装[M]. 北京：中国电力出版社. 2007.

[11] 姚科业. 图解汽车传感器识别. 检测. 拆装. 维修[M]. 北京：化学工业出版社，2013.

[12] 张金柱. 图解汽车原理与构造：彩色版[M]. 北京：化学工业出版社，2016.

[13] 刘汉涛. 陪你识车每一天[M]. 北京：电子工业出版社，2016.

[14] 谭本忠. 汽车维修入门全程图解[M]. 北京：化学工业出版社，2015.

[15] 张金柱. 图解英汉汽车实用词典[M]. 北京：化学工业出版社，2014.

[16] 刘汉涛. 汽车为什么会"动"：图解底盘构造与原理[M]. 北京：机械工业出版社，2014.

[17] 裴保纯. 汽车是如何奔跑的：图解汽车构造与原理[M]. 北京：机械工业出版社，2010.